'अँधेरे में' : एक पुनर्विचार

मूल्यांकन और पाठ

सम्पादक
वशिष्ठ अनूप

वाणी प्रकाशन
प्रकाशन के उत्कृष्टतम 62 वर्ष

सजिल्द पहला संस्करण : 2025

vaniprakashan.com

वाणी प्रकाशन

4695, 21-ए, दरियागंज, नयी दिल्ली-110 002

फ़ोन : + 91 11 23273167, 23275710

शाखाएँ

अशोक राजपथ, पटना-800 004, बिहार
कॉफ़ी हाउस कैम्पस, महात्मा गांधी मार्ग, प्रयागराज-211 001, उत्तर प्रदेश
महात्मा गांधी अन्तरराष्ट्रीय हिन्दी विश्वविद्यालय, वर्धा-442 001, महाराष्ट्र

sales@vaniprakashan.in
vaniprakashan@gmail.com

'Andhere Mein' : Ek Punarvichar
Mulyankan aur Path

Edited by Vashishtha Anoop

ISBN : 978-93-6944-092-4
Criticism

मूल्य : ₹ 695

जी.एस. ऑफ़सेट, दिल्ली-110 095 में मुद्रित

वाणी प्रकाशन का लोगो मक़बूल फ़िदा हुसैन की कूची से

सम्पादकीय

लगभग प्रयोगवाद के साथ ही काव्य-यात्रा आरम्भ करने वाले मुक्तिबोध (13 नवम्बर 1917-11 सितम्बर 1964) आधुनिक हिन्दी कविता के सर्वाधिक चर्चित, महत्त्वपूर्ण और विवादास्पद कवि रहे हैं। अपनी निजी ज़िन्दगी में निरन्तर संघर्षरत मुक्तिबोध की कविताओं में भी जीवन की भयावहता, बीहड़ता और संघर्षशीलता भरी पड़ी है। उन्हें कठिन समय का कठिन कवि कहा गया है। उन्होंने अपने काव्य-यथार्थ को कठिन वैचारिक और भावात्मक संघर्ष में पाया और कविता में चरितार्थ किया। उन्होंने अपने जीवन और रचना दोनों में सत्य का पक्ष लिया। अन्धकार और प्रकाश के प्रत्यक्ष महासमर में उन्होंने प्रकाश का साथ दिया। अपनी रचनाओं में उन्होंने एक तरफ काली ताकतों, सामंतों, महाजनों और रक्त-पिपासु पूँजीपतियों की कलई खोलकर रख दी तो दूसरी ओर मेहनतकश अवाम, मजदूरों-किसानों, निम्नमध्यम वर्ग और निम्नवर्ग में व्याप्त गरीबी, शोषण और अमानवीय यातनाओं के अंतहीन दर्द को उद्घाटित करके उन्हें संघर्ष के लिए प्रेरित किया। 'संघर्षधर्मा चेतना का रक्ताप्लावित स्वर' तथा गढ़ों व मठों को तोड़ने की जबर्दस्त ललकार उनकी कविताओं में लगातार सुन सकते हैं।

'अँधेरे में' मुक्तिबोध की सर्वाधिक महत्त्वपूर्ण और उतनी ही विवादित कविता है। अपनी शैली, शिल्प, संरचना और प्रयोगों के कारण यह कविता कुछ खास तरह की जटिलताओं और विशिष्टताओं से भरी है। यह कविता कहीं निराला की 'राम की शक्तिपूजा' के साथ खड़ी होती दिखती है। शक्तिपूजा के राम और अँधेरे में का काव्य-नायक दोनों अँधेरी शक्तियों से भिड़ने और विजय पाने के लिए प्रयासरत हैं। दोनों में ही शक्तियाँ अन्यायियों-अपराधियों के साथ हैं। लेकिन दोनों में अपराजेय जुझारूपन और विश्वास भी है। 'अँधेरे में' की संरचना के कारण इसके अध्येता विद्वान् इस कविता के विषय में अलग-अलग निष्कर्षों पर पहुँचते रहे हैं। इस कविता में इसकी गुंजाइश भी है। यह कविता प्रतियोगी परीक्षाओं और अधिकांश विश्वविद्यालयों के पाठ्यक्रमों में शामिल है। इस संग्रह में शामिल लेख 'अँधेरे में' के अध्येताओं की मुश्किलें आसान करके उनकी समझ को विकसित करने में मदद करेंगे, इस उम्मीद के साथ यह पुस्तक प्रस्तुत है। इस पुस्तक के विद्वान् लेखकों ने अपने लेखों को इस पुस्तक में शामिल करने की अनुमति दी और कुछ लेखकों ने मेरे निवेदन पर नये लेख लिखे, एतदर्थ मैं उनका हृदय से आभारी हूँ।

वशिष्ठ अनूप
अध्यक्ष, हिन्दी विभाग
काशी हिन्दू विश्वविद्यालय
वाराणसी

विषय-क्रम

'अँधेरे में' का प्रतिपाद्य : एक पुनर्विचार

—शिवकुमार मिश्र

मुक्तिबोध की कुछ कविताएँ एकत्र रूप में सबसे पहले 'तारसप्तक' में प्रकाशित हुई थीं—सन् 1943 ई० में। किन्तु हिन्दी काव्य-जगत् में उस समय जितनी चर्चा 'तारसप्तक' की विवादास्पद भूमिका की हुई थी, उतनी उसमें संकलित कवियों और कविताओं की नहीं। सन् 1943 ई० के उपरान्त फिर मुक्तिबोध की कविताओं से एकत्र और सघन रूप में पाठकों का साक्षात्कार हुआ सन् 1964 ई० में, जब उनके मरणोपरान्त उनका 'चाँद का मुँह टेढ़ा है' संग्रह प्रकाशित हुआ। इस संग्रह का प्रकाशित होना था कि मुक्तिबोध और उनकी कविताएँ न केवल काव्य-चर्चा के केन्द्र में आ गईं, उन्हें छायावादोत्तर हिन्दी कविता की सबसे सशक्त और सार्थक उपलब्धि के रूप में भी रेखांकित किया गया। सन् 1943 और सन् 1964 ई० के बीच यह जो इक्कीस वर्षों का अन्तराल है उसमें मुक्तिबोध और उनकी रचनाएँ क्यों कर अँधेरे में गुम रहीं, यह एक दिलचस्प शोध का विषय हो सकता है। बहरहाल, 'देर आयद, दुरुस्त आयद'—मुक्तिबोध की कवि-प्रतिभा को पहचाना और सराहा गया, इस नाते नहीं कि मुक्तिबोध ने एक बहुत त्रासद जीवन जिया और उतनी ही त्रासद मृत्यु पाई और वे अपने जीवन-काल में अपनी रचनाओं का प्रकाशित संग्रह नहीं देख पाये, वरन् इस नाते कि उनकी कविताएँ अपनी अंतर्वस्तु में ही नहीं, अपने रचाव में भी, उनके युग और उनके रचनात्मक आत्मसंघर्ष का, उनकी प्रखर जिजीविषा और उनके पैने यथार्थ बोध का, उनकी नैतिकता, रचनात्मक ईमानदारी, विचारधारात्मक निष्ठा और उसके प्रति उनकी समर्पित रचना-शीलता का, ऐसा जीता-जागता प्रतिबिम्ब और प्रमाण थीं, तत्कालीन सर्जनात्मक माहौल में जिससे रूबरू होना एक नया ही अनुभव था।

चूँकि संप्रति हमारी चर्चा के केन्द्र में उनकी मात्र एक कविता, उनकी सबसे प्रसिद्ध कविता 'अँधेरे में' है, अतएव मुक्तिबोध और उनकी रचनात्मक प्रतिभा की बहुत तफसील से पड़ताल न करते हुए हम अपने को उसी तक सीमित रखना चाहेंगे। किन्तु चूँकि 'अँधेरे में' मुक्तिबोध की सुदीर्घ तथा संघर्षप्रद काव्य-साधना की सबसे सार्थक फलश्रुति है, और एक प्रकार से उनके उस प्रखर रचनात्मक और विचारधारात्मक संघर्ष तथा आत्मसंघर्ष का प्रतिनिधित्व करती है जिसका साक्ष्य उनकी अन्य रचनाएँ भी देती हैं, अतएव उसे और उसके प्रतिपाद्य को समझने के लिए जरूरी हो जाता है कि मुक्तिबोध की उस मानसिक बुनावट को पढ़ा जाय जो

इस कविता और उनकी दूसरी कविताओं में अपने समूचे पेचीदे ताने-बाने के साथ मौजूद है और जिसे खोले तथा समझे बिना शायद इस कविता को और मुक्तिबोध की दूसरी कविताओं को भी, उनके सही आशय के साथ, नहीं समझा जा सकता। गलत न होगा यदि कहूँ कि इस मानसिक बुनावट को पढ़ा और समझा तो गया है, परन्तु मुक्तिबोध की रचनाओं में उसके गहरे निशान हैं, वहीं उनकी मूलवर्ती बुनावट है, इस तथ्य को, जो कोई भी कारण हों, साफगोई के साथ कहा नहीं गया है या बहुत कम, लगभग उसे 'डाइल्यूट' करते हुए कहा गया है, जबकि उसे समूचेपन के साथ कहने से, या कह देने से मुक्तिबोध के कवि और अपने समय की सबसे सार्थक रचनाशीलता के रूप में उनकी कविताओं की हैसियत में कोई फर्क नहीं आता।

तो कौन-सी वह मानसिक बुनावट है जो 'अँधेरे में' तथा मुक्तिबोध की दूसरी तमाम रचनाओं में नक्श है, अपने समूचे पेचीदे ताने-बाने के साथ जो मुक्तिबोध के रचनात्मक और विचारधारात्मक आत्मसंघर्ष का प्रमाण देती है, मुक्तिबोध आजीवन जिससे मुक्त नहीं हो पाते।

इस बिन्दु पर हम डॉ० रामविलास शर्मा को उद्धृत करना चाहेंगे और उनसे सहमत भी होना चाहेंगे। स्मरण रहे कि मुक्तिबोध पर डॉ० रामविलास शर्मा ने विस्तार से अपनी आलोचना पुस्तक 'नयी कविता और अस्तित्ववाद' में चर्चा की है। एक बार मुक्तिबोध पर लिखने के उपरान्त, दुबारा उस पर पुनर्विचार करते हुए एक स्वतन्त्र निबन्ध में उन्होंने मुक्तिबोध के व्यक्तित्व, उनके रचनाकार और उनकी रचनाशीलता पर गम्भीर टिप्पणियाँ की हैं, अपने ढंग से उन्हें समझने और समझाने का प्रयास किया है। डॉ० शर्मा के मुक्तिबोध और उनकी कविता-सम्बन्धी विचार, मुक्तिबोध की कविता पर और उनके कवि-व्यक्तित्व पर जो कुछ और दूसरों ने लिखा है, उसकी अनुरूपता में नहीं हैं, उससे भिन्न और विशिष्ट हैं। इस भिन्नता और विशिष्टता को प्रायः मुक्तिबोध के विरोध में माना और समझा गया है। यह सही है कि मुक्तिबोध-सम्बन्धी डॉ० शर्मा की स्थापनाएँ अनेक बिन्दुओं पर विवादास्पद हैं, कुछ बिन्दुओं पर अतिरंजित भी हैं, और इस नाते उन्हें सम्पूर्णतः, उन्हीं के तर्कों के आधार पर स्वीकार करने में कठिनाई महसूस होती है, किन्तु पहले भी मेरा यह मानना रहा है, और अब भी मेरी यह मान्यता है कि डॉ० शर्मा का मुक्तिबोध-विवेचन मुक्तिबोध के विरोध में नहीं है। उसके माध्यम से मुक्तिबोध को समझने में हमें मदद मिल सकती है, बशर्ते मुक्तिबोध के विषय में अहेतुक पूजा-भाव या श्रद्धा-भावना से परे होकर, अपने विवेक को जाग्रत् रखते हुए हम उसे उसकी वस्तुगतता में देखें-परखें, त्याग और ग्रहण की चयनधर्मी मानसिकता के तहत उससे रूबरू हों। मुक्तिबोध की मानसिक बुनावट को पढ़ते और खोलते हुए डॉ० शर्मा ने स्थापना दी है कि अपनी मार्क्सवादी आस्थाओं के बावजूद

मुक्तिबोध मार्क्सवाद की जमीन पर बहुत आश्वस्त नहीं थे, कि अपने स्वभाव के अनुरूप मार्क्सवाद-विरोधी दूसरे तमाम विचारों का दबाव भी वे अपने मन-मस्तिष्क में अनुभव करते थे। रहस्यवाद और अस्तित्ववाद जैसे इन विचारों और मुक्तिबोध के मन तथा उनकी कविता पर पड़े उनके प्रभावों का हवाला भी डॉ० शर्मा ने विस्तार से दिया है। डॉ० शर्मा का यही प्रयास और उससे उपजे उनके निष्कर्ष ही मुक्तिबोध के प्रशंसकों के विरोध का विषय बने हैं, और कुछेक रचनाकार-विचारकों ने तो उन्हें बकवास मानते हुए खारिज करने की सिफारिश भी की है। जैसा कि मैं कह चुका हूँ, डॉ० शर्मा के निष्कर्ष अनेक बिन्दुओं पर अतिरंजित और अतिवादी हैं, परन्तु मुझे उनकी जो बात तात्विक और स्वीकार्य लगी है वह यह कि मार्क्सवाद की जमीन पर आकर भी मुक्तिबोध आन्तरिक द्वन्द्व से मुक्त नहीं हो पाये थे। रचना और विचार दोनों स्तरों पर वे एक निहायत गहरे आत्मसंघर्ष से आजीवन गुजरते और जूझते रहे थे और इस बात के प्रमाण उनकी रचनाएँ ही नहीं, उनका आलोचनात्मक लेखन भी देता है, जिसमें उनकी 'एक साहित्यिक की डायरी' भी शामिल है। प्रकारांतर से इस बात को यों भी कहा जा सकता है कि मुक्तिबोध के रचनात्मक और विचारात्मक आत्मसंघर्ष का बुनियादी कारण मार्क्सवाद की जमीन पर उनका आ जाना और उसके प्रति उनकी गहरी वैचारिक निष्ठा ही थी। डॉ० रामविलास शर्मा का कहना है—

"मुक्तिबोध तथा अन्य प्रगतिवादी कवियों में अन्तर यह था कि उनके लिए मार्क्सवाद एक ऐसी विचारधारा न था जिसे वे आसानी के साथ स्वीकार कर लेते और असुविधा होने पर उतार कर फेंक देते। उनके लिए यह जीवन-मरण का प्रश्न था। वह कविता के लिए जीते थे और उनकी कविता की एक बुनियादी समस्या मार्क्सवाद से उनके व्यक्तित्व के सम्बन्ध की थी। भारतभूषण अग्रवाल ने 'तारसप्तक' में अपने बारे में कहा था—'मार्क्सवाद को आज के समाज के लिए रामबाण मानता हूँ। कम्युनिस्ट हूँ।' जब 'तारसप्तक' का दूसरा संस्करण प्रकाशित हुआ तब उन्होंने कहा—'अब कम्युनिस्ट नहीं हूँ। यही नहीं, अब तो लगता है, जब कहता था तब भी नहीं था।' इस तरह की उक्ति, आसानी से मार्क्सवाद की स्वीकृति और उतनी ही आसानी से उसकी अस्वीकृति, मुक्तिबोध के लिए सम्भव न थी। वे केवल प्रगतिशील लेखक नहीं थे, कम्युनिस्ट भी थे।"

मार्क्सवाद ने मुक्तिबोध को वह विवेक और वह दृष्टि प्रदान की थी कि जिसके बरक्स वे अपनी और अपने (निम्न मध्य) वर्ग की सीमाओं, संस्कारों और नियति को जाँच-परख सके, आत्मालोचन में प्रवृत्त हो सके, एकदम वस्तुनिष्ठ होकर अपने अन्तर के, और अपने मन के, एक-एक स्तर का निरीक्षण कर सके। उनका ईमानदार रचनाकार और उनके ईमानदार मन का विवेक हर क्षण उन्हें यह

अहसास कराता रहा कि मध्यवर्गीय सीमाओं और संस्कारों से उबरे बिना उनकी और उनके वर्ग की मुक्ति सम्भव नहीं। इसके बिना वे अपने उस अभिप्रेत को हासिल भी नहीं कर सकते हैं जिसके हेतु उन्होंने मार्क्सवाद को अपनाया था, लबादे के रूप में उसे ओढ़ा नहीं था। यदि ओढ़ा होता तो वे भी भारतभूषण अग्रवाल, नेमिचन्द्र जैन (जिन्होंने उन्हें मार्क्सवादी और कम्युनिस्ट बनाया था) और दूसरे तमाम तथाकथित मार्क्सवादियों की तरह मार्क्सवाद के उस लबादे को उतार कर फेंक सकते थे, दरारों को देखते हुए सफलता की ऊँची से ऊँची सतह तक पहुँच सकते थे या फिर अनेक छद्म मार्क्सवादियों की तरह मार्क्सवादी कहलाते हुए भी, उसे निश्चिंत मन, अपने संस्कारों और सीमाओं के साथ, ओढ़े रह सकते थे। किन्तु मुक्तिबोध रचनाकार और व्यक्ति दोनों रूपों में निहायत नैतिक और निहायत ईमानदार थे। उन्हें अपने स्वभाव तथा वर्गीय संस्कारों का गहरा तथा त्रासद अहसास था। साथ ही उनसे मुक्त होने की उतनी ही तीखी छटपटाहट भी। 'एक साहित्यिक की डायरी' में उनके तमाम कथन उनके इस अहसास तथा विकलता का साक्ष्य देते हैं। इन कथनों में मुक्तिबोध के 'मैं' को उनसे अलग करके पढ़ना उतनी ही बड़ी गलती होगी जितनी उनकी कविताओं में उनके काव्य-नायक या उनके 'मैं' को उनसे अलग करके समझना और दूसरों को भी ऐसा समझने की सलाह देना। डॉ० नामवर सिंह ने मुक्तिबोध के बारे में लिखते हुए ऐसी ही सलाह दी है, उनकी कविताओं के काव्यनायक को उनके अपने व्यक्तित्व से अलग करते हुए मुक्तिबोध के व्यक्ति को एक निहायत आदर्श छवि देने की कोशिश की है, जबकि डॉ० शर्मा ने ऐसा नहीं किया है। यही कारण है कि डॉ० शर्मा मुक्तिबोध के विरोधी के रूप में विज्ञापित हुए हैं और डॉ० नामवर सिंह मुक्तिबोध के प्रशंसक और प्रस्तोता के रूप में सराहे गये हैं। सवाल यहाँ मुक्तिबोध के विरोध या प्रशंसा का नहीं है, सवाल मुक्तिबोध को, उनकी मानसिक बुनावट और उससे उपजी उनकी काव्यात्मक बुनावट को, पूरी वस्तुगतता में पढ़ने और खोलने का है, मुक्तिबोध को प्रामाणिक रूप में पेश करने का है। मुक्तिबोध के यहाँ समस्या यह थी कि मार्क्सवाद से उनके व्यक्तित्व का, उनके व्यक्तित्व से उनकी कविता का बुनियादी सम्बन्ध तर्कसंगत हो, जबकि अपने को जैसा उन्होंने जाना था, उसके तहत उन्हें बराबर इस बात का अहसास मथता रहता था कि ऐसा नहीं हो पा रहा, या ऐसा नहीं है। चूँकि मार्क्सवाद के प्रति अपनी निष्ठा में वे पूरी तरह दृढ़ थे, अत: उनका सारा क्लेश और सारा तनाव भी था। जितने गहरे उनके संस्कार थे, उतना ही प्रखर और जाग्रत् उनका विवेक, उनका विवेक उन्हें अपने आकांक्षित की ओर पूरी निष्ठा से अग्रसर होने को प्रेरित करता था, किन्तु संस्कार उन्हें पुन: पीछे की ओर खींचने लगते थे। उनका एक व्यक्तित्व उन्हीं के दूसरे व्यक्तित्व से लगातार गुत्थमगुत्था होता, दोनों में लगातार संवाद

चलता, बहस होती, परन्तु निष्कर्ष यह कि वही पहले जैसी स्थिति। किंचित् सफलता और अति भव्य असफलता—उनके यहाँ मुख्य द्वन्द्व इन्हीं दोनों का था। उनकी रचनाएँ उनके मन के भीतर गहरे रूप से विद्यमान, संस्कार और विवेक की इस तीखी कशमकश का साक्ष्य प्रस्तुत करती हैं। उनमें उनके संस्कारग्रस्त तथा विवेकशील दोनों प्रकार के मन अभिव्यक्त हुए हैं, प्रतिबिम्बित हुए हैं, अपनी-अपनी वास्तविकताओं के साथ, परस्पर-विरोधी बिम्बों, मन:स्थितियों, भावचित्रों और दृश्यों में। इन्हीं के चलते डॉ० नामवर सिंह ने 'अँधेरे में' कविता में, जिसकी चर्चा हम आगे करेंगे, 'विरुद्धों का सामंजस्य' देखा है जबकि मुक्तिबोध के यहाँ विरुद्धों के सामंजस्य से अधिक विरोधों की एक साथ उपस्थिति है, संस्कार और विवेक की अपनी-अपनी भूमिका का इजहार है। मुक्तिबोध की कविताओं में जो नाटकीय विधान और तनाव है, उसका उत्स इसी में है, संस्कार और विवेक की गहरी कशमकश में, व्यक्तित्वांतरण की आकांक्षा और आकांक्षा में बाधक संस्कारों को लेकर। 'ब्रह्मराक्षस' कविता की पंक्तियाँ हैं—

गहन अनुमानिता
तन की मलिनता
दूर करने के लिए, प्रतिपल,
पाप-छाया दूर करने के लिए, दिन-रात,
स्वच्छ करने—
ब्रह्मराक्षस
घिस रहा है देह।
हाथ के पंजे, बराबर,
बाँह-छाती मुँह छपाछप
ख़ूब करते साफ़,
फिर भी मैल
फिर भी मैल!!

और इसी कविता की कुछ और पंक्तियाँ—

ख़ूब ऊँचा एक ज़ीना साँवला,
उसकी अँधेरी सीढ़ियाँ
वे एक आभ्यन्तर निराले लोक की।
एक चढ़ना औ' उतरना
पुन: चढ़ना औ' लुढ़कना,
मोच पैरों में
व छाती पर अनेकों घाव
बुरे-अच्छे बीच के संघर्ष
से भी उग्रतर

अच्छे व उससे अधिक अच्छे बीच का संगर
गहन किंचित् सफलता,
अति भव्य असफलता!

चूँकि संघर्ष एक ही मन के दो अलग-अलग स्तरों के बीच है, एक ही मन में अन्तर्निहित दो व्यक्तित्वों के बीच है, तभी तो एक व्यक्तित्व की मृत्यु पर दूसरा व्यक्तित्व कहता है—

मैं ब्रह्मराक्षस का सजल उर शिष्य
होना चाहता
जिससे कि उसका वह अधूरा कार्य,
उसकी वेदना का स्रोत
संगत, पूर्ण निष्कर्षों तलक
पहुँचा सकूँ।

अब तक जो चर्चा हमने की है वह प्रमाण है कि मुक्तिबोध के समक्ष सबसे बड़ी समस्या, उनकी मूलवर्ती समस्या, व्यक्तित्व के रूपान्तरण की थी। यह समस्या उपजी थी मार्क्सवाद के प्रति उनकी अटूट निष्ठा के कारण। वे अपने व्यक्तित्व को मार्क्सवाद के अनुरूप बनाना चाहते थे। उनके सामने सवाल था मार्क्सवाद को जीना, उसे आचरित करना, ना कि उसे ओढ़ना, और ओढ़े रहकर अपने को तथा अपने साथ-साथ दूसरों को भी छलना। मुक्तिबोध की नैतिकता को यह गवारा नहीं था। अस्तु—

अब हम मुक्तिबोध की 'अँधेरे में' कविता की चर्चा करना चाहेंगे जिसे लेकर हिन्दी में अब तक काफी-कुछ कहा और लिखा जा चुका है। प्राय: एक स्वर से इसे समकालीन हिन्दी कविता की या नयी कविता की महत्तम उपलब्धि माना गया है। गोकि इस कविता की व्याख्या लोगों ने अपने-अपने ढंग से की है, परन्तु जहाँ तक उसकी मूल्यवत्ता का सवाल है, उनके निष्कर्ष समान हैं। यह कविता कथ्य के नाटकीय विन्यास में, अपनी शैली में या कि अपने समूचे रचाव में ही महत्त्वपूर्ण और विशिष्ट नहीं है, इसकी अन्तर्वस्तु में मुक्तिबोध ने अपने समय के प्रखर यथार्थ को, सत्ता के दमनकारी जन-विरोधी चेहरे को, आतंक, भय, यातना, हिंसा और रक्तपात की बुनियाद पर टिकी उसकी इमारत की एक-एक ईंट को, जिस तरह बेनकाब किया है, वह भी अपने में उतना ही महत्त्वपूर्ण और विशिष्ट है। हमने मुक्तिबोध की अनेक रचनाओं की, उनके आत्मसंघर्ष के प्रमाण के रूप में, चर्चा की है। इस 'अँधेरे में' कविता में उनका यह आत्मसंघर्ष उनके अपने समय के सामाजिक यथार्थ के बरक्स और भी भास्वर होकर उभरा है।

सवाल है कि इस कविता का मूल कथ्य क्या है, समीक्षकों के बीच मतभेद भी उसी को लेकर है। 'चाँद का मुँह टेढ़ा है' संकलन की भूमिका में शमशेर बहादुर

सिंह ने इसे 'व्यक्ति और जन के एकीकरण' की कविता कहा है। इसके अलावा उनके अनुसार "यह कविता देश के आधुनिक जन-इतिहास का, स्वतंत्रतापूर्व और पश्चात् का, एक दहकता इस्पाती दस्तावेज है।" इसकी मूल्यवत्ता निश्चित करते हुए शमशेरबहादुर सिंह ने इसे हिन्दी की अमर राष्ट्रीय कविताओं में ही शुमार नहीं किया, इसे हिन्दी की स्वस्थतम आधुनिक काव्य सृष्टि का 'सर्वोपरि विजय चिह्न' भी कहा है। कविता की अन्तर्वस्तु में सत्ता के भय और आतंक से उपजे जिस रोमांचक यथार्थ की स्थिति है, उसे देखते हुए माचवे ने उसकी तुलना पिकासो की अमर कृति 'गुएर्निका' से की है, और इसे 'गुएर्निका इन वर्स' कहा है। अपनी आलोचना-पुस्तक 'कविता के नए प्रतिमान' में नामवर सिंह ने इस कविता पर विस्तार से लिखा है। इसे मुक्तिबोध के कवि की चरम परिणति बताते हुए उन्होंने इसे नयी कविता की भी चरम उपलब्धि माना है। इस कविता की मूलवर्ती समस्या का उल्लेख उन्होंने अपने निबन्ध के प्रारम्भ में ही कर दिया है। कविता की अन्तिम पंक्तियों से अपने मंतव्य को पुष्ट करते हुए उन्होंने स्थापना दी है कि "इस कविता की अन्तिम पंक्तियाँ उस अस्मिता या आइडेन्टिटी की खोज की ओर संकेत करती हैं जो आधुनिक मानव की सबसे ज्वलंत समस्या है। निःसन्देह इस कविता का मूल कथ्य है अस्मिता की खोज।" डॉ० रामविलास शर्मा डॉ० नामवर सिंह के अभिमत से सहमत न होते हुए इस कविता की व्याख्या अपने ढंग से करते हैं। उनके अनुसार—"साहित्य और राजनीति की परम्परा का बोध, मार्क्सवाद के प्रति आकर्षण, श्रमिक आन्दोलन का समर्थन, और मध्यवर्गीय लेखक के व्यक्तित्व के रूपान्तरण की समस्या, ये सब चीजें परस्पर सम्बद्ध हैं।....'अँधेरे में' की मूल समस्या यही है कि मध्यवर्ग का बुद्धिजीवी सर्वहारा वर्ग के साथ कैसे तादात्म्य स्थापित करे।....मुक्तिबोध की मुख्य समस्या है अपना वर्ग छोड़कर दूसरे वर्ग के साथ तादात्म्य स्थापित करना।" कहना न होगा कि 'अँधेरे में' के कथ्य की यह समझ इस नाते सही और सटीक है कि वह मुक्तिबोध की उस मानसिक बुनावट से मेल खाती है जिसका जिक्र हमने उनकी दीगर कविताओं के साक्ष्य पर भी किया है। 'अँधेरे में' कविता मुक्तिबोध की रचनाशीलता में 'आइसोलेटेड' न होकर उनकी दूसरी रचनाओं से अंतर्ग्रथित है। वह मुक्तिबोध के उसी आत्मसंघर्ष की उपज है जो उनकी अन्य रचनाओं में भी मौजूद है और जो आत्मसंघर्ष मुक्तिबोध की रचनाशीलता में बुनियादी तौर पर विद्यमान है, और हमेशा विद्यमान रहा है। बहुत पहले सन् 1966 ई० में मुक्तिबोध की कविता 'अँधेरे में' पर लिखते हुए मैंने कहा था कि "इसमें एक ओर अपने युग का इतिहास अपने बाहरी द्वन्द्वों को लिए हुए मौजूद है, दूसरी ओर आत्म-साक्षात्कार तथा आत्म-विश्लेषण के स्तर पर एक कवि के अंतःव्यक्तित्व की कशमकश भी पूरी सजीवता में सामने आई है।" आज अपने इस कहे हुए को पुनः रेखांकित करते हुए कहना चाहूँगा कि तब मैंने शमशेरजी के साक्ष्य पर इसे व्यक्ति और जन के एकीकरण की कविता के रूप में

भी व्याख्यायित किया था, जबकि यह कविता अपनी वास्तविकता में व्यक्ति और जन के एकीकरण की कविता न होकर इस एकीकरण की समस्या की कविता है। और इस बिन्दु पर इसे स्वीकार करने पर डॉ० शर्मा और शमशेरजी के मंतव्य एक-दूसरे से बहुत भिन्न नहीं लगते। शमशेर जिसे व्यक्ति और जन के रूप में व्याख्यायित करते हैं, डॉ० शर्मा के यहाँ वही निम्न मध्यवर्ग और सर्वहारा है। अपनी निजता में निम्न मध्यवर्ग का व्यक्ति व्यक्ति ही है परन्तु सर्वहारा के साथ तादात्म्य उसे जन बनाता है। इस प्रकार शमशेर और डॉ० शर्मा दोनों के मतानुसार इस कविता का मुख्य कथ्य व्यक्तित्व का रूपान्तरण ही ठहरता है, यह व्यक्तित्वान्तरण व्यक्ति का जन में हो या निम्न मध्यवर्ग का सर्वहारा में हो। मुक्तिबोध के यहाँ समस्या भी यही है, उनका आत्म-संघर्ष भी इसी को लेकर है। डॉ० नामवर सिंह ने जिसे अस्मिता की खोज कहा है वह उनकी अपनी समझ हो सकती है, कविता उसे प्रमाणित नहीं करती। अपनी बात को प्रमाणित करने के लिए डॉ० नामवर सिंह ने कविता की अन्तिम पंक्तियों का हवाला दिया है जो इस प्रकार है—

परम अभिव्यक्ति
लगातार घूमती है जग में
पता नहीं जाने कहाँ, जाने कहाँ
वह है।
इसीलिए मैं हर गली में
और हर सड़क पर
झाँक-झाँक देखता हूँ हर एक चेहरा,
प्रत्येक गतिविधि
प्रत्येक चरित्र,
व हर एक आत्मा का इतिहास,
हर एक देश व राजनैतिक परिस्थिति
प्रत्येक मानवीय स्वानुभूत आदर्श
विवेक-प्रक्रिया, क्रियागत परिणति!!
खोजता हूँ पहाड़.... पठार.... समुन्दर
जहाँ मिल सके मुझे
मेरी वह खोयी हुई
परम अभिव्यक्ति अनिवार
आत्मसम्भवा।

डॉ० नामवर सिंह ने इस परम अभिव्यक्ति को अस्मिता माना है और इसीलिए परम अभिव्यक्ति की खोज को अस्मिता की खोज कहा है जबकि मुक्तिबोध के लिए यह परम अभिव्यक्ति निजता का सर्वथा परिहार हो जाने के उपरान्त उपलब्ध हुई अभिव्यक्ति है, जो उनका आदर्श भी है। जब तक यह निजता

है, परम अभिव्यक्ति उनसे दूर है, उनसे अलग है, निजता का समग्रता में, सर्वहारा में, विलीनीकरण हुआ नहीं कि यह परम अभिव्यक्ति सबके साथ उनकी भी है, और इसीलिए उनकी सारी जद्दोजहद है। इसी निजता से मुक्तिबोध छुटकारा चाहते हैं, और संस्कारों के चलते उसी से वे मुक्त नहीं हो पाते और इसीलिए परम अभिव्यक्ति की उनकी पीड़ा-भरी खोज भी जारी रहती है। यह परम अभिव्यक्ति उन्हें लगातार जग में घूमते दिखाई पड़ती है, जाने कहाँ, जाने कहाँ, परन्तु उनकी पकड़ से बाहर। वे हर गली और हर सड़क पर एक-एक चेहरे को झाँक-झाँक कर देखते हैं, प्रत्येक गतिविधि का जायजा लेते हैं, हर एक आत्मा का इतिहास पढ़ने की कोशिश करते हैं, हर एक देश की राजनैतिक परिस्थिति का अध्ययन करते हैं, प्रत्येक मानवीय स्वानुभूत आदर्शों से रुबरू होते हैं, विवेक-प्रक्रिया की क्रियागत परिणति को समझने की कोशिश करते हैं, पहाड़, पठार, समुन्दर कहाँ-कहाँ की खाक नहीं छानते, कि कहीं तो मिल जाय उनकी वह परम अभिव्यक्ति, परन्तु निजता के रहते वह मिले भी तो कैसे। उसके लिए जरूरी है निजता का परिहार, अपने को सबमें मिला देना, सबमें अपने को देखना। अपनी परम अभिव्यक्ति के जिस प्रतीक को, जिस रक्तालोक स्नातपुरुष को, अपने जिस गुरु[1] को, अपने ही व्यक्तित्व के जिस जाग्रत् अंश को, कभी उन्होंने तिलस्मी खोह में देखा था, अब वह भी उन्हें नजर नहीं आता। उन्हें लगता है वह—

> वह मेरे पास कभी बैठा ही नहीं था,
> वह मेरे पास कभी आया ही नहीं था,
> तिलस्मी खोह में देखा था एक बार,
> आख़िरी बार ही।
> पर, वह जगत् की गलियों में घूमता है प्रतिपल

'अँधेरे में' के कथ्य को इससे भिन्न समझना कदाचित् कविता की अनदेखी करना है। यही-नहीं, कविता के कथा-नायक या 'मैं' को या वाचक को, मुक्तिबोध से अलग करके देखना भी, जैसा कि मैं कह चुका हूँ, सही नहीं है। ऐसा करना मुक्तिबोध के अपने व्यक्तित्व से उनके आत्मसंघर्ष को अलग कर देना है, जबकि यह आत्मसंघर्ष उनकी रचनाशीलता और उनके व्यक्तित्व की बुनियादी हकीकत है।

पुन: जोर देकर कहना चाहूँगा कि मुक्तिबोध एक व्यक्ति और एक रचनाकार के रूप में निहायत नैतिक और निहायत ईमानदार थे। 'एक साहित्यिक की डायरी' में उन्होंने मध्यवर्ग के बुद्धिजीवियों की जिस वास्तविकता से हमारा परिचय कराया है, वह हमें अप्रिय भले ही लगे, हमारा यथार्थ है! हमारे अवसरवादिता, समझौता-परस्ती, हमारी चतुरता, हमारी समझदारी, कहना चाहिए कि हमें अपने सारे ओछे स्वार्थों के साथ मुक्तिबोध ने नंगा किया है, किसी अलग टीले या डीह पर खड़े

1. ब्रह्मराक्षस कविता में भी वे ब्रह्मराक्षस का सजल उर-शिष्य होना चाहते हैं।

होकर, मसीहाई अंदाज में नहीं, अपने को इस सबमें शामिल करते हुए। दूसरों पर सभी व्यंग्य कर सकते हैं, और करते हैं, किन्तु स्वतः अपने को व्यंग्य की धार में से गुजारने का बूता सबमें नहीं होता। अपने को अलग करते हुए दूसरों की कमजोरियों का आख्यान भी सब करते हैं, उपदेश देते हैं, आदर्श वचन बोलते हैं, परन्तु अपनी कमजोरियों की निश्छल स्वीकृति तथा अपने को धिक्कारने और लांछित करने का साहस भी सबमें नहीं होता। मुक्तिबोध में यह बूता और यह साहस था। वे अपने पर भी हँसने का माद्दा और हौसला रखते थे। आम मध्यवर्गीय दायरे से उन्होंने अपने को अलग नहीं माना, गोकि उनमें और उनके समानधर्माओं में जो मुख्य अन्तर है, भारतभूषण अग्रवाल का हवाला देते हुए डॉ० रामविलास शर्मा ने उसे स्पष्ट कर दिया है। हममें, अपने को मार्क्सवादी घोषित करने वाले बुद्धिजीवियों में, वस्तुतः कितने हैं जिनके लिए मार्क्सवाद वस्तुतः उसी तरह जीवन-मरण का प्रश्न हो जिस तरह वह मुक्तिबोध के लिए था। हममें से कितनों में आत्मनिरीक्षण का वह माद्दा और ईमानदारी है, जो मुक्तिबोध में थी? ऐसी स्थिति में हमसे यह अपेक्षा तो होनी ही चाहिए कि हम मुक्तिबोध को उनकी वास्तविकता में प्रस्तुत करें। यह कहना गलत न होगा कि अपने आत्मसंघर्ष के सबसे तीखे क्षणों में, अपनी वास्तविकता के गहरे अहसास और उसके उद्घाटन के सबसे मार्मिक अवसरों में, आत्मलांछना और आत्म-स्वीकृति के सबसे बेधक मौकों पर ही मुक्तिबोध सबसे अधिक तेजस्वी और सबसे अधिक जीवन्त बनकर सामने आए हैं, सचमुच बड़े और सचमुच पारदर्शी।[1] निम्न मध्यवर्ग की अपनी त्रासद नियति का इससे भी खरा बयान और इससे भी खरा निष्कर्ष कोई क्या दे सकता है या दे सका है, जो मुक्तिबोध के अपने अनुभूत ने हमें दिया है—

> पिस गया वह भीतरी
> औ' बाहरी दो कठिन पाटों बीच,
> ऐसी ट्रैजिडी है नीच॥

---

1. ● "ओ मेरे आदर्शवादी मन,
ओ मेरे सिद्धान्तवादी मन,
अब तक क्या किया?
जीवन क्या जिया!!" स्मरण रहे कि मुक्तिबोध ने पागल के इस गीत को आत्मोद्बोधनमय कहा है। इस लम्बे गीत की एक-एक पंक्ति हमारे छद्म को तार-तार बेनकाब करती हुई हमें हमारी वास्तविकता से रूबरू करती है।

●● "विवेक चलाता तीखा-सा रन्दा
चल रहा बसूला
छीले जा रहा मेरा यह निजत्व ही कोई"
निजत्व यानी संस्कार, और इन संस्कारों से विवेक की गुत्थमगुत्थी, और उससे उपजी संस्कारी-मन की पीड़ा को यहाँ पहचाना जा सकता है।

'अँधेरे में' कविता में मुक्तिबोध की फैंटेसी या स्वप्न-कथा के ताने-बाने में गाँधीजी का चित्र भी उभरता है। अपने को मसीहा मानकर जमाने को उपदेश देने वालों की गाँधीजी के मुख से मुक्तिबोध ने जो भर्त्सना कराई है, उससे उन्होंने अपने को भी अलग नहीं रखा है, गोकि जैसा हम कह चुके हैं, मुक्तिबोध में मसीहाई अंदाज, अपने को सिद्ध मानते हुए दूसरों की साधना का मखौल उड़ाने का भाव, कभी नहीं रहा।[1] जिस निम्न मध्यवर्ग के अंग वे थे, जिसके प्रति वे सहानुभूतिशील तथा उदार थे, जिसकी सम्भावनाओं के प्रति वे आश्वस्त थे और जिसकी कमजोरियों से भी वे भली-भाँति वाकिफ थे, उन्होंने जहाँ और जब भी उसकी सीमाओं का खुलासा किया है, उसके प्राप्य की चर्चा की है, उसे दुलारा-पुचकारा या प्रताड़ित और लांछित किया है, तो अपने को उससे अलग मानते हुए नहीं, अपने को उसके साथ शामिल करते हुए।[2] ऐसा नहीं कि वे दूसरों को तो उपदेश दे रहे हों, झाड़-फटकार रहे हों, और अपने लिए यह मानकर चल रहे हों कि उन्होंने तो सिद्धि पा ली है। उनका यथार्थबोध और उनका आलोचनात्मक विवेक इतना कुन्द भी नहीं रहा, कभी नहीं था। व्यक्ति और जन का एकीकरण वास्तविक जीवन में तो समस्या हो और कविता में वे उसे हल कर दें, ऐसा उन्हें कतई गवारा न था।

अपनी चर्चा में हम 'अँधेरे में' कविता के महज एक पहलू पर केन्द्रित रहे हैं, उसके प्रतिपाद्य के विवेचन पर, जबकि हम जानते हैं कि यह कविता एकायामी या इकहरी नहीं है, बहुआयामी है और बहुत-कुछ को समेटे हुए है। इसमें मुक्तिबोध के अपने युग का प्रखर यथार्थबोध है, सत्ता के छल-प्रपंच, दोमुँहेपन, दमन, हिंसा और घिनौनी साजिशों से पीड़ित यातनाग्रस्त जन के चित्र हैं, जन क्रांति के, छापामार लड़ाई के सपने हैं, तिलक, तोल्सतोय, गाँधी हैं, काव्यनायक के कन्धे पर भविष्य शिशु, सूरजमुखी फूल के गुच्छे और वजनदार राइफल है। स्वप्न के ताने-बाने में

---

1. • "दुनिया न कचरे का ढेर कि जिस पर
दानों को चुगने चढ़ा हुआ कोई भी कुक्कुट
कोई भी मुरग़ा
यदि बाँग दे उठे ज़ोरदार
बन जाए मसीहा"

2. • "सब चुप, साहित्यिक चुप, और कविजन निर्वाक्
रक्तपायी वर्ग से नाभिनाल-बद्ध ये सब लोग
नपुंसक भोग-शिरा जालों में उलझे।

•• परन्तु, भयानक खड्डे के अँधेरे में आहत
और क्षत विक्षत, मैं पड़ा हुआ हूँ,
शक्ति ही नहीं है कि उठ सकूँ ज़रा भी।
(यह भी तो सही है कि
कमजोरियों से ही लगाव है मुझको)

गुँथे ये चित्र व्यंजनापूर्ण हैं, कभी कवि के आकांक्षित के, उसकी सदिच्छाओं के प्रतीक और कभी उसके संकल्प और उसकी आस्था क़ी अभिव्यक्तियाँ, जोखिम उठाकर भी अपने प्राप्य तक पहुँचने के उसके साहस के गवाह।[1] परस्पर-विरोधी इन चित्रों और मन:स्थितियों के चलते कविता का नाटकीय विधान और भी निखर उठा है। इन सबकी चर्चा एक अलग निबन्ध का विषय है। संप्रति तो इस कविता के प्रतिपाद्य का विवेचन ही हमारा इष्ट रहा है।

अंततः एक निवेदन फिर, कि मुक्तिबोध को भावुक श्रद्धा से बचाते हुए अध्ययन और मनन का विषय बनाया जाय, उनके आत्मसंघर्ष की अनदेखी न की जाय और इस बात पर खुले मन से विचार किया जाय कि यदि मुक्तिबोध में 'अनडाइल्यूटेड'—चौकस मार्क्सवाद है, उनके मन में उसे लेकर विचारों की कोई ऊहापोह अथवा किसी प्रकार का द्वन्द्व नहीं है तो फिर क्या कारण है कि मार्क्सवाद के परम विरोधी भी उन्हें अपने ढंग से व्याख्यायित कर ले जाते हैं और उन्हें अपनी ढब और ढंग के बड़प्पन में ढालते हुए उनके प्रवक्ता बनने का गौरव पाते हैं, 'सतह से उठता आदमी' जैसी फिल्में बनाकर भी यश और प्रशंसा के अधिकारी बनते हैं।

●

---

1. ● "आत्मा के चक्के पर चढ़ाया जा रहा
संकल्प-शक्ति के लोहे का मज़बूत
ज्वलन्त टायर!!"

●● "अब अभिव्यक्ति के सारे ख़तरे
उठाने ही होंगे।"

'अँधेरे में' : प्रगतिवादी काव्य-स्वर का आदर्श और उसकी सीमा

—रामदरश मिश्र

'अँधेरे में' एक ऐसी लम्बी कविता है जो अपना प्रतिमान स्वयं है। यह न तो किसी कथा पर आधारित है, न मात्र अपने जीवन के ऊहापोह से गुजरती है। यह न एक बने-बनाये आशावाद के सरल मार्ग से चलती है न जुगुप्सा, निराशा और यौन-पिपासा के कीचड़ में पाँव धँसाकर चलती है, यह एक ऐसी नयी कविता है जो स्वयं सामाजिक सन्दर्भों से कथा गढ़ती है वह भी कोई एकसूत्रीय कथा नहीं, खण्ड-कथा। उस कथा को कवि की आत्मकथा से जोड़ती है, कवि की भी आत्मकथा कोई बनी-बनायी कथा नहीं है। वह उसकी यातना, उसकी संवेदना, उसके चिन्तन से बनती हुई कथा है—खंड-कथा। कवि (जिसे इस कविता का नायक कहा जा सकता है) की आत्मकथा एक ऐसे कवि की आत्मकथा है जो अपने में डूबा हुआ न होकर बाहर से जुड़ा है किन्तु ऐसा भी नहीं है कि वह अधिकांश प्रगतिवादियों की तरह मात्र बाहर है। इसलिए उसके भीतर और बाहर की कथा के साहचर्य और टकराहट से एक ऐसी कविता बनती चलती है जो अपनी संवेदना में जटिल है, बहुआयामी है और संरचना में नाटकीय तथा अपने भीतर से निर्मित। टकराहटें, बाहर-भीतर की ही नहीं हैं, बाहर और बाहर तथा भीतर और भीतर की भी हैं। समाज के कई स्तर और रूप हैं, वे आपस में टकराते हैं, कवि के भीतर कई रूप हैं—चेतन और अवचेतन के, निराशा और आशा के, क्रिया और कर्महीनता के, भय और साहस के। भीतर तथा भीतर, बाहर और बाहर तथा बाहर और भीतर की टकराहटों से यह कविता बनती है अर्थात् यह आत्मसंघर्ष और सामाजिक संघर्ष तथा आत्म और अनात्म के संघर्ष से गुजरने वाली कविता है, इसलिए वह एक जटिल, गहरी तथा बहुआयामी कविता है। कवि ने इस जटिल कथ्य की अभिव्यक्ति के लिए स्वप्न और फैंटेसी की शैली अपनायी है, इसलिए मुक्त साहचर्य की पद्धति जहाँ कथा को विस्तार देती है और सामाजिक यथार्थ के अनेक संक्रान्त और जटिल सम्बन्धों को सरलता से उजागर करती है वहीं दुरूहता भी भरती है। यह दुरूहता न केवल कविता की गति को मारती है वरन् कविता की अनेक संगत और असंगत तथा परस्पर-विरोधी व्याख्याएँ करने की छूट देती है। यही वजह है कि इस कविता की तथा स्वयं मुक्तिबोध की तरह-तरह की व्याख्याएँ हुई हैं—मार्क्सवादी व्याख्या भी, अस्तित्ववादी व्याख्या भी और मनोविश्लेषणवादी

व्याख्या भी। यह सच है कि मुक्तिबोध के काव्य में इन तीनों ही व्याख्याओं की काफी गुंजाइश है किन्तु इस प्रकार की दुरूह और कई प्रकार की अर्थसम्भावनाएँ फेंकने वाली कविताओं के मूल स्वर की पहचान के लिए हमें कवि की अन्य कविताओं तथा आलोचनाओं (यदि हैं तो) तथा जीवनी-सन्दर्भों की सहायता लेनी चाहिए। समग्र भाव से देखने पर मुक्तिबोध का मूल स्वर प्रगतिवादी ही लगता है इसलिए 'अँधेरे में' कविता की जटिलता और दुरूहता के बीच अंतर्निहित प्रगतिवादी स्वर को ही मूल स्वर मानना संगत होगा।

कविता का आरम्भ होता है जिन्दगी के अँधेरे कमरों से। कवि अँधेरे कमरों का नाम लेकर छोड़ देता है, अँधेरे का चित्रण नहीं करता, फिलहाल यह काम हमारी कल्पना को सौंप देता है। चित्र शुरू होता है इन अँधेरे कमरों में टहलते हुए किसी प्रकाशमय व्यक्तित्व के अस्तित्व-बोध से। अँधेरे में बन्दी प्रकाशमय व्यक्तित्व जीवित है और गतिमान है। उसका बोध तो हो रहा है किन्तु वह दिखाई नहीं पड़ता। यहीं यह बात समझ लेनी चाहिए कि अँधेरा और प्रकाशमय व्यक्तित्व दुहरे अर्थ में ग्रहण किये गये हैं। यह अँधेरा सामाजिक विसंगति और विरूपता का भी अँधेरा है और कवि के अवचेतन मन का भी। तथा प्रकाशमय व्यक्तित्व सामाजिक मूल्य और रचनाधर्मिता का भी व्यक्तित्व है तथा कवि की चरम अभिव्यक्ति का भी जो उसे काम्य है। इसी क्रम में एक छोटा-सा मोड़ लक्षित होता है—अँधेरे में टहलते हुए अदृश्य व्यक्तित्व के होने का बोध और गहरा हो जाता है जब कवि अनुभव करता है कि उस व्यक्ति के दबाव से पुराने अँधेरे कमरे का अस्तित्व दरक उठा है। वह अदृश्य प्रकाश अस्तित्व अपने संघर्ष से अँधेरे के ऊपर अपनी आकृति बना लेता है। फिर यह क्रम एक छोटा-सा मोड़ लेता है—यह प्रकाश-पुरुष दिखायी पड़ने लगता है किन्तु पहचान में नहीं आता—

भव्य ललाट है,
दृढ़ हनु,
कोई अनजानी अन-पहचानी आकृति।
कौन वह दिखाई जो देता, पर
नहीं जाना जाता है!
कौन मनु?

यहाँ एक मोड़ उपस्थित होता है। कवि अँधेरे के चित्रण की ओर उन्मुख होता है। कमरों का अँधेरा पूरे विश्व में फैला हुआ दिखायी पड़ता है। कमरे घर में होते हैं, इसलिए घर को हम कवि के जीवन का प्रतीक मान सकते हैं। यहाँ लगता है कि चारो ओर अँधेरा है, कवि के जीवन में भी और बाहरी परिवेश में भी, और दोनों में गहरा साहचर्य है। यह भी कह सकते हैं कि परिवेश का अँधेरा ही कवि के जीवन का अँधेरा बन गया है। कवि ने बाहरी अँधेरे को फिलहाल पहाड़ी के उस

पार तालाब के बिम्ब से रूपायित किया है और अँधेरे और प्रकाश-पुरुष का हल्का-सा तनाव सर्जित कर दिया है। तालाब के काले जल के भीतर से उभरकर प्रकाश-पुरुष का मुसकाता-सा चेहरा फैल जाता है। किन्तु कवि अभी भी उसे पहचान नहीं पाता, उससे अपना तादात्म्य स्थापित नहीं कर पाता।

यहाँ एक बड़ा नाटकीय मोड़ उपस्थित होता है। जिस अँधेरे को ऊपर ताल के बिम्ब से थोड़ा-सा चित्रित किया गया था उसे यहाँ आकर विस्तार और सघनता प्राप्त हो जाती है। अँधेरे का चित्र कई व्यापारों और गतियों से संग्रथित होकर बहुत प्रभावशाली हो उठता है और फिर उसी प्रकार उसकी टकराहट—

> लाल-लाल कुहरा,
> कुहरे में, सामने, रक्तालोक-स्नात पुरुष एक,
> रहस्य साक्षात्!

वह पुरुष अभी भी समझ में नहीं आया है किन्तु धीरे-धीरे कवि को अनुभव होने लगता है कि वह पुरुष कहीं उसकी अपनी ही अस्मिता का रूप है। कवि उसके साथ आत्म-सम्बन्ध अनुभव करने लगता है—

> वह रहस्यमय व्यक्ति
> अब तक न पायी गयी मेरी अभिव्यक्ति है,
> पूर्ण अवस्था वह
> निज-सम्भावनाओं, निहित प्रभावों, प्रतिभाओं की,
> मेरे परिपूर्ण का आविर्भाव,
> हृदय में रिस रहे
> ज्ञान का तनाव वह,
> आत्मा की प्रतिमा।

इस प्रकार बाहर चल रहे अँधेरे और प्रकाश के संघर्ष तथा कवि के भीतर चल रहे अवचेतन के अँधेरे और चेतन के विवेक के संघर्ष की दुहरी कथाएँ व्यंजित होती हुई आपस में जुड़ जाती हैं और जुड़कर जटिल संवेदना की सृष्टि करती हैं।

दूसरे खण्ड में फिर कमरे के भीतर का चित्र उभरता है। कमरे में सूनापन है और अँधेरा है किन्तु उसमें से स्वर उभर रहे हैं। सन्नाटे और स्वर का संघर्ष चल रहा है। उधर दरवाजे की साँकल बज रही है। कोई कवि को बुला रहा है। आधी रात में कोई मिलने आया है। कवि के अवचेतन के अन्धकार को तोड़कर उसका प्रकाशमय चेतन उसके व्यक्तित्व में उदित होना चाहता है और (कवि तथा समाज के) जीवन के अन्धकार को तोड़कर मूल्यों का प्रकाश उभरना चाहता है। पहले खण्ड में जिस तनाव और टकराहट का बीजारोपण हुआ था उसी का बार-बार, तरह-तरह से, भिन्न-भिन्न प्रसंगों और बिम्बों से गहन विस्तार होता रहता है। वह प्रकाश-पुरुष अवसर-अनवसर प्रकट होता रहता है। वह कवि की सुविधाओं का तनिक भी

खयाल नहीं करता। यह पंक्ति मूल संवेदना को और आगे बढ़ाती है। मूल चेतना यथास्थिति को तोड़ती है। यथास्थिति बड़ी सुखदायक होती है किन्तु मूल्य का प्रकाश पीड़ा और विवेक से पैदा होता है। वह व्यक्ति को निरन्तर कोचता है, समय, असमय जगाता है, पीड़ित करता है, बिना पीड़ा के प्रकाश नहीं मिलता और यह प्रकाश बड़ा ही सुन्दर होता है। साक्षात्कार होने पर जाग्रत् व्यक्ति उसे आत्मीय समझने लगता है। कवि को इस प्रकाशमय रूप में लीन हो जाने की इच्छा होती है। किन्तु उसे कमजोरियों से लगाव हो गया है इसलिए वह अपने या सामाजिक इस प्रकाशमय रूप को देखने की क्रिया स्थगित करता रहता है। यह सौन्दर्य को, मूल चेतना को पसन्द तो करता है किन्तु उसे सही रूप में पा लेने के जो खतरे हैं उन्हें उठाना नहीं चाहता क्योंकि उसे सुविधाओं या यथास्थिति में जीने की आदत पड़ गयी है। इसलिए वह उससे कतराता है। मुक्तिबोध ने सामाजिक मूल्यों की चुनौती और उसे न स्वीकार पाने की समकालीन कवियों की असमर्थता की ओर संकेत किया है—

वह बिठा देता है तुंग शिखर के
ख़तरनाक खुरदरे कगार-तट पर
शोचनीय स्थिति में ही छोड़ देता है मुझको।
कहता है—"पार करो पर्वत-सन्धि के गह्वर,
रस्सी के पुल पर चलकर
दूर उस शिखर-कगार पर स्वयं ही पहुँचो!"
अरे भाई, मुझे नहीं चाहिए शिखरों की यात्रा
मुझे डर लगता है ऊँचाइयों से
बजने दो साँकल

प्रकाश-पुरुष या मूल्य-बोध अँधेरे में सोये सांसारिक सत्यों को पहचानना है, झूठ-सच की समीक्षा करता है, वह भविष्य का प्रकाशमय चित्र खींचता है। इसे सुविधाजीवी का मन सह नहीं पाता किन्तु उसे छोड़ सकना भी तो सम्भव नहीं, उसे छोड़कर कवि का अस्तित्व ही क्या रहेगा—

नहीं, नहीं, उसको मैं छोड़ नहीं सकूँगा,
सहना पड़े—मुझे चाहे जो भले ही।

इस निश्चय के पश्चात् कवि लड़खड़ाता हुआ उठ खड़ा होता है, दरवाजा खोलने के लिए, ताकि प्रकाश-पुरुष आ सके। यह उठ खड़ा होना आत्म-जागरण है, जड़ संस्कारों को तोड़कर बाहर झाँकना है, अपने से बाहर निकलना है। यह क्रिया तभी सम्भव है जब व्यक्ति अपने आसपास के अस्तित्व के साथ साहचर्य स्थापित कर ले। यह साहचर्य ही शक्ति बनता है। प्रगतिवादी कवि मुक्तिबोध की दृष्टि में आत्म-जागरण का सन्दर्भ सामाजिक ही हो सकता है। कवि इन्द्रिय बोधों के बहुत संक्रान्त और प्रभावशाली बिम्बों की रचना करते हुए कहता है—

अँधेरे के ओर-छोर टटोल-टटोल कर
बढ़ता हूँ आगे
पैरों से महसूस करता हूँ धरती का फैलाव,
हाथों से महसूस करता हूँ दुनिया,
मस्तंक अनुभव करता है, आकाश,
दिल में तड़पता है अँधेरे का अन्दाज़,
आँखें ये तथ्य को सूँघती-सी लगतीं,
केवल शक्ति है स्पर्श की गहरी।

कवि बाहर झाँकता है। कवि ने फिर अँधेरे का बहुत प्रभावशाली चित्रण किया है। बाहर कोई नहीं है, कोई नहीं है। इस अँधियारे में चीखकर एक पक्षी कहता है कि वह (प्रकाश-पुरुष) चला गया है, नहीं आयेगा, अब तू उसको खोज। दरवाजे पर दस्तक देने वाला जगाकर चला गया है और गाँव-शहर में व्याप्त हो गया है। अब परिवेश में व्याप्त इस पुरुष की खोज आत्मजाग्रत् कवि को करनी पड़ेगी। यहाँ रहस्यवादी स्वर का सामाजिक सन्दर्भ में इस्तेमाल किया गया है।

तीसरे खण्ड में अँधेरे और प्रकाश के तनाव की यात्रा और भी सन्दर्भबहुला और गहरी हो उठती है। कमरे का अँधेरा, कमरे के बाहर का अँधेरा और इस सघन अँधेरे में व्याप्त संदेह और भय की अनुभूति, इस परिवेश को तोड़-तोड़कर उगता हुआ मूल्य-बोध। यह स्वप्न है या जागृति, यह स्वप्न के भीतर की जागृति है या जागृति के भीतर स्वप्न चल रहा है। दोनों की ही संक्रान्त अवस्था है। सबकुछ स्वप्न में चल रहा हो सकता है किन्तु ऐसा लगता है कि सबकुछ खुली आँखों से देखा जा रहा है यानी यथार्थ है—सामाजिक अन्धकार का यथार्थ, अन्धकार के यथार्थ में से रह-रहकर उभरता और आहत होता प्रकाश का यथार्थ। इस सामाजिक अन्धकार में रोज-रोज दुर्घटनाएँ घटित होती हैं इसलिए इसके बीच में स्थित मन में सन्देह होने लगता है, भय जाग पड़ता है कि कहीं कोई रेल-एक्सीडेंट न हो जाये। कवि ने यहाँ बारी-बारी से फैंटेसी में कई महापुरुषों की अवतारणा की है। अँधेरे का जुलूस, जुलूस की भयावह गतिविधियाँ, अनेक वस्तुओं के, स्वरों के, रंगों के प्रभावशाली बिम्ब, सार्थक विशेषणों और अप्रस्तुत विधानों द्वारा अँधेरे की संवेदना की अभिव्यक्ति.....बहुत ही प्रभ्रावशाली खण्ड लक्षित होता है। जुलूस के बीच में ताल्स्ताय, तिलक, गाँधी आदि का आना अँधेरे के साथ प्रकाश के तनाव को तो सर्जित करता ही है, एक अजब त्रासदी की भी सृष्टि करता है जैसे सारे प्रकाश-पुरुष अपनी मानवीय पीड़ा और करुणा के लिए युगों से अँधेरे में भटक रहे हैं।

हाँ, सितारों के बीच रुकते-घूमते वे शायद ताल्स्ताय हैं। नहीं, नहीं, शायद उन्हीं जैसे कोई और हैं। वह और कोई नहीं, कवि के भीतर का ही मूल्य-बोध है—

सन्देह और भय के भीतर से चमकने वाला। कवि इस प्रकार बारी-बारी से अनेक प्रकाश-पुरुषों से अपनी ही मूल्य-चेतना का तादात्म्य करता चलता है। यह जुलूस बहुत डरावना है। शहर सोया है। जुलूस शहर के अवचेतन से उपजा हुआ उसी का विसंगतिग्रस्त रूप है। इस जुलूस में शामिल जो व्यक्ति हैं वे बहुत प्रतिष्ठित माने जाते हैं किन्तु यहाँ वे कितने विकृत रूप में हैं। यह जुलूस किसी मृतक की शोभा-यात्रा है। इस यात्रा में बैण्ड बज रहे हैं, संगीनधारी सैनिक चल रहे हैं, बड़ा डरावना दृश्य है और विचित्र बात तो यह है कि इसमें सभी तरह के लोग शामिल हैं—मन्त्री, उद्योगपति, आलोचक, विचारक, कवि, कर्नल, ब्रिगेडियर, सेनापति, सेनाध्यक्ष और कुख्यात डकैत डोमाजी उस्ताद। सभी अपने असली रूप में एक ही कतार में हैं।

जुलूस की दृष्टि कवि पर पड़ती है और शोर उठता है—

> ''मारो गोली, दाग़ो स्साले को एकदम
> दुनिया की नज़रों से हटकर
> छिपे तरीक़े से
> हम जा रहे थे कि
> आधीरात—अँधेरे में उसने
> देख लिया हमको
> व जान गया वह सब
> मार डालो, उसको ख़त्म करो एकदम''

जुलूस विवेक-दृष्टि का विरोध करता है। इसे नग्न रूप से देखने वालों की हत्या कर दी जाती है।

चौथे खण्ड में फिर एक नयी गति आती है। सुबह होने वाली है फिर भी चारों ओर बिखराव है और चुपचाप सेना सड़कें घेर लेती है। जन-क्रान्ति के दमन के लिए मार्शल लॉ लगा दिया जाता है, कवि दम छोड़कर भागता है और कई-कई मोड़ घूम आता है।

> भागता मैं दम छोड़,
> घूम गया कई मोड़,

ये पंक्तियाँ इस कविता में कई बार आती हैं और हर बार जन-क्रान्ति के दमन के लिए तत्पर व्यवस्था की अमानवीय क्रूरता, भयावहता तथा तज्जन्य कवि या जन की असहायता और भय का चित्रण करती हैं जैसे यह टेक हो जो कविता में अपने प्रभाव की आवृत्ति करती रहती है। कवि दमन-सम्बन्धी चित्र खींचता है। भागने के क्रम में एक बरगद दिखाई पड़ता है इसी के नीचे एक सिरफिरा पागल रहता है। यह पागल वास्तव में क्रान्तिचेता कवि है जो जन-जागृति के समय सावधान होकर आत्मोद्‌बोध के गीत गा रहा है साथ ही अपने अतीत की निष्क्रियता को धिक्कारता हुआ देश-काल विच्छिन्न स्वार्थता कवियों की विसंगति का उद्‌घाटन करता है। उस पागल के गीत सुनकर एक नयी स्फूर्ति होती है, एक

नया संघर्ष-बोध जाग पड़ता है और वह अपनी निष्क्रियता को सामाजिक विसंगति का उत्तरदायी समझने लगता है। बाहरी संघर्ष के समानान्तर कवि के भीतर संघर्ष चलने लगता है—

> चक्र से चक्र लगा हुआ है....।
> जितना ही तीव्र है द्वन्द्व क्रियाओं घटनाओं का
> बाहरी दुनिया में,
> उतनी ही तेजी से भीतरी दुनिया में,
> चलता है द्वन्द्व कि
> फ़िक्र से फ़िक्र लगी हुई है।

ये वे स्थल हैं जो कविता को बाहर और भीतर के तनाव से भर देते हैं। जहाँ कवि प्रगतिशील तो लक्षित होता है किन्तु सामाजिक यथार्थ का सीधा-सपाट चित्रण करने वाला प्रगतिशील नहीं, वह सामाजिक यथार्थ और व्यक्ति-मन के यथार्थ की जटिल बुनावट से एक अधिक गहरे और व्यापक यथार्थ की पहचान करता है। यहाँ जनसंघर्ष भी है, उसका दमन भी है, कवि का पलायन भी है, पागल का अतीत भी है, जाग्रत् वर्तमान भी है और कवि के नये आत्मोद्बोध के साथ उसकी यह समझदारी भी है कि उसकी निष्क्रियता ही इस सामाजिक विसंगति की उत्तरदायी है। कई स्तरों पर चलती हुई संघर्ष-गाथा से बुनी होने के कारण ही 'अँधेरे में' कविता प्रगतिशील कविता भी है और कविता के रूप में बहुत ताकतवर भी।

कवि बरगद के पास खड़ा है। बरगद गाँव की जिन्दगी की सामूहिकता का प्रतीक मालूम पड़ता है जो विराट् और शीतलताप्रद है। इसके नीचे बैठकर भूखे-प्यासे गरीब अपनी थकान मिटाते हैं और कवि तथा कलाकार एक संघर्ष-चेतना प्राप्त करते हैं। कवि का मन आम जीवन की पीड़ा से घुल रहा है। वह टूटे हुए घरों के अन्धकार (गहरे अभाव) में घुलकर उससे एक हो रहा है। इस सामाजिक मानसिकता के कारण उसके भीतर कोई चीज महक रही है किन्तु वह चीज दिखायी नहीं पड़ती। महक में पीड़ा है और पीड़ा में महक है।

पाँचवें खण्ड में फिर एक मोड़ लगता है। महक-भरी मानसिकता में खोह का आगमन होता है क्योंकि किसी ने एकाएक उसके कंधे पर हाथ रख दिया है। फिर वह भागता है—

> भागता मैं दम छोड़,
> घूम गया कई मोड़

बन्दूकें धाँय-धाँय छूटने लगती हैं और मकानों के ऊपर गेरुआ प्रकाश फैलने लगता है। कवि भागकर एक प्राकृत गुफा में छिप जाता है। तिलस्मी खोह की कल्पना पर तिलस्मी उपन्यासों का प्रभाव जान पड़ता है और बकौल डॉ० प्रभाकर माचवे, कवि स्वयं अपने जीवन में इन गुहाओं के अनुभव से गुजरा था। यह

तिलस्मी खोह बाहर के सन्दर्भ में उतना अर्थ नहीं फेंकती जितना कि भीतर के सन्दर्भ में। यह खोह अपना ही अवचेतन रूप है जहाँ आदमी बाहर से डरकर भागकर आ छिपता है किन्तु कवि अनुभव करता है कि अपने भीतर अपनी कितनी ही छवियाँ और द्युतियाँ छिपी हुई हैं। इन छवियों और द्युतियों को सामाजिक जीवन से विच्छिन्न कर अपने ही भीतर छिपा लिया गया है।

फिर सीन बदलता है। सुनसान चौराहा है, उदासी है, बिखरी गतियाँ हैं, मद्धिम प्रकाश है, सिपाही ऊँघ रहे हैं फिर भी चौकन्ने हैं, संगीनों के जत्थे खड़े हैं, जैसे चौराहे पर इन्हीं का शासन हो—

भागता मैं दम छोड़,
घूम गया कई मोड़

कवि भय से भाग रहा है—ठंडे लम्बे-चौड़े कोलतारी रास्ते पर। कोई नहीं है, कोई नहीं है, केवल अपना भय है। इस स्थिति और मन:स्थिति में तिलक के रूप में फिर प्रकाश-पुरुष का उदय होता है। कवि भय में प्रकाश को लाता है किन्तु प्रकाश को भी संक्रान्त के रूप में लाता है—दु:खी और आहत रूप में। प्रकाश-पुरुष तिलक ने जिस देश के लिए इतना कुछ किया वह देश भय का और संगीनों का देश बन जाये यह कितनी बड़ी विडम्बना है। इसलिए वे आहत हैं, उनकी नासिका से खून बह रहा है।

हाय, हाय, पित: पित: ओ,
चिन्ता में इतने न उलझो
हम अभी ज़िन्दा हैं ज़िन्दा,
चिन्ता क्या है!!

कवि की यह पीड़ा उस मूल्य-बोध से पैदा हुई है जो तिलक-जैसे प्रकाश-पुरुषों से जुड़ी हुई है। उसे तिलक के स्पर्श से अपने भीतर करुणा, बिजली की चिनगियों और खून के तालाब का अनुभव होने लगता है। उसके भीतर 'जबरदस्त फिक्र' पैदा हो जाती है। विवेक तीखा-सा रंदा चलाने लगता है। नयी कविता ने मूल्य को ऊपर से आरोपित नहीं किया, विवेक और पीड़ा से जुड़े मानवीय अनुभवों के भीतर से उसे पाना चाहा है। इस मूल्य-बोध के तीव्र होने पर कवि मन-ही-मन एक निर्णय लेता है कि बन्दूक का धड़ाका होता है। चारों ओर रोने-चीखने की आवाजें और वेदना की थरथराहट व्याप्त हो जाती है। यह बन्दूक शायद गोडसे की बन्दूक है जिसने गाँधीजी की हत्या की है या यह बन्दूक उस क्रूर व्यवस्था की हो सकती है जो इन्सानों का खून करती है। इस परिवेश में बोरा ओढ़े (जनता के प्रतीक) गाँधी दिखायी पड़ते हैं। वे कह रहे हैं—

"दुनिया न कचरे का ढेर जिस पर
दानों को चुगने चढ़ा हुआ कोई भी कुक्कुट

कोई भी मुरग़ा
यदि बाँग दे उठे जोरदार
बन जाये मसीहा''
वे कह रहे हैं—
''मिट्टी के लोंदे में किरणीले कण-कण
गुण हैं,
जनता के गुणों से ही सम्भव
भावी का उद्भव....''

गाँधीजी की बाँह में एक बच्चा (जन भविष्य) है, उसे नयी पीढ़ी के हाथ सौंप देते हैं—

''मेरे पास चुपचाप सोया हुआ यह था।
सँभालना इसको, सुरक्षित रखना''

गाँधीजी की फैंटेसी के रूप में मानसिक प्रकाश-साहचर्य के पश्चात् फिर अकेलापन छा जाता है। ऐसे समय अकेलेपन का अहसास और गहरा हो उठता है। नन्हा सुकुमार बालक गले से लिपटा है। इस अनुभव को कवि छाती और कन्धे से चिपके नन्हें से आकाश और कोमल स्पर्श से प्राप्त होने वाले अनुभव के माध्यम से व्यक्त करता है। बच्चा भविष्य है इसलिए कोमल होने के बावजूद भारी है। अर्थात् उसको सुरक्षित रखने तथा विकसित करने का दायित्व बड़ा है, भारी है। कवि इस दायित्व के बोझ को अनुभव करता हुआ भी प्रसन्न है। वह सोचता है कि जिसको यह जीवन में नहीं कर पाया वह कर रहा है। संकल्प, अनुभव और रक्त (पीड़ा) का सम्बन्ध होता है उसी संक्रान्त स्थिति से कवि गुजर रहा है। एकाएक बच्चा न जाने कहाँ चला जाता है और उसके स्थान पर रह जाते हैं मात्र सूरजमुखी फूल-गुच्छे। उन गुच्छों से प्रकाश विकीर्ण होकर अंग-अंग पर फैल रहा है। सूरजमुखी के गुच्छे उस प्रकाशमय सुन्दर और कोमल अनुभव को रूपायित करते हैं जो भविष्य के बालक को वहन करने के कारण उत्पन्न होता है। इतने में फिर कवि अभावग्रस्त परिवेश में आ जाता है यानी कि सुन्दर भविष्य और अभावग्रस्त कठोर वर्तमान परिवेश की एक हल्की-सी टकराहट उत्पन्न कर दी गयी है—

ज़ीना है अँधेरा।
कहीं कोई ढिबरी-सी टिमटिमा रही है!

और सूरजमुखी के गुच्छे गायब हो गये। वर्तमान के कठोर अँधेरे परिवेश में सुन्दर भविष्य को वहन करने का सुखद अनुभव गायब हो गया और उसकी जगह कंधे पर एक भारी बन्दूक आ गयी। यह बन्दूक किसकी है? कुछ लोगों ने बन्दूक को कवि या जनता की विद्रोह-शक्ति का प्रतीक माना है किन्तु सन्दर्भ में यह प्रतीकार्थ खपता नहीं। बन्दूक सत्ता की बन्दूक की प्रतीक है। इस बन्दूक से ही सत्ता

जनता का खून करती है और जनता इसी बन्दूक को अपने कंधे पर ढोने की नियति से ग्रस्त है—

ओ हो,
बन्दूक आ गयी
वाह वा..... !!
वज़नदार रॉयफ़ल,
भई ख़ूब!!

ये पंक्तियाँ निश्चय ही यह व्यक्त करती प्रतीत होती हैं कि यह बन्दूक सुखद है अर्थात् कवि या जनता की शक्ति की बन्दूक है किन्तु आगे के सन्दर्भ को देखते हुए यह अर्थसंगत नहीं बैठता, इसलिए ओहो, वाह, भई खूब, जैसे प्रसन्नतापूर्वक शब्द अपने भीतर से विडम्बना ही व्यक्त करते हैं, प्रसन्नता नहीं। आगे चित्रित है कि इस अभावग्रस्त परिवेश के बीच एक कलाकार मरा हुआ है, मरा नहीं है बल्कि मारा गया है, वह कवि का परिचित है मानो कवि स्वयं है। वह गलियों के अँधेरे का कलाकार था—

वह कलाकार था,
गलियों के अँधेरे का, हृदय में, भार था
पर, कार्य क्षमता से वंचित व्यक्ति,
चलाता था अपना असंग अस्तित्व।

इतने बड़े कलाकार की विडम्बना क्या थी—यही कि वह अपने हृदय में हलचल मचाने वाले ज्ञान, स्वप्न या अनुभव को किसी को दे नहीं सका था—

शून्य के जल में डूब गया नीरव
हो नहीं पाया उपयोग उसका।

मुक्तिबोध बार-बार व्यक्ति और समाज, व्यक्ति और व्यक्ति तथा व्यक्ति के दो पहलुओं के तनाव को लाकर समकालीन जीवन विडम्बना और यथार्थ की संश्लिष्टता को रूपायित करते चलते हैं। वे बार-बार कलाकार के भीतर निहित मानवीय शक्ति, सम्भावना और सुन्दरता को उजागर करते हुए व्यवहार में उसकी अन्तर्मुखता और निष्क्रियता को सामने ला देते हैं और दोनों की टकराहट से एक विचित्र प्रभाव पैदा करते हैं।

अपनी निष्क्रियता के बावजूद कलाकार ही अपने युग को ध्वनित करता है, कर सकता है। वह मरा हुआ कलाकार सबका प्यारा था, वह मुक्ति का कामी था, उसके साथ एक युग मर गया, एक आदर्श मर गया। स्वयं कवि की आत्मा उसे चिढ़ाती है कि तू भी तो सबकुछ अपने भीतर लिए भागता ही रहा—

सवाल है—मैं क्या करता था अब तक,
भागता फिरता था सब ओर।

लेकिन यह समय अपने को कोसने का नहीं है, कुछ काम करने का है और यह काम अकेले सम्भव नहीं है, कुछ नये सहचरों की खोज करनी पड़ेगी। फिर परिस्थितियों की एक टकराहट सामने आती है। कवि निकलता है नये सहचरों की तलाश में और घिर जाता है आतताइयों से। आततायी उसे पकड़कर सताना शुरू करते हैं। यातना की प्रक्रिया का बड़ा प्रभावशाली चित्र सामने आता है। आततायी कवि को अँधियारे कमरे में ले जाकर यातना दे रहे हैं और उसकी देह को तोड़कर तलाशी ले रहे हैं। इस प्रक्रिया में वे पाते हैं कि कवि के भीतर जो खतरनाक चीज है वह है विचार। वह विचारों के परचे ही उनके खिलाफ जनता में बाँटता है और इन विचारों का सेक्रेटरी है आस्था और सरगना है आत्मा। कवि की आस्था और आत्मा को निकालकर उसे निष्क्रिय और शक्तिशून्य बनाने का प्रयास होने लगता है। कवि ने फैंटेसी के माध्यम से समकालीन यथार्थ की एक बहुत बड़ी विडम्बना को प्रस्तुत किया है, इस पीड़ा और यातना से मरा हुआ मन देह की सीमा से निकलकर दूर-दूर तक आत्मविस्तार कर लेता है। वह अग्नि में जलता हुआ भी हिम के समान शीतल और स्थिर है। वेदनाओं की आँधी में भी हृदय निश्चल है।

सातवें खण्ड में यातना की तात्कालिकता और स्थूलता एक अनवरत सूक्ष्मता में बदल जाती है। आततायी कवि को रिहा तो कर देते हैं किन्तु उनकी छाया निरन्तर उसका पीछा करती है, उसकी हर गतिविधि की निगरानी करती है। छायाकृतियों की दृष्टि पत्थर के समान कठोर और पैनी है, अरूप और सूक्ष्म होकर भी उसे मूर्त और स्थूल के समान बेधती रहती है। इस दृष्टि का निरन्तर बेध इतना गहरा है कि कवि आकुल ही नहीं होता, उसे इसका प्रतिकार करने की तड़प भी होती है। फिर प्रगतिशील दृष्टि उभरती है। कवि यह प्रतिकार भावुक व्यक्ति की तरह अकेले अपने रोष से करने की बात नहीं सोचता। वह सोचता है कि अब उसे साथी खोजने ही चाहिए। वे साथी हैं सँवलाये कमल, काले गुलाब, स्याह सिवंती, श्याम चमेली आदि। ये सभी फूल हैं—भीतर से कोमल सुगन्ध बिखेरने वाले किन्तु सभी श्याम हो गये हैं। ये जनता के प्रतीक हैं। ये कवि के लिए सुझाव सन्देश भेजते हैं। यह अपना परिवेश है किन्तु कवि को सहसा दीखता है कि दूर क्षितिज पर बिजली की नंगी लताओं में सफेद नीले मोतिया चम्पई गुलाबी फूल झर रहे हैं और वहीं पर अकस्मात् हाथ उठते हैं जो अग्नि के फूलों को समेटने लगते हैं। दूर क्षितिज समाजवादी देश हो सकते हैं या भविष्य हो सकता है जो कवि की कल्पना में उभर रहा है। रंग-बिरंगे अग्नि के फूलों (शक्ति के फूलों) को कुछ हाथ समेटकर आपस में संयोजित कर रहे हैं। कवि भी पत्थर (शक्ति) से बिजली के सुन्दर फूल बनाने की कोशिश करता है। उसके फूल यानी भाव-कुसुम रश्मि विकीर्ण करते हैं किन्तु उन्हें अनुकूल अभिव्यक्ति नहीं मिलती। अभिव्यक्ति रूढ़ हो गयी है, कवि के मस्तक में सत्-चित्-वेदना है, इन्हें सही अभिव्यक्ति नहीं मिल

पाती, इसलिए निरन्तर शिराओं में तनाव बना रहता है। इसलिए अब अभिव्यक्ति के सारे खतरे उठाने ही होंगे। मठ और गढ़ तोड़ने ही पड़ेंगे। यहाँ अभिव्यक्ति शब्द ध्यान देने योग्य है। अभिव्यक्ति का अर्थ है भीतर के अनुभव को सही रूप में व्यक्त करना। भीतर का अनुभव अन्तर्विरोध-ग्रस्त है। कवि जन-जीवन के लिए सपने देखता है, उसके दर्द को महसूस करता है, मुक्ति की पीड़ा लिए हुए है किन्तु साथ ही उसमें भय है, पलायन है, अवचेतन का अकेलापन और अन्तर्मुखता है। विवेक के जाग्रत् होने पर कवि अपनी सीमाओं को समझता है, जन-जीवन से जुड़ना चाहता है लेकिन जाग्रत् विवेक व्यक्तित्व के अनुभवों को पूरी अभिव्यक्ति नहीं दे पाता। अभिव्यक्ति का तात्पर्य है सक्रिय रूप से जन-जीवन से जुड़ना। बार-बार हांट करता हुआ वह प्रकाश-पुरुष ही उसकी पूरी अभिव्यक्ति है किन्तु उसे पूरा-पूरा वह कहाँ आत्मसात् कर पाता है। पूरी और सही अभिव्यक्ति न मिल पाने के कारण ही कवि स्वयं विडम्बना से गुजरता है और समाज भी। अभिव्यक्ति के लिए खतरे उठाने ही पड़ेंगे, सारी रूढ़ियाँ और व्यवधान (चाहे वे अपनी हों या समाज की) तोड़ने ही पड़ेंगे। तभी दुर्गम पहाड़ों के पार पहुँचा जा सकता है जहाँ वे बाँहें हैं जिनमें प्रतिपल अरुण कमल काँपता रहता है।

अभिव्यक्ति के खतरे उठाने का फैसला करके कवि भागता है और देखता है कि वह बनी-बनायी दीवारें तोड़कर उनके पार चला गया है—जहाँ सत्य और सत्ता के संघर्ष की बहस चल रही है। यहाँ सुरंगनुमा गलियों में एक भीतरी आग लिए जनसमूह चल रहा है। कवि की कला के विवेक और विक्षोभ के प्रकाश को लेकर लोग आगे बढ़ रहे हैं किन्तु कवि अब तक अपने को अकेला समझता रहा है और बौद्धिक जुगाली करता रहा है। कवि भाग रहा है। इतने में चुपचाप कोई एक पर्चा दे जाता है। कवि को लगने लगता है कि उस पर्चे में उसी की संवेदनाएँ, अनुभव और गुप्त विचार थे। इसलिए पर्चा पढ़ते समय उसमें उत्साह जागता है। उसे लगता है कि वह सर्वत्र विद्यमान है—अनेक रूपों में, अनेक क्रियाओं में। सारा दिक्काल देश के नक्शे-सा प्रतीत होने लगता है। उसे अनुभव होने लगता है कि कर्म की शिलाओं से ही स्वप्नों की मूर्तियाँ बनेंगी जिनकी किरणें ब्रह्माण्ड-भर में फैल जायेंगी। जिन्दगी की सीमा सूर्यों के पार तक जाती दीखने लगती है। वर्तमान समाज पूँजीवादी समाज है, इसमें चल पाना असम्भव है।

आठवें खण्ड में बड़ी त्वरा के साथ सकल क्रियाएँ और विचार घूमते हैं, टकराते हैं, आपस में बुन जाते हैं और एक संक्रान्त संश्लिष्ट प्रभाव की सृष्टि करते हैं। नगर में भयानक धुआँ उठ रहा है, कहीं आग लग गयी है, कहीं गोली चल गयी है। 'कहीं आग लग गयी, कहीं गोली चल गयी' पंक्ति बार-बार टेक की तरह आती है और क्रिया तथा परिस्थिति की विभीषिका को घनीभूत करती है। यह एक भयावह अनुभव को मात्र दुहराती ही नहीं है, उसमें नये-नये आयाम जोड़ती चलती है। इस दृश्य में कई-कई स्तर हैं और उनकी टकराहटें हैं। एक ओर व्यवस्था के चरम

अत्याचार और उसकी भयावहता का गतिशील चित्र है, दूसरी ओर इस स्थिति में भी चुपचाप बैठे हुए कलाकारों और बुद्धिजीवियों की स्वन्यस्तता, स्वार्थपरता और प्रश्नों की उथली पहचान का चित्रण है, तीसरी ओर जन-संघर्ष का प्रभावशाली अंकन है। जन-संघर्ष मानव-संघर्ष के साथ-साथ प्रकृति-संघर्ष के बिम्ब से भी चित्रित किया गया है। झरने पत्थर के ढोकों को तोड़-तोड़कर निकलने के लिए आकुल हैं, धूल के कण स्वर से काँपने लगे हैं। मकानों के छत से गाडर कूद पड़े हैं, दादा का सोटा भी दाँव-पेंच करता हुआ हवा में नाचता है, यहाँ तक कि बच्चे की पें-पें भी उड़ती है। जन-संघर्ष का यह काव्यात्मक प्रभावशाली बिम्ब बहुत ही संश्लिष्ट है—

गेरुआ मौसम, उड़ते हैं अंगार,
जंगल जल रहे ज़िन्दगी के अब
जिनके कि ज्वलन्त-प्रकाशित भीषण
फूलों से बहतीं वेदना नदियाँ
जिनके कि जल में
सचेत होकर सैकड़ों सदियाँ, ज्वलन्त अपने
बिम्ब फेंकती!!

यह वेदना पिताओं की वेदना से मिल गयी है। इसमें श्रमिकों का संताप डूबा है। इसके जल को पीकर युवकों का व्यक्तित्व बदल गया है।

फिर स्वप्न टूट गया। कवि फिर अकेला हो गया किन्तु देखे हुए स्वप्न का प्रभाव शेष है। संसार सुनहली तस्वीर-सा दीख रहा है मानो कल रात किसी से प्रेम हो गया हो। कवि जन-संघर्ष के प्रति रागात्मक लगाव को किसी से हो गये हुए प्रेम के समान अत्यन्त आत्मीय और परिणाम में आनन्ददायक बता रहा है यानी जन-संघर्ष के प्रति लगाव बौद्धिक नहीं है, अत्यन्त रागात्मक है। जन-संघर्ष से जुड़े होने की अनुभूति आनन्ददायक तो है ही, प्रकाशदायक भी है, इसलिए कवि इस चित्र के बाद ही सुबह का चित्र अंकित करता है। प्रकाश हो गया है। प्रत्येक वस्तु का अपना-अपना अस्तित्व है जो आलोक में झलक रहा है। महान् ग्रन्थों के लेखक कवि की नयी मानसिक क्रियाओं को देख रहे हैं फिर वही व्यक्ति (प्रकाश-पुरुष) दिखायी पड़ता है। वह पुरुष कौन है? वह कवि की अपनी अनखोजी समृद्धि का परम उत्कर्ष है, कवि उसका शिष्य है, उससे बार-बार आलोक प्राप्त करता है बल्कि कवि स्वयं ही वह है किन्तु स्थिर भाव से उसके यानी अपने प्रकाश-रूप का साक्षात्कार नहीं कर पाता। वह प्रकाश-पुरुष (कवि की परम अभिव्यक्ति) खोह में छिपने के स्थान पर जगत् की गलियों में घूमता है—

अत्यन्त उद्विग्न ज्ञान-तनाव वह
सकर्मक प्रेम की वह अतिशयता
वही फटेहाल रूप!

परम अभिव्यक्ति
लगातार घूमती है जग में
पता नहीं जाने कहाँ, जाने कहाँ
वह है।

इसीलिए कवि अपनी परम अभिव्यक्ति के लिए हर चेहरे को देखता है। हर चेहरे का साक्षात्कार करके ही कवि अपना जनवादी व्यक्तित्व बना सकता है और परम अभिव्यक्ति का तात्पर्य उसके इसी व्यक्तित्व की अभिव्यक्ति से है।

इसमें कोई शक नहीं कि हिन्दी की प्रतिष्ठित लम्बी कविताओं की कतार में 'अँधेरे में' का अपना विशेष स्थान है। नयी कविता की लम्बी कविताओं में वह सर्वाधिक ऊर्जामयी कविता है। वह स्वप्न-कथा होने के बावजूद हमारी समकालीन जिन्दगी की विषम वास्तविकताओं के विभिन्न स्तरों और पहलुओं से सर्वाधिक तीव्रता और समीपता से टकराती है और इस कविता में तनावपूर्ण स्थितियों से उद्भूत संक्रान्त गहन अनुभवों तथा इन्द्रिय-बोधों के अनेक सुन्दर बिम्ब हैं जो कविता को कविता बनाते हैं किन्तु इस कविता की कमजोरियों की भी उपेक्षा नहीं की जा सकती। वह स्वप्न-कथा है यानी फैंटेसी है क्योंकि कवि किसी सुलझी हुई सरल या संक्रान्त समकालीन या पूरी कथा का सहारा लेकर नहीं चलता बल्कि वह हमारी सामाजिक जिन्दगी में इधर-उधर बिखरे हुए एक-दूसरे से टूटे हुए फिर भी जुड़े हुए यथार्थ के पहलुओं को चित्रित करना चाहता है। जाहिर है इस चतुर्मुखी अस्त-व्यस्त वास्तविकता को किसी एक कथा के जरिये नहीं चित्रित किया जा सकता। कथा का अपना आग्रह होता है, सीमा होती है। इसीलिए कवि ने फैंटेसी अर्थात् स्वप्न-कथा का सहारा लिया है। स्वप्न बिखरे होते हैं उसी में किसी भी क्रम से, कभी भी, किसी भी काल का कोई भी दृश्य उपस्थित हो सकता है, उस पर असम्भवता, क्रमहीनता या देशकाल च्युति का दोष नहीं लगाया जा सकता। कवि अवचेतन मन की भी घाटियों की सैर करता है और अवचेतन का सम्बन्ध भी स्वप्न से होता है। तिलस्मी उपन्यासकारों ने जिन रहस्यमय दृश्यों की प्रत्यक्ष योजना की थी उनकी योजना मुक्तिबोध ने स्वप्न में की है, इसीलिए जहाँ तिलस्मी उपन्यास अयथार्थ और हलके-फुलके मनोरंजनात्मक उपन्यास माने गये वहाँ मुक्तिबोध का काव्य यथार्थवादी और गम्भीर अनुभवों और विचारों से मुक्त काव्य माना गया। किन्तु इस शिल्प ने मुक्तिबोध काव्य को शक्ति के साथ अशक्ति भी दी है। 'अँधेरे में' कविता में कुछ बातें बार-बार दोहरायी गयी हैं। यह सच है कि अँधेरे के विभिन्न पहलू विभिन्न बिम्बों से रूपायित किये गये हैं किन्तु अँधेरे के साथ प्रकाश की टकराहट, कवि की मूल्यवत्ता, उसकी सामाजिक उपयोगिता इसके बावजूद उसकी अंतर्मुखता, निष्क्रियता, प्रकाश-पुरुष के साहचर्य से बार-बार उसके सक्रिय होने और फिर निष्क्रिय होने के बोध को बार-बार फेंटा गया है। सपने में दुहराव

होता है किन्तु कविता में भी हो, उचित नहीं। कथा का एक फायदा होता है—वह क्रम-क्रम से जीवन के विभिन्न पहलुओं और अनुभवों को खोलती हुई, उत्तेजित करती हुई, उन्हें परस्पर बाँधती हुई आगे बढ़ती रहती है और अन्त में आकर अपने ही माध्यम से अनन्त संवेदनाओं को एकसूत्रित कर एक स्पष्ट किन्तु गहरे प्रभाव की सृष्टि कर लेती है। वह अपने को दुहराव के दोष से आसानी से बचा सकती है किन्तु 'अँधेरे में' कविता कथाहीनता की शक्ति के साथ-साथ उसकी कमजोरी को भी झेल रही है। इस दुहराव और फैलाव के कारण इस कविता में अपेक्षाकृत अधिक आयामों के उद्घाटन होने का भ्रम भी पैदा होता है। यदि सूक्ष्मता से देखा जाये तो इस कविता में बुनियादी यथार्थ के उतने अधिक आयाम नहीं हैं जितने का आभास होता है। बुनियादी यथार्थ के आधार पर बुने गये स्वरों, रूपों, क्रियाओं आदि के चित्र बहुत हैं और तरह-तरह के हैं जो बुनियादी यथार्थों को प्रसरणशील तथा और अधिक बहुआयामी बनाते-से प्रतीत होते हैं।

मुक्तिबोध प्रगतिशील कवि हैं किन्तु यह भी एक विडम्बना है कि 'अँधेरे में' और उनकी अन्य कुछ विशिष्ट कविताएँ मूलतः प्रगतिशील हैं या और कुछ, आलोचक के बीच तय ही नहीं हो सका। इसके लिए आलोचकों को दोषी ठहराने की जगह कविता के भीतर ही झाँकना उचित होगा। यह सच है कि इस कविता का मूल स्वर प्रगतिशील है किन्तु कविता बड़ी दुरूह है। कई-कई दृश्य ऐसे हैं जिनका समग्र स्वर तो पकड़ा जा सकता है किन्तु उनमें आये हुए छोटे-छोटे बिम्बों के प्रतीकार्थ निकालना और उन प्रतीकार्थों की मूल स्वर के साथ संगति बैठाना कठिन हो जाता है। सामाजिक जीवन के अन्धकार के साथ कवि या काव्य-नायक के अवचेतन से काव्य-कथा के चिपके रहने से भी यह दुरूहता और उलझाव बढ़ जाता है। पाठक ऐसे अनेक स्थलों पर ज्ञानात्मक संवेदना की यात्रा करने के स्थान पर बुद्धि की यात्रा करने लगता है यानी पाठक संवेदनात्मक ज्ञान या ज्ञानात्मक संवेदना को काव्य की समझ के लिए अपर्याप्त पाकर बौद्धिक व्यायाम करने लगता है और यही वजह है कि इतनी ऊर्जावान कविता अपनी पूरी ताकत से पाठक के भीतर उतरते-उतरते ठहर जाती है, फिर उठती है, फिर ठहर जाती है और यह ठहराव उसके प्रभाव की अनवरतता, सघनता और समग्रता को अपेक्षाकृत कम करता है और उसे खास बौद्धिक वर्ग की कविता के रूप में सीमित कर देता है।

●

'अँधेरे में' : नए मार्क्सवादी सौन्दर्यशास्त्र की तलाश

—बच्चन सिंह

थ्योडोर एडोर्नो ने ब्रेख्त के मूल्यांकन के सम्बन्ध में लिखा है कि केवल कलात्मक उपलब्धियों को लेकर उसकी आलोचना करना उतना ही मूर्खतापूर्ण और एकपक्षीय है जितना उसके राजनीतिक सिद्धान्तों को लेकर। मुक्तिबोध की रचनाओं के सम्बन्ध में भी यही सच है। उसके सम्बन्ध में लिखी गई अधिकांश समीक्षाओं में मुक्तिबोध के राजनीतिक विचारों को उधेड़ने का प्रयास किया गया है। उसका कलात्मक पक्ष प्रायः अछूता रहा है। उसके कलात्मक सिद्धान्तों की विवेचनाएँ अवश्य हुई हैं, पर उनका आधार स्वयं मुक्तिबोध की डायरी, पुस्तकें और लेख हैं। जहाँ-कहीं उसके कलात्मक सिद्धान्तों को रचनाओं में देखने की कोशिश की गई है वहाँ सिद्धान्तों को चस्पा कर दिया गया है। यह ध्यान नहीं दिया गया कि कवि के सैद्धान्तिक विचारों और रचना में अन्तराल भी होता है। अतः आवश्यक है कि विवेचना के केन्द्र में पाठ को रखकर ही उसके सिद्धान्तों, जीवन-घटनाओं और सामाजिक-सांस्कृतिक मूल्यों की परख की जाय।

मुक्तिबोध की त्रासदी यह है कि वे अलग-अलग न आधुनिक हैं, न प्रयोगवादी, न नए कवि, न मार्क्सवादी, बल्कि एकसाथ सबकुछ हैं। किन्तु मार्क्सवादी समीक्षकों ने, एक आध को छोड़कर, उसमें मार्क्सवाद ढूँढ़ने का प्रयास किया है। सबकुछ ढूँढ़-ढाँढ़ कर यह भी सिद्ध कर दिया है कि वे वैज्ञानिक समाजवादी हैं। जिन्हें उनमें प्लेखोनोव, मेहरिंग और स्टालिन के प्रतिबिम्ब नहीं मिले हैं वे उन्हें अस्तित्ववादी, रहस्यवादी और सिंजोफ्रेनिक सिद्ध कर देते हैं। अपनी आदत के अनुसार सन्दर्भों से काट कर वे ऐसे उद्धरण भी जुटा लेते हैं जो उनकी अपनी निजी मान्यताओं और पूर्वाग्रहों को पुष्ट करते हैं न कि मुक्तिबोध की मान्यताओं को। 'अँधेरे में' कविता का शीर्षक ऐसे लोगों की मानसिकता को पूर्णतः चरितार्थ करता है।

वास्तविकता यह है कि मुक्तिबोध अपने सिद्धान्तों और काव्य द्वारा नया मार्क्सवादी सौन्दर्यशास्त्र गढ़ रहे थे। इस तरह वे किसी हद तक 'फ्रैंकफर्ट स्कूल' के आसपास दिखाई देते हैं। मुक्तिबोध के विभिन्न निबन्धों में अन्य वस्तुओं के विश्लेषण के साथ सौन्दर्यशास्त्र का विवेचन भी अन्तर्निहित रहता है। इससे स्पष्ट है कि सौन्दर्यशास्त्र में उनकी गहरी अभिरुचि थी। किसी भी अन्य सौन्दर्यशास्त्री की अपेक्षा मुक्तिबोध का सौन्दर्यशास्त्र नया, युग-सापेक्ष और विचारोत्तेजक है। उसके सौन्दर्यशास्त्र के दो बीज शब्द हैं—आत्मचेतस् और विश्वचेतस्। इन्हीं के अन्तर्गत

संवेदनात्मक ज्ञान और ज्ञानात्मक संवेदना का समावेश हो जाता है। रसात्मकता से मुक्तिबोध को कोई दुराव नहीं है, बल्कि वे इसे काव्य की मूलभूत विशेषता मानते हैं। रस को स्वीकार करते हुए उसने इसका विस्तार किया है। वे प्रगतिवादी विचारणा के भारतीय व्याख्याताओं को अपरिपक्व मानते थे। उन्होंने समझ लिया था कि प्रगतिवाद, जिस रूप में वह था, निष्प्रभ हो चुका है। उसमें संकीर्णता थी, व्यापकत्व और बहुवाची (प्लूकजिस्ट) विश्वदृष्टि का अभाव था।

छायावाद (निराला को छोड़कर) व्यक्तिचेतस् तो था पर विश्वचेतस् नहीं था। मुक्तिबोध आत्मचेतस् को इन्कार नहीं करते। इस अभाव में 'चित्त की रसात्मकता' सम्भव नहीं है, पर व्यक्तिचेतस् पर विश्वचेतस् का नियन्त्रण नहीं, अनुशासन आवश्यक है। आत्मचेतस् और विश्वचेतस् के द्वन्द्व या तनाव से उसकी कविता का जन्म होता है। विश्वदृष्टि एक ज्ञानात्मक व्यवस्था है जिससे भाव-व्यवस्था का विकास होता है। यह मनुष्य के भविष्य-निर्माण में आस्था रखती है, इसमें मनुष्य की जड़ता टूटती है, मनुष्य-मनुष्य से बातचीत शुरू होती है।

वास्तविक जीवन और सौन्दर्यानुभूति में कुछ लोग समानान्तरता मानते हैं। पर मुक्तिबोध उनमें मूलभूत एकात्मकता देखते हैं। पर कला में रूपान्तरित होकर वह गुणात्मक रूप से भिन्न हो जाती है। भारतीय सौन्दर्यशास्त्र के अनुरूप मुक्तिबोध के अनुसार भी काव्य में व्यक्ति निजबद्धता से मुक्त हो जाता है। यही भावना व्यापार है। आचार्य शुक्ल के शब्दों में हृदय की मुक्तावस्था है। आत्मचेतस् और विश्वचेतस् के एकात्म्य को रविबाबू अपने ढंग से कहते हैं—"बाहर का जगत् हमारे मन के भीतर प्रवेश करके एक और ही जगत् बन जाता है। ऐसा नहीं है कि उसमें केवल बाहर के जगत् का रंग, आकृति, ध्वनि हो, उसके साथ-साथ हमारी पसन्द-नापसन्द, हमारा भय-विस्मय, हमारा सुख-दुःख जुड़ा रहता है—वह हमारी हृदय-वृत्ति के विविध रसों में अनेक प्रकार से आभासित हो उठता है।"

इस हृदय-वृत्ति के रस में गलाकर हम बाहर के जगत् को विशेषरूप से अपना बना लेते हैं।

"जिस प्रकार अनेक व्यक्तियों के उदर में पाचक-रस पर्याप्त मात्रा में न रहने से बाहर के खाद्य को अच्छी तरह अपने शरीर की चीज नहीं बना पाते, उसी प्रकार से जो लोग हृदय-वृत्ति के पाचक रस को पर्याप्त रूप में जगत् में प्रयुक्त नहीं कर पाते वे बाहर के जगत् को भीतर का जगत्, अपना जगत्, मनुष्य का जगत् बनाकर नहीं ग्रहण कर पाते।"

रविबाबू और मुक्तिबोध के विचारों में एकता से अधिक विभिन्नता है। रविबाबू के कथन में हृदय-वृत्ति पर जोर है तो मुक्तिबोध में विश्वदृष्टि पर। रवि-बाबू में अनुशासन हृदय-वृत्ति का है और मुक्तिबोध में विश्वदृष्टि का। आत्मचेतस्

और विश्वचेतस् का तनाव या द्वन्द्व जब आत्मेचतस् को, विश्वचेतस् को रसार्द्रता के स्तर पर एकाकार कर देता है तब नयी कविता का प्रादुर्भाव होता है। स्मरण रखना चाहिए कि मुक्तिबोध नयी कविता के सन्दर्भ में अपना सौन्दर्यशास्त्र गढ़ रहे थे। 'अँधेरे में' की संगत व्याख्या, सही मायने में इस द्वन्द्व के तहत ही हो सकती है।

डॉ० नामवर सिंह ने 'अँधेरे में' की व्याख्या सचेत ढंग से उसके समग्र साहित्य के सन्दर्भ में की है। पर उनका विवेचन 'अस्मिता की खोज' और 'आत्म-निर्वासन' के पहियों पर घूमता है। ये दोनों शब्द पाश्चात्य विचारधारा से गृहीत हैं। 'अस्मिता' अस्तित्ववादी दर्शन का शब्द है। 'आत्म-निर्वासन' अस्तित्ववाद और मार्क्सवाद में उभयनिष्ठ है। इसीलिए उनको 'आत्मनिर्वासन' की मार्क्सवादी व्याख्या करनी पड़ी है। इस आत्मनिर्वासन को ही अन्य लोगों ने मुक्तिबोध के व्यक्तित्व को विभाजित व्यक्तित्व कह डाला है। इसके लिए उन्हें 'मैं' और 'वह' के सर्वनाम भी सहायक हुए।

'अँधेरे में' कविता का अन्तिम अंश है—

इसीलिए मैं हर गली में
और हर सड़क पर
झाँक-झाँक देखता हूँ हर एक चेहरा,
प्रत्येक गतिविधि
प्रत्येक चरित्र,
व हर एक आत्मा का इतिहास,
हर एक देश व राजनैतिक परिस्थिति
प्रत्येक मानवीय स्वानुभूत आदर्श
विवेक-प्रक्रिया, क्रियागत परिणति!!
खोजता हूँ पठार.....पहाड़.....समुन्दर
जहाँ मिल सके मुझे
मेरी वह खोयी हुई
परम अभिव्यक्ति अनिवार
आत्म-सम्भवा।

यह सम्पूर्ण कविता का फलितार्थ है जिसमें अनिवार आत्मसम्भवा परम अभिव्यक्ति की खोज है। जाहिर है कि उसका लक्ष्य परम अभिव्यक्ति की तलाश है। उसे आत्मसम्भवा और अनिवार बनाने के लिए अथक् परिश्रम करना पड़ा है। वह हर गली और हर सड़क पर जाता है, हर एक चेहरा देखता है, प्रत्येक गतिविधि, प्रत्येक चरित्र, हर एक की आत्मा का इतिहास, राजनीतिक परिस्थिति, विवेक-प्रक्रिया आदि का गहन से गहन आकलन करता है। सबकुछ अँधेरे में खोजा जा रहा है। मशाल को हवा ने बुझा दिया है।

'मशाल' शब्द हमें निराला की 'राम की शक्ति-पूजा' की याद दिला देता है—

है अमानिशा; उगलता गगन घन अन्धकार
खो रहा दिशा का ज्ञान; स्तब्ध है पवन-चार
अप्रतिहत गरज रहा पीछे अम्बुधि विशाल
भूधर ज्यों ध्यानमग्न, केवल जलती मशाल।

निराला की शक्तिपूजा भी अँधेरे में ही होती है। शक्ति अभिव्यक्ति का ही दूसरा नाम है। भारतीय काव्यशास्त्र में शक्ति को ही प्रतिभा कहते हैं। यहाँ पर भी हनुमान का ऊर्ध्वगमन है जो अति प्राकृत होते हुए भी मनोवैज्ञानिक है। सहस्त्रार का प्रतीकार्थ बदला हुआ है। निराला की कविता में दैव और मानव दोनों का योग है। वह मिथकीय कविता है जबकि मुक्तिबोध में दैव नहीं है। उसने कविता को मिथकीय बना दिया है आइरिश कवि एट्स की तरह।

निराला अद्वैतवादी थे। मुक्तिबोध, द्वैतवादी हों या न हों, पर उनकी समस्त कविताओं में द्वैत का आत्म और वैश्विक दृष्टि का द्वन्द्व है। जगह-जगह 'मैं' और 'वह' के दर्शन होते हैं। 'मैं' अपने को 'वह' में विसर्जित कर मुक्त होता है। अज्ञेय में 'मैं' के विसर्जन का आभास है जबकि मुक्तिबोध में आत्मसत्ता का विश्वसत्ता में विलय है। इसके पुष्ट्यर्थ उनकी कहानियों, विपात्र उपन्यास, डायरी, निबन्धों और कविताओं से साक्ष्य उपस्थित किए जा सकते हैं। पर मैं अपने को कविताओं तक ही सीमित रखना चाहूँगा।

'चाँद का मुँह टेढ़ा है' की पहली कविता है—'भूल-ग़लती'। इसमें भी एक 'मैं' और एक 'वह' हैं। 'वह क़ैद कर लाया गया ईमान....' है। अपनी ही भूल से 'मैं' और 'वह' दोनों शहंशाह के बख़्तरबन्द सिपहसालारों से घिरे हैं। 'मैं' की दृष्टि में 'सुलतानी जिरहबख़्तर बना है सिर्फ़ मिट्टी का।' पर वह भागकर चला गया है—'मुहैया कर रहा लश्कर; / हमारी हार का बदला चुकाने आएगा / संकल्प-धर्मा चेतना का रक्तप्लावित स्वर, / हमारे ही हृदय का गुप्त स्वर्णाक्षर / प्रकट होकर विकट हो जायेगा!!'

इससे लगता है कि मुक्तिबोध अपनी कविता की किसी बड़ी सम्भावना की खोज में अरसे से संलग्न थे। उसकी प्रारम्भिक कविताओं में, 'जो भूरी-भूरी खाक धूल' शीर्षक से छपी है। इसका संकेत कई कविताओं में मिल जाता है। 'अँधेरे में' सुलतानी जिरहबख़्तर को अनेक आयामी बनाने के साथ, विस्तार दिया गया है। यह ठीक वैसे ही मिट्टी का बना है जैसे शोभा-यात्रा का मृत दल / संकल्पधर्मा चेतना का रक्त प्लावित-स्वर तो जगह-जगह मिल जायगा। किन्तु यह कविता छापामार नक्सली लड़ाई की ओर संकेत करते हुए अपने दायरे को सँकरा बना लेती है। पर इसे नींव के पत्थर के रूप में लिया जा सकता है।

'डूबता चाँद कब डूबेगा' में भी एक वह है—'पीला-पीला मद्धिम कोई कंदील / छिपाये धोती में (उर किरणों से) / चुपचाप कौन वह आता है या आती है / मानो सपनों के भीतर कोई सपना आता हो / सपने में कोई जैसे पीछे से टोके / फिर, कहे कि ऐसा कर डालो। / 'मुझे याद आते हैं' में 'मैं' देखता है—'एक अति भव्य देह, / प्रचंड पुरुष श्याम / मुझे दीख पड़ता है / क्षेत्र में, शक्ति में मुसकराता खड़ा-सा। लगता है मुझे वह— / कालमूर्ति, क्रांतिशक्ति, जन-युग / खोज इस कविता में भी है, पर इसके रूप-विन्यास में कचाई है, वह बहुत अभिधात्मक हो गया है।

'मैं तुम लोगों से दूर हूँ' में भी 'मैं' 'वह' नहीं बन पाता—'इसीलिए कि जो है उससे बेहतर चाहिए / पूरी दुनिया साफ करने के लिए मेहतर चाहिए / वह मेहतर मैं हो नहीं पाता / '। सच पूछिए तो 'अँधेरे में' की पूर्ववर्ती कविताएँ इसकी प्रस्ताविकी हैं। इतने अरसे की तैयारी, काट-छाँट के बाद ही 'अँधेरे में' जैसी मुकम्मल और कलात्मक कविता लिखी जा सकती है।

: 2 :

'अँधेरे में' की शुरुआत एक प्रश्न से होती है:—

ज़िन्दगी के....
कमरों में अँधेरे
लगाता है चक्कर
कोई एक लगातार;
आवाज़ पैरों की देती है सुनाई
बार-बार.... बार-बार,
वह नहीं दीखता....नहीं ही दीखता,
किन्तु, वह रहा घूम
तिलस्मी खोह में गिरफ़्तार कोई एक,
भीत-पार आती हुई पास से,
गहन रहस्यमय अन्धकार ध्वनि-सा
अस्तित्व जनाता
अनिवार कोई एक,
और मेरे हृदय की धक्-धक्
पूछती है—वह कौन
सुनाई जो देता, पर नहीं देता दिखाई!

दीवाल का पलस्तर टूटता है। उसमें एक आकृति बन उठती है। 'मैं' या कथा नायक उसे पहचानने की कोशिश करता है—कौन मनु? मनु की नाक नुकीली, ललाट भव्य और हनु दृढ़ है। शहर के बाहर, पहाड़ी के उस पार, एक

तालाब है। उसका जल निस्तब्ध है। 'पर भीतर से उभरती है सहसा / सलिल के तम श्याम में कोई श्वेत आकृति / कुहरीला कोई बड़ा चेहरा फैल जाता है / और मुसकाता है / पहचान बताता है / किन्तु मैं हतप्रभ, / नहीं वह समझ में आता है /' यह 'वह' की दूसरी पहचान है। फिर भी सन्देह का कुहासा छँट नहीं पाता। तालाब के आस-पास के कुहरे में एक रहस्यमय रक्तालोक-स्नात पुरुष दिख जाता है। उसका रंग-रूप मनु से मिलता है। इस मूर्तन को 'मैं' अमूर्तन में बदल देता है कि यह 'अब तक न पाई गई मेरी अभिव्यक्ति है।'

पहले की रचनाओं में वह जहाँ-तहाँ स्पष्ट रूप से राजनीतिक शब्दों का प्रयोग करता है, कहीं नक्सली युद्ध का, कहीं क्रान्ति का। यही नहीं, वह क्रान्ति का नक्शा भी तैयार कर देता है। वह सभ्यता-समीक्षा के साथ आत्म-समीक्षा भी करता रहा है। इसके कारण ही प्रगतिवादियों की सपाटबयानी और सतही तौर पर प्रतिबद्ध कविताओं से मुक्तिबोध की कविताएँ अपनी बुनावट और संवेदनात्मक उद्देश्यों के कारण अलग पहचान बनाती हैं। 'अँधेरे में' वह अपनी फंतासी को अचेतन के साथ इस तरह संपृक्त करता है कि उसकी एस्थेटिक्स 'ए-पोलिटिकल' होकर 'पोलिटिकल' होती है। कुछ लोगों को इस बन्द में ही कविता नहीं जान पड़ती। यों तो कविता दिखाई नहीं पड़ती, उसकी प्रतीति होती है। इसकी प्रतीति कुछ पंक्तियों, विभिन्न बन्दों से न होकर सम्पूर्ण कविता से होती है।

पाठक कवि-नायक के साथ चक्कर लगाने वाले को जानने के लिए स्वयं समुत्सुक हो उठता है। थोड़ी देर के लिए इस चक्कर के चक्कर में फँस जाता है। स्वयं मुक्तिबोध इस चक्कर में बार-बार फँसते दिखाई पड़ते हैं। इसका उल्लेख कई अन्य कविताओं में भी है। 'चंबल की घाटी' में वह लिखते हैं—'चिन्ता हो गयी, कविता को पढ़ते ही / उसमें से अँधेरे का भभकारा उमड़ा; / तिलमिला, आत्मा / प्रतिक्रिया करती हुई / चित्रमयी अजन्ता की गुहा जैसी होती गयी। / और, फिर पीड़ाएँ वे इतनी बढ़ीं, मेरी हर बुद्धाकृति / बेचैनी में दीवारों के नीचे आ / घूमने-भटकने लगी / प्रांगणों, / अँधियारे दालानों। / कौन मनु?' कहकर कवि ने एक प्रश्न उछाल दिया है। समीक्षकों को लगा कि, 'अँधेरे में' की कुंजी मिल गई। वे 'कामायनी' के मनु के पास जा पहुँचे। मुक्तिबोध की किताब भी तो है—'कामायनी : एक पुनर्मूल्यांकन'। यहाँ कामायनी पर समाजवादी यथार्थवाद को प्रक्षेपित किया गया है। लुकाच को समाजवादी यथार्थवाद स्वीकार नहीं था। उसके मतानुसार इस नजरिए में यथार्थवाद तो नहीं रहता; केवल समाजवाद रहता है। अपने बाद के निबन्धों में मुक्तिबोध ने अपने को इस प्रकार के अतिवाद से बचाया है। 'अँधेरे में' एक व्यापक यथार्थवाद है, समाजवाद उसमें समाहित है। पर वह ठेठ समाजवादी यथार्थवाद नहीं है किन्तु मुक्तिबोध का मनु ठीक वैसे ही प्रसाद का मनु नहीं है जैसे शंकराचार्य का अद्वैतवाद विवेकानन्द का अद्वैतवाद नहीं है। वह दूसरी बात है कि

मुक्तिबोध विवेकानन्द को भी पुराने अद्वैतवादी मानते हैं। मनु के बारे में वे लिखते हैं—"प्रसाद का मनु उसी वर्ग का मनु है, जिस वर्ग के स्वयं प्रसादजी हैं। .....मनु एक टाइप है, उस वर्ग का टाइप जिसकी शासन-सत्ता तथा ऐश्वर्य छिन गया हो। उस वर्ग की समस्त प्रवृत्तियाँ मनु में हैं। अहंकार, विलासिता आत्ममोह, निर्बन्ध उच्छृंखलता, व्यक्तिवादी साहस, व्यक्तिवादी निराशा, पाखण्ड और ऐसा आत्मग्रस्त, निविड़ आत्म-विश्लेषण जो पराजय से प्रसूत होकर पराजयों की ओर ले जाता है, मनु की विशेषता है। मनु पराजय का पुत्र है, जो अपनी पराजय को पलायन से ढाँकता है तथा जबरदस्ती लाये गये सामरस्य से छिपाता है।"

पुराणों के अनुसार एक मनु अग्निपुत्र थे। यह मनु मुक्तिबोध का मनु हो सकता है। उसमें बिजलियाँ नाचती हैं, लाल मशाल जल उठते हैं, रक्तालोक फैल जाता है। आगे उसकी अग्निवर्णी रूपरेखा और स्पष्ट कर दी गयी है। वह साँकल बजा रहा है। काव्य-नायक उसे पहचानता है—"पहचानता हूँ बाहर जो खड़ा है / यह वही व्यक्ति है, जी हाँ! / जो मुझे तिलिस्मी खोह में दिखा था। / ।" उसका मुख द्युतिमय है, वह बिजली के झटके देता है, उसके चेहरे पर बिजली की सुबहें खिलती हैं, गालों पर पठार की चट्टानी चमक है। वह बार-बार साँकल बजाता है, पर बेकार। वह कहता है—'पार करो, पर्वत-सन्धि के गह्वर / रस्सी के पुल पर चलकर / उस दूर शिखर-कगार पर स्वयं पहुँचो / ।' रस्सी के पुल पर चलना दीर्घ अभ्यास और संतुलन की अपेक्षा रखता है। मुक्तिबोध इस पुल से गुजर कर ही 'अँधेरे में' के शिखर-कगार पर पहुँचते हैं।

: 3 :

आगे चलकर 'मैं' 'वह' के अन्तरंग की विवक्षा करता है। लेकिन वह उसे सह्य नहीं है। 'सह नहीं सकता' को तीन बार दुहराया गया है। न तो काव्य-नायक 'वह' की जगत्-समीक्षा सह पाता है, न महान् विवेक-विक्षोभ और न भविष्य का दिया नक्शा। 'वह' से 'मैं' का एक द्वन्द्वात्मक रिश्ता चल रहा है। 'मैं' अपनी जड़ीभूत सौन्दर्याभिरुचि के सेंसर को ढीला नहीं कर सकता। वैश्विक दृष्टि के निर्माण में जगत्-समीक्षा, विवेक और मनुष्य के भावी जीवन का नक्शा शामिल है। इसका संकेत दूसरे बन्द में होता है। कथानायक के द्वन्द्व के कारण 'सत-चित्-वेदना जल उठी।' कविता में कुछ कहा जाता है और कुछ छोड़ दिया जाता है। जो छोड़ दिया है उसे खोजना समीक्षक का अनिवार्य कर्त्तव्य है। हमारे यहाँ सद्-चित् के साथ आनन्द भी लगा रहता है। किन्तु यहाँ आनन्द अनुपस्थित है। वास्तविकता यह है कि इसकी अनुपस्थिति हमें आनन्द के सम्बन्ध में पुनर्विचार करने के लिए बाध्य करती है। जगत्-समीक्षा और विवेक-विक्षोभ की अग्नि में आत्मचेतस् को गल कर

ही आनन्दानुभूति या रसानुभूति सम्भव है। रसानुभूति आत्म-सत्ता के विसर्जन का ही दूसरा नाम है। परम अभिव्यक्ति की निरन्तर खोज काव्य प्रक्रिया भी है और आनन्दानुभूति भी। इस बंद के अन्त में पुनः 'पूर्णतम परम अभिव्यक्ति' का उल्लेख है। अंत में केवल परम अभिव्यक्ति है क्योंकि पूर्णतम उसी में सन्निहित है।

: 4 :

इसकी पूरी संरचना में फंतासी और स्वप्न का मिला-जुला रूप दिखाई देता है। दोनों एक नहीं हैं। फंतासी में तथ्यात्मक जीवन प्रच्छन्न होता है विभाव-पक्ष 'अंडर ग्राउंड' में डाल दिया जाता है। इसके बिम्बों में एक क्षीण क्रम होता है जैसा स्वयं 'कामायनी' में है। किन्तु 'अँधेरे में' स्वप्न-शिल्प का भी प्रयोग हुआ है। इसमें एक तरह का अक्रम रहता है और बीच-बीच में 'गैप' है। इस 'गैप' में बहुत-कुछ अनकहा होता है। पहले दोनों बंदों में फंतासी है और तीसरे में स्वप्न-शैली का भी विनियोग हो जाता है। पहले पूछा गया था वह कौन, अब प्रश्न है—मैं हूँ? तॉलस्तॉयनुमा कुछ दिख गया। तॉलस्तॉय एक विश्वविख्यात यथार्थवादी उपन्यासकार है। जो उसे दिखा है वह तॉलस्तॉय नहीं है, तॉलस्तॉय-नुमा है—उसके अनलिखे उपन्यास का केन्द्रीय संवेदन। लेकिन इसके पहले की कुछ पंक्तियाँ हैं— 'रात के दो हैं, / दूर-दूर जंगल में सियारों की हो हो' / आस-पास आती हुई घहराती गूँजती / किसी रेलगाड़ी के पहियों की आवाज!! / किसी अनपेक्षित / असंभव घटना का भयानक सन्देह, / अचेतन प्रतीक्षा, / कहीं कोई रेल ऐक्सीडेंट न हो जाय। / चिंता के गणित अंक / आसमानी स्लेट-पट्टी पर चमकते। / खिड़की से दीखते। /' रेल ऐक्सीडेंट से तॉलस्तॉय का सम्बन्ध जोड़ा जा सकता है। अन्नाकेरेनिना में दो रेल ऐक्सीडेंट होते हैं। रेल-यात्रा और स्टेशन पर अन्ना व्रोंस्की के प्रेम में यहाँ तक पागल होती है कि अपना घर छोड़ देती है। लेकिन उसी स्टेशन पर अन्ना व्रोंस्की की रुखाई से वह ट्रेन के आगे कूद कर आत्महत्या कर लेती है। कथा-नायक के अन्तर्मन में 'वह' को लेकर इसी तरह के ऐक्सीडेंट की आशंका है।

प्रोसेशन में बैंड बाजे के 'स्वर-स्वप्न' और 'स्वर-स्वप्न-तरंगें' हैं। एक जुलूस किसी मृत्युदल की शोभा-यात्रा का एक जुलूस आ रहा है। जुलूस का बिम्ब वैसा ही भयानक, आतंककारी त्रासद और संश्लिष्ट है जैसा 'शक्तिपूजा' का 'राम-रावण-युद्ध।' 'संगीन नोकों का चमकता जंगल, / चल रही पदचाप, ताल-बद्ध दीर्घ पाँत / टैंक-दल, मोर्टार, आर्टिलरी सन्नद्ध, / धीरे-धीरे बढ़ रहा जुलूस भयावना' / काव्य-नायक की तेज दृष्टि के फोकस में जो लोग आते हैं उनमें प्रतिष्ठित पत्रकार, प्रकांड आलोचक, विचारक, कवि, मन्त्री, उद्योगपति, विद्वान् आदि सभी शामिल हैं। यहाँ तक कि शहर का कुख्यात हत्यारा डोमा उस्ताद भी जुलूस में दिखाई देता है। इस जुलूस में शासन-सत्ता को बुरी तरह संवेदनात्मक धरातल पर बेनकाब कर दिया

गया है। डोमा उस्ताद पूरे दल का प्रतीक है। आज तो ऐसे उस्तादों से विभिन्न राज्यों के मन्त्रिमण्डल भरे पड़े हैं।

सपनों में आलोचना चल रही है। 'वह' एक उद्‌बोधन गीत गाता है, जिनके टेक हैं—'अब तक क्या किया / जीवन क्या जिया!!' यह जीवन की सार्थकता का ज्वलन्त प्रश्न है। उनकी एक कविता की पंक्ति ही है—'सवालात, सवालात, सवालात।'—पृच्छाओं, संदेहों, शंकाओं से भरा काव्य-नायक अपने सवालों में ही उत्तर खोजता है। इसी में तत्कालीन नयी कविता के शलाकापुरुषों की ओर भी इशारा किया गया है—'असंग बुद्धि अकेले में रहना।' कविता में निस्संगता, दुःख और अकेलेपन का राग गाया जा रहा था। इसके रचनात्मक निषेध का नाम है मुक्तिबोध की एस्थेटिक्स।

: 5 :

आत्मबद्ध नयी कविता से मुक्तिबोध को नफरत है। वे लिखते हैं—''सतत अन्वेषण और सतत अनुसंधान का बाजा बजाने वाले लोग, वस्तुतः प्रयोग नहीं कर रहे हैं, वे प्रयोगवादी नहीं हैं, वे घेरे में फँसे हुए लोग हैं। बहुत से उसी में खुश हैं, कई अपनी इस स्थिति से असन्तुष्ट भी हैं। किन्तु यह घेरा तब तक नहीं टूट सकता, जब तक कि वस्तु-तत्त्व भिन्न-भिन्न होकर, व्यापक होकर, विभिन्न रूप ग्रहण नहीं करते।'' यह अंश 'नयी कविता : निस्सहाय नकारात्मकता' से उद्धृत है। जाहिर है वे अपने समसामयिक कवियों से सन्तुष्ट नहीं थे। यह भी स्पष्ट है कि सतत अन्वेषण और सतत अनुसंधान का बाजा अज्ञेय बजा रहे थे। मुक्तिबोध को काव्य में छिटपुट चित्र नहीं, व्यापक चित्र की अपेक्षा थी।

हत्यारों का जुलूस किसी ईमानदार और अत्याचार-विरोधी व्यक्ति को जिन्दा नहीं देखना चाहता। काव्य-नायक देख लिया गया था—बन्दूक धाँय-धाँय। नायक बेतहाशा भागता है—'भागता मैं दम छोड़ / घूम गया कई मोड़।' उसके अवचेतन में मुक्तिबोध के परिचित प्रतीक-बिम्ब उभरते हैं, रेडियो-एक्टिव रत्न, तेजस्क्रिय मणि, घूमते-भागते तिलक की पाषाण-मूर्ति और महात्मा गाँधी की छवि उभरती है। प्रतीक मूल्यधर्मी होता है। उसके प्रतीकों पर ध्यान दें तो ज्ञात होगा कि वे लोक से लिए गए हैं या इतिहास से। लोक से लिए गए प्रतीकों में हिन्दी भाषा-भाषियों का जातीय संस्कार भी प्रतिबिम्बित हो उठता है। तिलक और महात्मा गाँधी इतिहास-पुरुष हैं। इनको व्यापक काव्य-चेतना से सम्बद्ध किया गया है। यह इतिहास में छिपी सम्भावनाओं को उजागर करता है।

उसी समय 'लघु मानव' का एक बौद्धिक आतंक भी फैला हुआ था। उसमें किसी प्रकार की आस्था या श्रद्धा के लिए स्थान न था। राम, कृष्ण, ईसा, बुद्ध, गाँधी सबके सब धोखा देने वाले व्यक्ति थे। उन्होंने व्यक्ति-स्वातंत्र्य को ही

समाप्त कर दिया था। मुक्तिबोध ने इस अनास्थावादी दृष्टिकोण पर व्यंग्य करते हुए लिखा है—

सचाई के अध-जले मुर्दों की चिंताओं की
फटी हुई, फूटी हुई बहक में कवियों ने
बहकती कविताएँ गाना शुरू किया।
बुद्ध के स्तूप में
मानव के सपने
गड़ गये, गाड़े गये!!
ईसा के पंख सब
झड़ गये, झाड़े गये!!
सत्य की
देवदासी-चोलियाँ उतारी गयीं,
उघारी गयीं,
सपनों की आँतें सब
चीरी गयीं, फाड़ी गयीं!!
बाक़ी सब खोल है,
ज़िन्दगी में झोल है!!

(चाँद का मुँह टेढ़ा है।)

तिलक का प्रतीक एक क्रान्तिकारी का प्रतीक है किन्तु वह प्रभावशाली नहीं बन पड़ा है। मूर्ति की नासिका से मस्तक-रक्त बह निकलता है। उसे आश्वस्त करते हुए कवि-नायक का यह कहना—'हाय, हाय, पितः पितः ओ, / चिन्ता में इतने न उलझो / हम अभी ज़िन्दा हैं ज़िन्दा, / चिन्ता क्या है!!' प्रतीकार्थ को अत्यधिक सरलीकृत और सपाट बना देता है। इसमें न विचारों की बुनावट है और न शैली की यूनीकनेस! फिर पुराना मुहावरा दुहरा दिया जाता है—'गिरती है नीली / बिजली की चिनगियाँ।'

गाँधी का प्रतीक अपनी जटिलता और गत्वरता में जीवन्त बन पड़ा है—'सामने मेरे / सर्दी में बोरे को ओढ़कर / कोई एक अपने / हाथ-पैर समेटे / काँप रहा, हिल रहा—वह मर जाएगा।/' उसे आश्चर्य होता है कि गाँधीजी इस तरह पंगु। गाँधीजी कहते प्रतीत होते हैं—'हम हैं गुजर गये जमाने के चेहरे / आगे तू बढ़ जा।' उनके शब्दों में गुरुता और गम्भीरता थी। गाँधीजी को पंगु बनाने का काम स्वयं गाँधीवादियों ने किया है। गाँधीजी का एक चित्र 'चाँद का मुँह टेढ़ा है' में भी है—'मानवमस्तक में से निकले / कुछ ब्रह्मराक्षसों ने पहनी / गाँधीजी की टूटी चप्पल / हरहरा उठा यह पीपल तब / हँस उठा ठठाकर, गर्जन कर, गाँव का कुवाँ। / तब दूर, सुनाई दिया शब्द, 'हुआँ, 'हुआँ!' 'ये ब्रह्मराक्षस भी गाँधीवादी ही हैं। 'लेकिन हम हैं गुजरे जमाने के चेहरे' के व्यंग्य की चोट सीधे वामपंथी दलों पर

पड़ती है। उनकी विरासत छोड़कर वामपंथ कितना आगे बढ़ सका है, यह किसी से छिपा नहीं है। गाँधीजी के बारे में उनकी अटूट श्रद्धा थी। गाँधीजी के कथनों से स्वयं सिद्ध है—'मिट्टी के लोंदे में किरणीले कण-कण / गुण हैं, / जनता के गुणों से ही संभव / भावी का उद्‌भव...../' जनजागरण के लिए अपने देश में गाँधी का मार्ग ही श्रेयस्कर है। इस तरह वे गाँधी और तिलक का समन्वय कर रहे थे। गाँधी और तिलक के साथ उन्होंने समाजवाद को भी जोड़ दिया था। जनतांत्रिक समाजवाद ही आज का परिप्रेक्ष्य है।

महात्मा गाँधी द्युति-पुरुष हैं। उन्होंने एक सोये हुए शिशु को काव्य-नायक को सौंप दिया। 'नन्हा-सा आकाश' है, 'भावी की गंध' है। काव्य-नायक गम्भीर दायित्व का अनुभव कर रहा है। मेटामारफोसिस! शिशु सूरजमुखी फूल के गुच्छे में बदल जाता है, गुच्छे रॉयफल में। जल्दी-जल्दी दृश्य-परिवर्तन एक निष्कर्षात्मक कार्यक्रम का संकेत करता है। दृश्य बदल जाता है—'एक कलाकार की मृत्यु / जीवन और मृत्यु का अन्तर्विरोध। मौत का दृश्य खून-भरे बालों में उलझा चेहरा', 'भौहों के बीच में गोली का सूराख', 'गालों पर फैली हुई खून की पर्त', 'ओठों पर कत्थई धारा का फैलाव, फूटा चश्मा'। मृत्यु का यह चित्रण वैसा खौफनाक और त्रासद नहीं है जैसा चेखव के नाटकों के बुद्धिजीवियों ने बीसवीं शताब्दी में होने वाली नृशंसताओं का अनुमान लगाया था कि उसमें सामान्य पूछताछ के लिए व्यक्ति को घोर यंत्रणा दी जायगी, उसके सिर को लोहे की छड़ों से दबा कर तोड़ दिया जायगा, उसे गैस-चैंबर का शिकार होना पड़ेगा, उसे नंगा करके पीट-पीट कर अर्द्धमृत बनाने के बाद कुत्तों और गिद्धों की दया पर छोड़ दिया जायगा, बूटों के तले जननेन्द्रिय कुचल दी जायगी। रूस और जर्मनी दोनों देशों में मौत का यह तांडव होता रहा है। वैसी नृशंसता यहाँ तक नहीं पहुँच पाई है। मुक्तिबोध कलाकार की मौत को नयी कविता के ऐस्थेटिक्स से जोड़ देते हैं।

'ओफ्फो!! एकान्त-प्रिय यह मेरा / परिचित व्यक्ति है, वही, हाँ, / सचाई थी सिर्फ एक अहसास / वह कलाकार था / गलियों के अँधेरे का, हृदय में भार था / पर, कार्य-क्षमता से वंचित व्यक्ति, / चलाता था अपना असंग अस्तित्व। / शुचितर विश्व के मात्र थे सपने। / स्वप्न व ज्ञान व जीवनानुभव जो—हलचल करता था रह-रह दिल में / किसी को भी दे न पाया था वह तो। / ....किन्तु अचानक झोंक में आकर क्या कर गुजरा कि / सन्देहास्पद समझा गया और / मारा गया वह वधिकों के हाथ। /' स्मरण रखना चाहिए कि ब्रह्मराक्षस आत्महत्या कर लेता है और कलाकार मारा जाता है। दोनों ही सक्षम थे, किन्तु कार्य-क्षम नहीं थे। नयी कविता के कवियों में असंग, निरपेक्ष अस्तित्व वाले कलाकारों की संख्या अधिक थी। किन्तु उनमें भी कुछ ऐसे थे जिनमें जीवनानुभव तो था, किन्तु वे किसी को कुछ दे

न पाये थे। किन्तु सन्देहास्पद होने के कारण वह मारा गया। एक जीवनादर्श मर गया। मुक्तिबोध की दृष्टि में अकेलेपन, असंगता के आदर्श को तो मरना ही मरना है, चाहे वह अपनी मौत मरे या मारा जाय।

: 6 :

सवाल उभरता है—'मैं क्या करता था अब तक?' कथा-नायक नए सहचर-सकर्मक सत्-चित् वेदना-भास्कर सहचर खोजता है। सत-चित् यहाँ है पर आनन्द नहीं है। इसका अर्थ नहीं कि मुक्तिबोध रस की सत्ता को स्वीकार नहीं करते। रसात्मक सत्ता के अभाव में काव्य को काव्य की संज्ञा दी ही नहीं जा सकती। यदि मुक्तिबोध के रस को नया नाम देना है तो उसे रसात्मक आलोचन या आलोचनात्मक रसात्मकता कहा जा सकता है।

आततायी-सत्ता के सम्मुख न तो काव्य-नायक आत्म-समर्पण करता है और न पलायन। पलायन करता है तो वह एक नीति के तहत। किन्तु उसका अर्द्धचेतन या अवचेतन एक भयानक अन्तस्संघर्ष में है, विश्वचेतस् का दबाव बना हुआ है। ऐस्थेटिक्स का एक टुकड़ा कविता में चमक रहा है—'अन्तर्तत्त्वों का पुनः प्रबन्ध और पुनर्व्यवस्था' इसी व्यवस्था को संकेतित करते हुए वह 'चकमक की चिनगारियाँ' में लिखता है—

कि मैं अपनी अधूरी दीर्घ कविता में
उमगकर,
जन्म लेना चाहता फिर से,
कि व्यक्तित्वान्तरित होकर,
नये सिरे से समझना और जीना,
चाहता हूँ, सच!!

स्वप्न का एक दूसरा टुकड़ा। कथा-नायक गहरे अँधियारे के स्याह सिफर में जबरन ले आया गया, एक टूटे स्टूल पर बिठा दिया गया। सिर की हड्डी तोड़ी जाने लगी। 'लोहे की कील पर बड़े हथौड़े / पड़ रहे लगातार। / शीश का मोटा-मोटा अस्थि-कवच ही निकाल डाला / देखा जा रहा— / मस्तक-यंत्र में कौन विचारों को कौन-सी ऊर्जा, / कौन-सी शिरा में कौन-सी धक्-धक्, / कौन-सी रग में कौन-सी फुरफुरी, / कहाँ है पश्यत् कैमरा जिसमें / तथ्यों के जीवन-दृश्य उतरते / कहाँ-कहाँ सच्चे सपनों के आशय / कहाँ-कहाँ क्षोभक स्फोटक सामान। / भीतर कहीं पर गड़े हुए गहरे / तलघर अन्दर / छिपे हुए प्रिंटिंग प्रेस को खोजो / जहाँ कि चुपचाप खयालों के परचे / छपते रहते हैं, बाँटे जाते हैं। / उस संस्था के सिक्रेट्री को खोज निकालो, / शायद उसका ही नाम हो आस्था, / ....एक्जामिन हिम थॉरोली। /' पहली मौत है, दूसरी यातना। मौत की अपेक्षा यातना कहीं अधिक नृशंस होती है।

इससे चेखव के बुद्धिजीवियों की आशंकाएँ मूर्तिमान हो उठती हैं। आततायी सत्ता सबसे पहले और सबसे अन्त में कलाकार की आस्था को ही नष्ट करना चाहती है। मुक्तिबोध यहाँ पर किसी विचारधारा का नाम नहीं लेते। आततायी-सत्ता किसी भी विचारधारा की ओट में काम कर सकती है। इस यातना के लिए आततायी सत्ता मात्र को दोषी ठहराया गया है।

मृत्यु और यातना के इस युग में मुक्तिबोध का साहित्य, मुख्य रूप से कविताएँ अधिक महत्त्वपूर्ण हो जाती हैं। यदि उनकी रचनाओं की गहरी पड़ताल की जाय, वे जीवन की खोज में मृत्यु की कविताएँ हैं। होरी की मौत और यातना प्रत्यक्षत: मानसिक और परोक्षत: शारीरिक है। सरोज-स्मृति में मृत्यु का बोध पिता को होता है जो गहरे अर्थों में मानसिक और विक्षेप-गर्भित है। मुक्तिबोध की यातना शारीरिक और मानसिक दोनों है। दोनों स्थितियाँ तत्कालीन युग की प्रतिबिम्बित सत्ताएँ हैं। इस तरह की मृत्यु या यातना का चुनाव व्यक्ति ने नहीं किया है बल्कि वह इनके साथ रहने के लिए अभिशप्त है। किन्तु मुक्ति के लिए मृत्यु का चुनाव जरूरी है, यद्यपि इस खतरे को उठाने वाले बहुत कम होते हैं। आत्महत्या इसका विकल्प नहीं है। अस्तित्ववादियों के अतिरेकवादी स्वातंत्र्य की परिणति जिस आत्महत्या में होती है वह कामू तक को अस्वीकार है। रघुबीर सहाय की तो कविता ही है—'आत्महत्या के विरुद्ध।' 'ब्रह्मराक्षस' में इस आत्महत्या का स्पष्ट विरोध है। पश्चिम में मृत्यु के बारे में बहुत-कुछ लिखा गया किन्तु उसका अधिकांश एक गहन शून्य और नीरंध्र निराशा की सृष्टि करता है। मुक्तिबोध एक स्वप्न-कथा में कहते हैं, 'ऐसा यह ज्ञानमणि / मरने से मिलता है /।' इससे हमें एक ताजा अन्तर्दृष्टि मिलती है।

मृत्यु-सम्बन्धी मनुष्य की बदली हुई दृष्टि के बारे में फ्रायड ने 'सिविलिजेशन, वार एंड डेथ' में लिखा है—''एतद्सम्बन्धी अनुभूति को रूपायित करने के लिए वे यातना से जीवित बचे लोगों के अपने तथा दुनिया के सम्बन्ध में, नए बोध का अंकन करते हैं। उनमें घनीभूत भावात्मकता और नैतिक शक्ति होती है। इस सचाई में दूसरे लोग भागीदारी करते हैं और अपने को अपराध और दायित्व के लिए जिम्मेदार ठहराते हैं।''

मुक्तिबोध का कथा-नायक यातना से किसी प्रकार बच कर क्या नया बोध पाता है और उसे हमारे पास तक किस व्यग्रता और सघनता से संप्रेषित करता है? ऐसा करके वह मानवीय स्थितियों को समझने और बदलने की कौन-सी सकारात्मक अन्तर्दृष्टि देता है? यातना से मँजकर उसे बिजली की नई लताओं में गूँथे हुए नीले, मोतिया, चंपई फूल दिखाई पड़ने लगते हैं। पर उसके पास शब्दाभिव्यक्ति का अभाव है। कवि बदलाव की लड़ाई अपने ढंग से लड़ेगा। वह निश्चय करता है—

अब अभिव्यक्ति के सारे ख़तरे
उठाने ही होंगे।
तोड़ने ही होंगे मठ और गढ़ सब।
पहुँचना होगा दुर्गम पहाड़ों के उस पार
तब कहीं देखने मिलेंगी बाँहें
जिसमें कि प्रतिपल काँपता रहता है
अरुण कमल एक

दबी हुई संवेदनाएँ जगमगा उठती हैं। वह न चाहते हुए भी स्पष्ट कह जाता है—'कविता में कहने की आदत नहीं, पर कह दूँ / वर्तमान समाज चल नहीं सकता। / पूँजी से जुड़ा हुआ हृदय बदल नहीं सकता / ?' लेकिन यदि यह कविता में कहा गया होता तो ज्यादा अच्छा होता।

: 7 :

इस दीर्घ कविता के आखिरी बन्द में 'कहीं आग लग गयी, कहीं गोली चल गई' को छह बार दुहराया गया है। इसे इस बन्द की टेक समझनी चाहिए। इसके पहले की टेक थी—'भागता मैं दम छोड़, / घूम गया कई मोड़ /।' नगर में भयानक धुँआ है, आग लगी हुई है, गोली चल रही है। लेकिन इसकी प्रतिक्रिया में—'सब चुप, साहित्यिक चुप' और कविजन निर्वाक / चिन्तक, शिल्पकार, नर्तक चुप हैं / उनके खयाल से यह सब गप है / मात्र किंवदन्ती। / रक्तपायी वर्ग से नाभिनाल-बद्ध ये सब लोग / नपुंसक भोग शिरा-जालों में उलझे। /' बुद्धिजीवियों की नपुंसकता पर अपनी टिप्पणी जड़ते हुए वह इस सम पर पहुँचता है कि—

बौद्धिक वर्ग है क्रीतदास,
किराये के विचारों का उदभास।

आग लगने और गोली चलने की नपुंसक प्रतिक्रिया उपभोक्ता समाज की पहचान है। बुद्धिजीवी वर्ग उसी का अंग है। 'नपुंसक भोग' की तह में घुसने पर आत्मकेन्द्रित और आत्मग्रस्त समाज का चेहरा स्पष्ट हो जाता है।

कविता तेजी से अपनी अन्तिम परिणति की ओर पहुँच रही है। बुद्धिजीवी वर्ग से निराश होकर कवि जनता के बीच देखता है—

'राह के पत्थर-ढोकों के अन्दर / पहाड़ों के झरने / तड़पने लग गए / मिट्टी के लोंदे के भीतर / भक्ति की अग्नि का उद्रेक / भड़कने लग गया। / धूल के कण में / अनहद नाद का कंपन / खतरनाक!! / ....दद्दा का सोंटा भी करता है दाँव-पेंच / नाचता है हवा में / गगन में नाच रही कक्का की लाठी। /....एक-एक वस्तु या एक-एक प्राणाग्नि बम है / ये परमास्त्र हैं, प्रक्षेपास्त्र हैं, यम हैं। /'

इस उद्धरण से स्पष्ट है कि परिवर्तन की शक्ति जनता में—केवल जनता में है। इसमें बच्चे, युवा और बूढ़े सभी सम्मिलित हैं। इसमें 'भक्ति की अग्नि का

उद्रेक' और 'अनहद' ध्यातव्य हैं। भक्ति में प्रपत्ति अनिवार्य है। इस नवीन जागरण के प्रति आत्म-समर्पित होकर ही बदलाव लाया जा सकता है। अनहद सघन संवेदना का प्रतीक है।

फूलों से विवेक की नदियाँ बहती हैं जिनमें विवेक-पीड़ा की गहन बेचैनी, युगों की पीड़ा हैं। अंगारे उड़ते हैं, मौसम गेरुआयी हो गया है। स्मरण रखना चाहिए कि गेरुआ रंग का प्रयोग जगह-जगह मिलेगा। अंगारे के सन्दर्भ में इस रंग को एक अर्थ मिल गया है। दूसरे स्थानों पर भी इसका विस्तार किया जा सकता है। मुक्तिबोध द्वारा प्रयुक्त रंगों पर अलग से विचार किया जाना चाहिए। अब—

मेरे युवकों में होता जाता व्यक्तित्वान्तर,
विभिन्न क्षेत्रों में कई तरह से करते हैं संगर,
मानो कि ज्वाला-पंखुरियों से घिरे हुए वे सब
अग्नि के शत-दल-कोष में बैठे!!
द्रुत-वेग बहती हैं शक्तियाँ निश्चयी।

व्यक्तित्वान्तरण की समस्या मुक्तिबोध की भी है और मध्यवर्ग की भी। वे विभिन्न क्षेत्रों—शिक्षा, साहित्य, संस्कृति आदि—में अपने-अपने ढंग से लड़ रहे हैं। मध्यवर्गीय कमजोरियों को लेकर यह लड़ाई नहीं लड़ी जा सकती। वह भी सही है कि परिवर्तन की लड़ाई का दायित्व इसी वर्ग पर है। इन सारे सन्दर्भों में एक प्रश्न उठता है कि उत्तर आधुनिकतावाद के युग में क्या इस प्रकार की लड़ाई सम्भव है? अब तो उपभोक्ता संस्कृति नए प्रकार का व्यक्तित्वान्तरण कर रही है। आग का लगना और गोली का चलना सामान्य परिदृश्य हो गया है।

सहसा पुनः स्वप्न-भंग। किन्तु एक ज्योति के तहत सुनहली तसवीरें दिखती हैं। लगता है मानो किसी को जीवनभर के लिए प्यार कर लिया हो। उसे स्वप्न-स्पर्श और चुम्बन की याद आ रही है। इसे लेकर आलोचकों ने अहेतुक हो-हल्ला कर रखा है। इधर-उधर के अधकचरे प्रमाण एकत्र कर किसी महिला का नाम घसीटना और भी अशोभन है। यह काम यदि कोई अत्यधिक शालीन और सांस्कृतिक व्यक्ति करता है तो वह कुत्सा उत्पन्न करता है। किसी को यह यौनपरक प्रतीत हो सकता है तो किसी को राजनीतिपरक और किसी को रचनात्मक प्रक्रिया से सम्बद्ध।

वह दिखता है और लुप्त हो जाता है। किन्तु उसे खोजने की असमाप्त प्रक्रिया में कविता समाप्त होती है—

इसीलिए मैं हर गली में
और हर सड़क पर
झाँक-झाँक देखता हूँ हर एक चेहरा,

प्रत्येक गतिविधि,
प्रत्येक चरित्र,
व हर एक आत्मा का इतिहास,
हर एक देश व राजनीतिक परिस्थिति
प्रत्येक मानवीय स्वानुभूत आदर्श
विवेक-प्रक्रिया, क्रियागत परिणति!!
खोजता हूँ पठार.....पहाड़.....समुन्दर
जहाँ मिल सके मुझे
मेरी वह खोयी हुई
परम अभिव्यक्ति अनिवार
आत्म-सम्भवा।

इस उद्धरण की अन्तिम पंक्ति पर ध्यान देने से स्पष्ट हो जाता है कि उसकी तलाश आत्मसंभवा परम अभिव्यक्ति है। 'आत्म-संभवा' शब्द कालिदास के कुमार-संभव की याद दिलाता है। शिव को प्राप्त करने के लिए पार्वती को कितनी तपस्या करनी पड़ी, यह अविदित नहीं है। कुमार का जन्म तपस्या की फलश्रुति है। कविता का जन्म भी वर्षों तपस्या के बाद होता है। निराला ने 'कुकुरमुत्ता' में लिखा है—'कुकुरमुत्ता उगाए नहीं उगता।' अभिप्राय यह है कि बाह्य परिस्थितियों का आकलन जब तक पूर्णत: स्वायत्त होकर आन्तरिकता का अनिवार्य अंग नहीं बन जाता है तब तक महत्त्वपूर्ण अभिव्यक्ति नहीं हो पाती।

अपने मंतव्य को उपस्थित करने के लिए उन्होंने फंतासी शैली अपनाई है। यह अपनी शैली में फंतासी और रूप में स्वप्नात्मक है। दूसरे शब्दों में इसे उछल-कूद और कट की फिल्मांकन शैली कहा जा सकता है। 'कामायनी' को फंतासी कहना गोल सूराख में चौकोर खूँटा है। मुक्तिबोध फंतासी से इतने आक्रांत हैं कि भारती के 'अंधायुग' को भी उसी श्रेणी में डाल देते हैं। 'कामायनी' और 'अंधायुग' दोनों मिथक हैं यानी 'आरकेटाइपल' बिम्बों पर आधारित हैं जबकि मुक्तिबोध अकेले फंतासी के कवि हैं।

उन्होंने 'कामायनी : एक पुनर्विचार' में लिखा है—"फैंटेसी के अन्तर्गत भाव-पक्ष प्रधान और विभाव-पक्ष गौण और प्रच्छन्न तो होता ही है, साथ ही यह भाव-पक्ष कल्पना को उत्तेजित करके, बिम्बों की रचना करते हुए, एक ऐसा मूर्त विधान उपस्थित करता है कि जिस विधान में उस विधान ही के नियम होते हैं। इस मूर्त-विधान में विभाव-पक्ष मात्र सूचित होता है, मात्र ध्वनित होता है। किन्तु, उस नेपथ्यवादी मूलाधार के बिना, उस अण्डरग्राउंड-भूमिगत-विभाव-पक्ष के बिना, उस मूर्त विधान का जीवन-महत्त्व उद्‌भाषित ही नहीं हो सकता।" वास्तव में मुक्तिबोध

ने भाव को प्रधान और विभाव को गौण कहकर सारी बातों को गड्डमड्ड कर दिया है। कविता में भाव का प्राधान्य होता ही है—श्रेष्ठ काव्य में। रस बराबर व्यंग्य होगा, ध्वनित होगा। विभाव पृष्ठभूमि में रहता ही है, न कि अंडरग्राउंड रहता है। इस दृष्टि से विचार करने पर 'अँधेरे में' की संरचना तो स्पष्ट होगी ही, उसका ध्वन्यार्थ भी प्रकट हो जायगा।

इस प्रकार की संरचना में कहीं उँगली रखकर बताया नहीं जा सकता कि यह विभाव है। जिस प्रकार से 'अभिज्ञानशाकुंतलम्' में दुष्यन्त-शकुंतला को स्पष्ट रूप से विभाव कहा जा सकता है, उस प्रकार से किसी एक-दो का विभाव कहना स्वयं विभाव के साथ अन्याय करना है। पारम्परिक विभाव-व्यवस्था छायावाद काल के बाद बदल जाती है। इस कविता में तिलस्मी खोह, जंगल से आती हुई हवा, मशाल, कुहरा, बिजली के झटके, पठारी चमक, सिटकनी का हिलना, अँधियारा पीपल, सियारों की ध्वनि, तोलस्ताय, तिलक, गाँधी, मृत्युदल की शोभा-यात्रा, मिलिट्री बैंड, बंदूक की धाँय-धाँय, मणिरत्न, शिशु, फूलों के गुच्छे आदि सभी विभाव हैं। इनके प्रयोग द्वारा कवि श्रुति, स्पर्श, चाक्षुष, ध्वनि बिम्बों की एक रोमांचक श्रृंखला बनाता है। 'मैं' और 'वह' भी विभाव ही है। यहाँ पर साधारणीकरण की प्रक्रिया भी बदली हुई है। पाठक के मन में राजनीतिक वासना का संस्कार भी होना चाहिए अन्यथा शब्दों का विभावन सम्भव नहीं है। त्रास, दहशत, रोमांच आदि कार्यभूत अनुभाव हैं।

जिन विभावों को इस कविता में लिया गया है वे मुक्तिबोध के चिर-परिचित विभाव हैं। इसीलिए प्रायः कहा जाता है कि मुक्तिबोध ने एक ही कविता लिखी है। वे विभाव परिचित होते हुए भी अपरिचित हैं। किन्तु शिल्प के नए विधान के कारण वे अपनी व्यंजना में विशिष्ट हो जाते हैं। विशिष्ट होकर भी वे लोग-संवादी हैं। उनकी अभिव्यक्ति उनके मनस्तत्वों के आकार की है। शमशेर के सम्बन्ध में लिखते हुए उन्होंने कहा है—"दूसरे शब्दों में अभिव्यक्ति के लिए आतुर हो उठने वाला मौलिक-विशेष आत्मचेतस् भी होना चाहिए। यदि यह मौलिक-विशेष आत्मचेतस् न हुआ, तो उसका तो यह आग्रह नहीं रहेगा कि उसके मनस्तत्वों की अभिव्यक्ति उसी के आकार और काट की हो। ऐसा कवि नए शिल्प का विकास नहीं कर सकेगा।" अपने शिल्प में जिस फंतासी शैली और भयंकर विभावों को वे ले आए हैं वे उनके आत्मचेतस् को रूपायित करते हैं।

निराला की 'राम की शक्तिपूजा' के विभाव प्रख्यात पुरुष हैं जो भारतीय मानस में शताब्दियों से रचे-बसे हैं। अतः इन्हें रूपायित करने के लिए छन्दोबद्ध विधान उपयुक्त ही था। उसे एक अभिजातीय गरिमा देने के लिए शैलीगत औदात्य भी आवश्यक था। पर काव्य में आकर वे विभाव पौराणिक नहीं रह जाते, विलक्षण

हो जाते हैं। मुक्तिबोध के विभाव भी विलक्षण हैं पर युगीन हैं। युगीन विभावों को ग्रहण कर श्रेष्ठ काव्य की सृष्टि बहुत कठिन है। फंतासी और स्वप्न-शैली के कारण वे सभ्यता-समीक्षा भी कर सके हैं और करुणा की निष्पत्ति थी।

इस कविता में मुक्तिबोध परम अभिव्यक्ति की खोज कर रहे हैं। उनका जोर अभिव्यक्ति पर है। उनके समसामयिक कवि अज्ञेय का जोर सम्प्रेषण पर है, अद्वितीयता पर है, व्यक्ति-सत्य को व्यापक-सत्य बनाने पर ही है। मुक्तिबोध पहले व्यापक सत्य को व्यक्ति-सत्य बनाते हैं फिर व्यक्ति-सत्य को व्यापक सत्य। सम्प्रेषण में कवि को सहृदय की समझदारी पर सन्देह होता है किन्तु अभिव्यक्ति में कवि सहृदय को समानधर्मा समझ कर चलता है। भारतीय परम्परा में अभिव्यक्ति पर ही बल दिया गया है। लेकिन मुक्तिबोध की अभिव्यक्ति छायावादी आत्माभिव्यक्ति नहीं है और न प्रयोगवादियों की ऐकान्तिक आत्माभिव्यक्ति, वह सिर्फ अभिव्यक्ति है। और इसे वे पूरे जीवन तलाशते रहे।

ऐसा करने के लिए कवि को एक विशिष्ट भाषा की खोज करनी पड़ती है। मुक्तिबोध की भाषा में मराठी और हिन्दी के मेल का खुरदुरापन है, ठीक वैसे ही जैसे निराला की भाषा में बँगला और हिन्दी के मेल का है। यह खुरदुरापन भाषा का ही खुरदुरापन नहीं है, विचारों का भी है, उस रास्ते का भी है जिससे गुजर कर वह अपने लक्ष्य तक पहुँचना चाहता है। वह अपने आपमें एक तलाश है। उनके विषय और भाषा दोनों संकटग्रस्त हैं। यह संकटग्रस्तता निराला की भाषा में भी मिलेगी। इसलिए वे अपने समय के सबसे बड़े आलोचक को पसन्द न आ सके। मुक्तिबोध का संकट इतिहास के दूसरे दौर का संकट है। अपने मार्क्सवादी पूर्वाग्रह के कारण रामविलास शर्मा जैसे श्रेष्ठ मार्क्सवादी आलोचक को वे पसन्द न आ सके। जिस प्रकार निराला की कविता शुक्लजी की सीमा का निर्देश करती है उसी प्रकार मुक्तिबोध की कविता शर्माजी की।

उसकी भाषा क्या है, एक लम्बा आत्मालाप है। स्वप्न में अन्विति नहीं होती, उसका पाठ असंघटित है, कोलाज है। वह परम्परा से प्राप्त अनुभव को तोड़कर अपने अनुकूल बनाता है जिसमें प्रत्यक्ष संश्लेषण का निषेध है। उसका काव्य प्रगतिवादियों की सपाटबयानी और जड़ीभूत विचारधारा के विरोध का काव्य है। यदि उसके काव्य में अस्तित्ववाद की झलक मिलती है तो उससे आज की मानवीय स्थिति में उभरते हुए प्रश्नों द्वारा पैदा की गई दरारें हैं। वह अनेकानेक प्रश्नों द्वारा चुनौती-भरे अनुभवों—संत्रास, डर, मृत्यु और जीवनी की बेचैनी की अभिव्यक्ति करता है और अर्थग्रह की पुरानी परम्परा के सामने प्रश्न लगा देता है। नाना बिम्बों, प्रतीकों, मिथकों, रूपकों के वात्याचक्र के साथ आँधी की तरह दौड़ती भाषा हर यथास्थिति को विपर्यस्त कर देती है। भाषा का 'डी-फेमिलियराइजेशन' जड़ीभूत

प्रगतिवादी विचारधारा की 'एनेस्थेसिया' भी तोड़ देता है और एक नए एस्थेटिक्स और यथार्थ का सृजन होता है।

'अँधेरे में' जैसा संकेतित किया जा चुका है, रचना-प्रक्रिया की कविता है। इस प्रक्रिया में नए प्रयोग, नए यथार्थ के कारण सम्प्रेषणीयता बाधित होती है जिससे अभिव्यक्ति में अद्‌भुत वैलक्षण्य आ जाता है। हर कवि अपनी अभिव्यक्ति खोजता है। मुक्तिबोध की कविता नयी कविता का एक स्वस्थ एस्थेटिक्स है। इसे नव्य मार्क्सवादी एस्थेटिक्स का नाम भी दिया जा सकता है।

●

वह रहस्यमय व्यक्ति
अब तक न पायी गयी मेरी अभिव्यक्ति है

—परमानन्द श्रीवास्तव

वह रहस्यमय व्यक्ति
अब तक न पायी गयी मेरी अभिव्यक्ति है,
पूर्ण अवस्था वह
निज-सम्भावनाओं, निहित प्रभावों, प्रतिभाओं की,
मेरे परिपूर्ण का आविर्भाव,
हृदय में रिस रहे ज्ञान का तनाव वह,
आत्मा की प्रतिमा।

मुक्तिबोध की प्रसिद्ध उत्तेजक विवादग्रस्त लम्बी कविता 'अँधेरे में' उनके कठिन, तीव्र **आत्मसंघर्ष** और **काव्यसंघर्ष** की चरम परिणति है। उपर्युक्त पंक्तियाँ इस कविता के पाठक को जरूर ही ऐसा विचारसूत्र देती हैं जिसके सहारे मुक्तिबोध के आत्मसंघर्ष और काव्यसंघर्ष की प्रकृति को ठीक-ठीक पहचाना जा सकता है। 'अँधेरे में' उन कालजयी कविताओं में है जिनका सतर्क पाठ हर बार, नयी अर्थसंभावना के प्रति उत्सुक बनाता है। यह केवल संयोग नहीं है कि 'अँधेरे में' कविता को पढ़ते हुए मुक्तिबोध की अन्य कविताएँ, कहानियाँ और आलोचनात्मक निरूपण एक साथ पुनः विचारणीय हो उठते हैं। 'अँधेरे में' उदाहरण है कि किस तरह एक लम्बा काव्यात्मक संघर्ष एक महत्त्वपूर्ण, संदर्भबहुल, सटीक और बहुअर्थमय कविता में मूर्त हो उठता है। दूसरी ओर समय और सन्दर्भ की निश्चित ऐतिहासिकता फैंटेसी जैसी काव्ययुक्ति के बावजूद इस तरह प्रकट होती है कि उसका पूर्वाग्रहयुक्त सरलीकरण अथवा अन्यथाकरण सम्भव न हो सके। क्या मुक्तिबोध 'अँधेरे में' लिखते हुए इस महत्त्वपूर्ण समस्या से उलझ रहे थे कि किस प्रकार 'कण्टेंट' के वैविध्य को समेटा जाय। क्या इस कविता की समस्या रचना-प्रक्रिया, रूप या शिल्प की समस्या है। क्या 'भारत : इतिहास और संस्कृति' पुस्तक का प्रतिबंधित होना इस कविता की रचना के पीछे मुख्य प्रेरक संदर्भ है? क्या एंप्रेस मिल की हड़ताल और गोलीकाण्ड जैसे अनुभव अधिक पककर इस कविता की अनुभव-वस्तु का हिस्सा बने? ऐसे प्रश्नों पर विचार करने के लिए भी सबसे जरूरी सन्दर्भ है—'अँधेरे में' कविता का पाठ। कहना चाहिए—मूल पाठ—क्योंकि दूसरे पाठ-रूपों में कविता का जो अंश गायब है वह कविता की मूलभावना और मुख्य

अंतर्वस्तु को समझने के लिए कहीं ज्यादा जरूरी जान पड़ता है। काव्य-परिष्कार के तर्क से ऐसे स्थलों को बचा जाना आलोचनात्मक न्याय नहीं कहा जायगा। जो पंक्तियाँ सम्पादित नये पाठ में छोड़ दी गयी हैं वे इस प्रकार हैं—

> किन्तु वह फटे हुए वस्त्र क्यों पहने है?
> उसका स्वर्ण-वर्ण मुख मैला क्यों?
> वक्ष पर इतना बड़ा घाव कैसे हो गया?
> उसने कारावास-दुःख झेला क्यों?
> उसकी इतनी भयानक स्थिति क्यों है?
> रोटी उसे कौन पहुँचाता है?
> कौन पानी देता है?
> फिर भी उसके मुख पर स्मित क्यों है?
> प्रचण्ड शक्तिमान क्यों दिखाई देता है?

इन पंक्तियों के जुड़ने या न जुड़ने से क्या समस्या पैदा होती है, उस पर विचार बाद में किया जायेगा। पहले कविता की अन्तर्वस्तु और संरचना को ही देखें कि उनमें मुक्तिबोध के संघर्ष का परिप्रेक्ष्य क्या है। कविता की आरम्भिक पंक्तियाँ हैं—

> जिन्दगी के....
> कमरों में अँधेरे
> लगाता है चक्कर
> कोई एक लगातार;

जो चक्कर लगाता है उसके पैरों की आवाज़ तो आती है, पर उसका रूप दिखाई नहीं देता। उसके घूमने की आहट है। 'तिलस्मी खोह में गिरफ्तार कोई एक/भीत-पार आती हुई पास से/गहन रहस्यमय अंधकार ध्वनि-सा/अस्तित्व जनाता/अनिवार कोई एक!' जो है, वह अपनी भूमिका में निश्चित और अनिवार्य है। बस, इतना ही, क्योंकि वह दीखता नहीं है। 'तिलस्मी खोह में गिरफ्तार' होने की ही सीमा है कि वह जिन्दगी के अँधेरे कमरों में चक्कर लगाता है। और अब कुछ ऐसा लगता है कि भीत से फूले हुए पलस्तर गिरने लगते हैं, चूने-भरी रेत गिरने लगी है, पपड़ियाँ खिसकने लगी हैं। दीवार पर कोई अनजानी, अनपहचानी आकृति उभरने लगी है। 'मुख बन जाता है, दीवाल पर, नुकीली नाक और भव्य ललाट है, दृढ़ हनु!' प्रश्न जैसे अपने को ही दुहराता है—'कौन मनु?' यहाँ 'मनु' को लेकर कितनी ही दूर की कौड़ियाँ खोजी गयी हैं। कौन है यह—कामायनी के मनु से क्या रिश्ता है! कितना प्रतीक है, कितना प्रतीकाभास! उधर शहर के, पहाड़ी के उस पार तालाब है, अँधेरा है, ठहरा हुआ जाल है और 'सलिल के श्याम-तम शीशे से' कोई श्वेत आकृति उभर आती है। कुहरीला कोई बड़ा चेहरा फैल जाता है। वह अपनी पहचान भी देता है पर अस्पष्ट आभास से अधिक नहीं। शुरू से ही कविता में कई घटनात्मक मोड़ आते हैं। 'इतने' में 'अरे अरे', 'अकस्मात्' जैसे प्रयोग इसके संकेत

हैं। एकाएक तालाब के आसपास अँधेरे में हरे वनवृक्ष चमक-चमक उठते हैं। उनके शीश पर बिजलियाँ नाच उठती हैं। तभी शाखाएँ, डालियाँ झपटती हैं, एक-दूसरे पर सिर पटकती हैं कि 'अकस्मात्'—/ वृक्षों के अँधेरे में छिपी हुई किसी एक / तिलस्मी खोह का शिला-द्वार / खुलता है धड़ से! और—

घुसती है लाल-लाल मशाल अजीब-सी,
अन्तराल-विवर के तम में
लाल-लाल कुहरा,
कुहरे में, सामने, रक्तालोक-स्नात पुरुष एक,
रहस्य साक्षात्!!

यह रक्तालोकस्नात पुरुष कौन है! इसका सन्दर्भ आगे है। पहले है उसका व्यक्तित्व-विधान, इस रूप में : तेजोप्रभावमय उसका ललाट, गौरवर्ण, दीप्त दृग, सौम्य-मुख, संभावित स्नेह-सा प्रिय रूप, भव्य आजानबाहु! वह एक साथ सम्मोहित भी करता है और अन्त में अजीब-सी थरथर अर्थात् दहशत पैदा करता है। क्या वही रहस्यमय व्यक्ति कवि के लिए 'पूर्णतम परम अभिव्यक्ति' नहीं है जो आज तक खोज का विषय है, प्रयत्न और संघर्ष का विषय है—सहज उपलब्धि नहीं। 'निज सम्भावनाओं, निहित प्रभावों, प्रतिमाओं की पूर्ण अवस्था' है वह—जिसको पाने के लिए वह अथक संघर्ष है। आत्मतुष्ट अभिव्यक्ति नहीं, खतरनाक चुनौती-भरी अभिव्यक्ति—जो दूसरे शब्दों में 'हृदय में रिस रहे ज्ञान का तनाव' है। 'आत्मा की सच्ची प्रतिमा'। दिलचस्प है कि मुक्तिबोध 'आत्मा' शब्द का इस्तेमाल बहुत करते हैं। पर आत्मा से मुक्तिबोध वही अर्थ नहीं लेते, जो आध्यात्मिक अनुभव के क्षेत्र में लिया जाता है। बेशक वह कथाकार निर्मल वर्मा की व्याख्या के अनुसार, "मनुष्य की सबसे आत्मीय चीज है, और सबसे अँधेरी! वह व्यक्ति से बँधी होकर भी वैयक्तिक नहीं है, किन्तु वह किसी समूह के घेरे में भी नहीं आती, क्योंकि वह मुड़कर हर व्यक्ति की निजी अंदरूनी प्राणवत्ता में वास करती है। आत्मा का अपना लैण्डस्केप है।" मुक्तिबोध अपनी कविता 'एक अन्तर्कथा' में 'आत्मा' के लिए विशेषता देते हैं 'गिरस्तिन'! वह गिरस्तिन आत्मा आधुनिक सुविधावादी सभ्यता के दौर में 'गहन अग्नि के अधिष्ठान' चुन या चीन्ह रही है। रहस्य साक्षात् 'रक्तालोकस्नात पुरुष' और कोई नहीं, यह पूर्णतम परम अभिव्यक्ति है—'अब तक न पायी गयी मेरी अभिव्यक्ति'—यह जानना ही खतरनाक मान लिया जाता है। काव्य-नायक (वाचक-नायक) को लगता है कि अचानक बाहर के गुंजान जंगलों से आती हवा ने फूँक मार कर वह मशाल बुझा दी है जो अँधेरे का रहस्य-भेदन कर रही थी और अँधेरे में औचक पकड़कर उसी ने मौत की सजा दे दी है। सजा कैसी! आखिर अभी तक न पायी गयी अभिव्यक्ति के वास्तविक रूप की पहचान का ही तो खतरा उठाया उसने—इसीलिए संकेत दंड के, अभिव्यक्ति के उपकरणों की दुनिया

के ही—"किसी काले डैश की घनी काली पट्टी ही, आँखों में बँध गयी, किसी खड़ी पाई की सूली पर मैं टाँग दिया गया किसी शून्य बिन्दु के अँधियारे खड्डे में, गिरा दिया गया मैं / अचेतन स्थिति में।"

कविता के दूसरे खंड में : अधिक काव्यात्मक वातावरण। सूनापन सिहरने लगता है। 'मेरे ही उर पर, धँसती हुई सिर, छटपटा रही हैं शब्दों की लहरें / मीठी हैं दु:सह॥' मीठी भी और असहनीय भी। पहले के सन्दर्भ को याद करें—'स्नेह सा प्रिय रूप' और 'अजीब एक थर-थर'! तभी द्वार पर बजने लगती है साँकल। कोई बुलाता है। कौन— ! क्या वही रहस्यपुरुष, वही रक्तालोकस्नात पुरुष एक बार फिर आया है। यह तो रह-रह साँकल बज रही है—जैसे—'हृदय को सहला मानो किसी जटिल, प्रसंग में सहसा होठों पर, होंठ रख, कोई सच-सच बात, सीधे-सीधे कहने को तड़प जाय....।' ऐसा अनुभव दे जाता है वह जो आधीरात, इतने अँधेरे मिलने आया है? पहचान वही है—वही द्युतिमय मुख! वही प्रेमभरा चेहरा! वही जो तिलिस्मी खोह में दिखा था। जो बगैर सुविधाओं का ख्याल किये अवसर-अनवसर आता रहा है। चाहे जो भी हों उसके संकेत, जैसी भी हो उसकी भाषा, जैसे भी हों उसके प्रतीक—हृदय को देता ही रहा है, बिजली के झटके! अगर वही पूर्णतम परम अभिव्यक्ति है—अब तक न पायी हुई अभिव्यक्ति, तो उसके प्रियतर होने की कल्पना स्वाभाविक है। उसके चेहरे पर सुबहें खिलती हैं, गालों पर चट्टानी चमक पठार की आँखों में किरनीली शांति की लहरें। उससे बस लिपटने की-सी इच्छा होती है। पर कहाँ सम्भव होता है यह! मध्यवर्गीय स्वभाव की कमजोरियाँ आगे आने से रोकती हैं। वह भयानक खड्डे के अँधेरे में क्षतविक्षत पड़ा रहता है और उस मिलन के क्षण को, साक्षात् के क्षण को टालता रहता है। मध्यवर्ग की दुर्बलता के ऐसे अनुभवों के सन्दर्भ में ही अभी हाल में प्रकाशित एक टिप्पणी में नंदकिशोर नवल ने रक्तालोकस्नातपुरुष या रहस्यपुरुष को सर्वहारा या मजदूर के वर्गचरित्र के रूप में देखना चाहा है और इसके लिए कविता के पूरे सन्दर्भ को मुक्तिबोध के वास्तविक जीवन-संघर्ष से जोड़कर वांछित निष्कर्ष निकाले हैं। 'अँधेरे में' कविता नयी अर्थ-संभावनाओं के द्वार बन्द नहीं करती। वह बन्द कविता नहीं है, स्तर-बहुल संभावनापूर्ण कविता है। फिर भी अपने पाठ के प्रति सतर्क करती हुई।

वह रहस्यमय व्यक्ति ही काव्य-नायक की चेतना में जरूरी बदलाव लाता है। उसके भीरु दुविधाग्रस्त स्वभाव को एकाएक आघात देता हुआ तुंग शिखर के खतरनाक खुरदुरे कगार-तट पर शोचनीय स्थिति में छोड़ जाता है। जैसे संघर्ष के तीव्रतम बिन्दु पर लाकर कहता है—

...."पार करो पर्वत-सन्धि के गह्वर,
रस्सी के पुल पर चलकर
दूर उस शिखर-कगार पर स्वयं ही पहुँचो!"

पर यह अपनी ही दुर्बलताओं से घिरा पीछे हटता है। उसे नहीं चाहिए चरम जोखिम का वह क्षण। नहीं चाहिए शिखरों की यात्रा। उसे ऊँचाइयों से डर लगता है। बजती रहे साँकल। बजने दो। वह 'जन' जैसे आया, वैसे ही चला जायगा। आत्मसमीक्षा के स्वर में वह स्वीकार करता है कि वह तो इतना ही कर सकता है कि खड्डे के अँधेरे में पीड़ाएँ समेटे, निष्क्रिय, निश्चेष्ट पड़ा रहे। वह पूछता है— क्या करूँ, क्या न करूँ। आशंका और सन्देह ही इस कविता के मूल अभिप्राय हैं। मुक्तिबोध के लिए यह आशंका इतनी महत्त्वपूर्ण है कि उन्होंने कविता को शीर्षक ही दिया था—

आशंका के द्वीप : अँधेरे में।

दीप भी, अँधेरा भी! यह निरन्तर द्वन्द्व उसे विकल किये हुए है। जो आया था, वह तो तम शून्य में उद्विग्न विवेक-विक्षोभ-सरीखी जगत्-समीक्षा छोड़कर चला गया है। उसकी की हुई जगत्-समीक्षा असहनीय है। मेरे मन के अँधेरे में द्युति आकृति-सा भविष्य का नशा जो दे गया है—मैं उसे सह नहीं पा रहा हूँ। फिर वही नाटकीय मोड़। इसी हताशा के अनुभव के बीच आत्मभर्त्सना के क्षणों में संकल्प जागता है—'नहीं, नहीं, उसको मैं छोड़ नहीं सकूँगा / सहना पड़े—मुझे चाहे जो भले ही।' पहले के द्वन्द्व की परिणति इस चेतस् संकल्प में! उसकी चुनौती स्वीकार करेगा वह। कमजोर घुटनों को मसलता हुआ, लड़खड़ाते कदमों से वह दरवाजा खोलने जाता है। आगे बढ़ने का यह क्षण भीतरी संकल्पना शक्ति का संकेत है। वह पैरों से धरती का फैलाव अनुभव करता है। 'हाथों से महसूस करता है दुनिया /मस्तक अनुभव करता है आकाश / दिल में तड़पता है अँधेरे का अंदाज / आँखें ये तथ्य को सूँघती-सी लगतीं / केवल शक्ति है स्पर्श की गहरी'। व्यक्तित्वांतर की समस्या मुक्तिबोध के संघर्ष का प्रमुख बिन्दु है। तीव्र चेतस् संकल्प-क्षण में 'संतुलित वेदना' जल उठती है, दहक उठती है। सत्-चित्-आनन्द की जगह 'सत्—चित्—वेदना'—! जंग खायी सिटकनी हिलाकर वह दरवाजा खोलता है और बाहर देखता है....। वहाँ कोई नहीं मौजूद है। मौजूद है—वही सर्द अँधेरा, सूनी राह, अजीब फैलाव। उदास तारे ढीली आँखों देखते हैं—समूचा विश्व। अँधियार पीपल पहरा दे रहा है। कुत्तों की दूर-दूर अलग-अलग आवाजें सियारों की ध्वनि से टकराती हैं। दूरियाँ काँपती हैं। फासले गूँजते हैं। यह सारा वातावरण संकेत है केवल यह बताने के लिए कि बाहर कोई नहीं है और वह जिसकी खोज थी, जिससे मिलना था, जा चुका है।

एक और नाटकीय मोड़। 'इतने में'—वही आकस्मिता का नाट्यक्षण। अँधियारे सूने में कोई रात का पक्षी चीख कर कहता गया है—

वह चला गया है
वह नहीं आएगा, आएगा ही नहीं
अब तेरे द्वार पर।

वह निकल गया है गाँव में शहर में!
उसको तू खोज अब
उसका तू शोध कर!

मुक्तिबोध अपने आप संकेत देते हैं कि वही रहस्यपुरुष 'पूर्णतम परम अभिव्यक्ति' भी है—अब तक न पायी गयी अभिव्यक्ति—'उसका तू शिष्य है (यद्यपि पलातक....) वह तेरी गुरु है, गुरु है!' इस अनुभव-क्षण में स्वप्न भी है, जागरण भी। दुविधा द्वन्द्व का अज्ञान क्षण भी और ज्ञान का रिसता तनाव भी। दिया जल रहा है। पीतालोक-प्रसार में काल गल रहा है। सिविल लाइन्स के अपने कमरे में वह देखता है—अपने ही, पीटे गये बालक-सा मार खाया चेहरा। उदास। इकहरा। स्लेट-पट्टी पर खींची गयी तस्वीर भूत जैसी आकृति—क्या वह मैं हूँ। यह है उसका सवाल, अपने आपसे पूछा गया।

रात के दो बजे हैं। वह किसी अनपेक्षित असंभव घटना या दुर्घटना की प्रतीक्षा में है। अचेतन प्रतीक्षा—आशंका संदेह—'कहीं कोई रेल-एक्सीडेंट न हो जाय।' हरिशंकर परसाई ने उस समय-खंड को याद करते हुए, जिसमें तनावपूर्ण अनुभवों से भरी यह कविता 'अँधेरे में' लिखी गयी, मुक्तिबोध की मनःस्थिति का बयान इन शब्दों में किया है—''मुक्तिबोध भयंकर तनाव में जीते थे।....आजकल संन्यास का दावा बहुत किया जा रहा है। मगर मुक्तिबोध का एक चौथाई तनाव भी कोई झेलता, तो उनसे आधी उम्र में मर जाता। मृत्यु से दो साल पहले वे जबलपुर आये थे। रातभर वे बड़बड़ाते थे। ....उन दिनों उनकी पुस्तक 'भारत : इतिहास और संस्कृति' पर प्रतिबन्ध लग चुका था.....'अँधेरे में' का यही रचनाकाल है। उन दिनों मुक्तिबोध बहुत आशंकाग्रस्त थे।'' इस समय-खंड में मुक्तिबोध की मनोरचना कैसी थी, यही देखने के लिए कुछ संदर्भों की ओर आगे हम ध्यान आकृष्ट करेंगे। यहाँ इतना ही कि चीजों को जानने से ज्यादा मूल्यवान् है यह आशंका—।

कविता में यकायक 'तॉल्स्तॉय' आते हैं—

हाय! हाय! तॉल्स्तॉय
कैसे मुझे दीख गये
सितारों के बीच-बीच
घूमते व रुकते
पृथ्वी को देखते।

शायद तॉल्स्तॉय-नुमा
कोई वह आदमी
और है,
मेरे किसी भीतरी धागे का आख़िरी छोर वह,

अनलिखे मेरे उपन्यास का
केन्द्रीय संवेदन
दबी हाय-हाय-नुमा
शायद तॉल्स्तॉय-नुमा।

वही तॉल्स्तॉय जिनके लिए निर्मल वर्मा कहते हैं—''उपन्यास में तॉल्स्तॉय हमारे समस्त नैतिक विश्वासों को खोखला, पंगु और पाखंडी बना देते हैं। उपन्यास पढ़ने के बाद कटघरे में एन्नाकेरेनिना नहीं, हम अपने को खड़ा पाते हैं।'' अनलिखे उपन्यास का केन्द्रीय संवेदन ही जैसे इस कठिन संघर्ष और खोज के रास्ते में आ गया। भीतरी धागे के आखिरी छोर-जैसा। मुक्तिबोध की नजर में तॉल्स्तॉय जैसों के साहित्य का महत्त्व इसलिए है कि वह 'ह्रासकालीन पूँजीवादी सामन्तवादी समाज के अन्दर जन्म लेकर भी स्वयं ह्रासग्रस्त नहीं हो पाता।'[1]

कविता का एक विशेष सन्दर्भ—किसी मृत्यु दल की शोभायात्रा! पहले जुलूस की आहट। निस्तब्ध नगर के मध्यरात्रि अँधेरे में दूर से आती बैण्ड की दबी हुई क्रमागत तानधुन। वह गैलरी में जाता है। देखता है रास्ता—कोलतार—पथ—जैसे 'मरी हुई खिंची हुई काली जिह्वा!' बिजली के चमकदार दीये जैसे 'मरे हुए दाँतों का चमकदार नमूना।' मृत्यु-दल की शोभायात्रा जो है। धीरे-धीरे गैस-लाइट निलाई में रँगे अपार्थिव चेहरे नज़र आने लगे। पीछे-पीछे 'काले-काले बलवान घोड़ों का जत्था।' नींद में खोये शहर की गहन अवचेतना में हलचल-सी। सब तो सो रहे हैं—मैं ही देख रहा हूँ, यह रोमांचकारी जादुई करामात! जो जाग रहा है, वही तो दुःखी है—(दुखिया दास कबीर है जागे अरु रोवै)! विचित्र है जुलूस यह—'कलाबत्तू वाला काला ज़रीदार ड्रेस पहने / चमकदार बैण्ड-दल / अस्थि-रूप, यकृत-स्वरूप, उदर-आकृति / आँतों के जालों से बाजे वे दमकते हैं भयंकर!' तभी लगा कि बैण्ड के लोगों के चेहरे परिचित देखे हुए चेहरों से मिलने लगे। जैसे नगर के प्रतिष्ठित पत्रकार! वे कैसे शामिल हो गये, इस बैण्ड-दल में। पूँजीवादी सत्ता और उसकी पोषक खास प्रेस व्यवस्था—इनके बीच की साठ-गाँठ अनजाना प्रसंग नहीं है। निराला के ही शब्द हैं—''लड़ाई कड़ी से कड़ी चल रही है। अखबार पूँजीपतियों की ही सम्पत्ति है।'' संगीन नोकों का चमकता जंगल, टैंकदल, मोर्टार, ऑर्टिलरी, सैनिकों के पथराये चेहरे, पीछे कैवेलरी, काले-काले घोड़ों पर खाकी मिलिट्री ड्रेस—'चेहरे का आधा भाग सिन्दूरी-गेरुआ / आधा भाग कोलतारी भैरव / आबदार....।' इस भयानक जुलूस में दिख गये—'कई प्रकाण्ड आलोचक, विचारक, जगमगाते कविगण / मंत्री भी, उद्योगपति और विद्वान् / यहाँ तक कि शहर का हत्यारा कुख्यात / डोमा जी उस्ताद!' उन सबके लिए विशेषण है—'भूत-पिशाच-काय', 'भीतर का राक्षसी स्वार्थ!'

1. *मुक्तिबोध रचनावली* - 5, पृ० 24

इतने में किसी की निगाह पड़ गयी। पहचान लिया गया उसे। शोर सड़क पर—'मारो गोली, दागो स्साले को एकदम!' जैसे स्वप्न चल रहा था और टूट गया। सब चित्र छिन्न-भिन्न। जागते में स्वप्न याद आने लगा। अँधेरे में वही परिचित चेहरे याद आने लगे। इसका ज्ञान हुआ—

गहन मृतात्माएँ इसी नगर की
हर रात जुलूस में चलतीं,
परन्तु, दिन में
बैठती हैं मिलकर करती हुई षड्यन्त्र
विभिन्न दफ़्तरों-कार्यालयों, केन्द्रों में, घरों में।

यह जानना था, जैसे उन्हें समूचा नंगा देख लेना। तय था कि इस नंगे भयानक सच को देखने की सजा उसे मिलेगी ही। मृतदल की शोभायात्रा फासिस्ट खतरे का आभास देती है, जिससे मुक्तिबोध प्रत्यक्ष जीवन में भी टकरा रहे थे।

अगला सन्दर्भ—जनक्रान्ति के दमन के लिए सैनिक-शासन! मॉर्शल लॉ! सेना ने सड़कें घेर ली हैं। साँस लगी हुई है। जमाने की जीभ निकल पड़ी है। कोई लगातार पीछा कर रहा है। अंधकार-स्तूप-सा भयंकर बरगद। वहीं सब उपेक्षितों, वंचितों, गरीबों के लिए सुरक्षा है, ठिकाना है। वहीं रहता है सिरफिरा एक, जिसके लिए मुक्तिबोध के शब्द हैं—

'व्यक्तित्व अपना ही अपने से खोया हुआ / वही उसे अकस्मात् मिला था / रात में / पागल था दिन में / सिरफिरा विक्षिप्त मस्तिष्क।' पर रात के अनुभवों ने इस पागल को 'जागरित बुद्धि' का दर्जा दे दिया। गाने लगा आत्मोद्बोधमय कोई गान। इधर शुरू हुई समानान्तर आत्म-समीक्षा, अपनी ही चीरफाड़। 'अब तक क्या किया / जीवन क्या जिया!! / उदरम्भरि बन अनात्म बन गये / भूतों की शादी में क़नात से तन गये / किसी व्यभिचारी के बन गये बिस्तर, / दुःखों के दाग़ों को तमग़ों-सा पहना / अपने ही ख़यालों में दिन-रात रहना, / असंग बुद्धि व अकेले में सहना /ज़िन्दगी निष्क्रिय बन गयी तलघर,' आत्मभर्त्सना : 'बहुत-बहुत ज़्यादा लिया, / दिया बहुत-बहुत कम, मर गया देश, अरे जीवित रह गये तुम!!' सपने में भी यह सवाल बेचैन करता है—

क्या कहूँ, किससे कहूँ,
कहाँ जाऊँ, दिल्ली या उज्जैन?

उधर यह अपराध-बोध पीछा करता है—

मानो मेरे कारण ही लग गया
मॉर्शल-लॉ वह,
मानो मेरी निष्क्रिय संज्ञा ने संकट बुलाया,
मानो मेरे कारण ही दुर्घट
हुई यह घटना।

मुक्तिबोध के काव्य-नायक को लगता है कि बाहरी दुनिया में क्रियाओं, घटनाओं का द्वन्द्व जितना ही तीव्र है, उतनी ही तेजी से भीतरी दुनिया में द्वन्द्व सक्रिय है। फिक्र से फिक्र लगी हुई है। चैन भुला दी है उस पागल ने। नींद गायब! वह बरगद के पास खड़ा है। उसका अपना चेहरा जाने किस अथाह गम्भीर साँवले जल से घुलने लगता है। उधर 'रात्रि के श्यामल ओस से क्षालित / कोई गुरु-गम्भीर महान् अस्तित्व / महकता है लगातार / मानों खँडहर-प्रसारों में उद्यान / गुलाब-चमेली के रात्रि-तिमिर में / महकते हों महकते ही रहते हों हरपल।' बस यह पता नहीं लगता अँधेरे में, कि वे उद्यान कहाँ हैं! मात्र सुगंध है सब ओर और उसमें कोई गुप्त चिंता छटपटा रही है।

'पक्षी और दीमक' कहानी में : जीवन का सार साक्ष्य अपना गुप्तधन है। उसके अपने गुप्त संघर्ष हैं, उसका अपना एक गुप्त नाटक है।

यकायक लगता है कि किसी अजनबी ने कंधे पर हाथ रखा। थरथर-सी रेंग गयी सिर तक। कंधे पर बरगद पात का स्पर्श। जैसे कोई संकेत। किसी की चिट्ठी, कोई इंगित। वह भागने लगता है। कई-कई मोड़ तक। फिर दिखती है किसी एक मुँदे पर की पत्थर-सीढ़ी। वह वहीं बैठ जाता है सिर पकड़ कर। मुँदा घर, अपने भीतर की ही खोह—जहाँ 'तिमिर को भेद कर चमकते हैं पत्थर / मणि तेजस्क्रिय रेडियो-ऐक्टिव रत्न भी बिखरे / झरना है जिन पर प्रबल प्रपात एक।' अपनी भीतरी खोह के इस परिवर्तन को पहचानता है वह। निरन्तर आलोचन, संघर्ष से ही सम्भव हुआ है इसे पहचानना कि 'दीप्ति में वलयित रत्न वे नहीं हैं / अनुभव, वेदना, विवेक-निष्कर्ष / मेरे ही अपने यहाँ पड़े हुए हैं!'

यह अहसास उसे क्षुब्ध करता है कि उसके मध्यवर्गीय दुर्बल मन ने मणि तेजस्क्रिय अनुभवों को गुहावास दे दिया था—'लोक-हित क्षेत्र से कर दिया था वंचित / जनोपयोग से वर्जित / ....निषिद्ध!' वह क्रूर यथार्थ से भाग रहा था। उसे खतरनाक समझ रहा था। पर अब वह जान गया है कि 'जूझना ही तै है।' एक फैंटेसी दूसरे फैंटेसी में बदलती है।

सीन बदलता है
सुनसान चौराहा साँवला फैला,
बीच में वीरान गेरुआ घण्टाघर,
ऊपर कत्थई बुज़ुर्ग गुम्बद,
साँवली हवाओं में काल टहलता है।

'चाँद का मुँह टेढ़ा है' कि पंक्तियाँ याद आती हैं—

सँवलायी चाँदनी / समय का घण्टाघर।
निराकार घण्टाघर / गगन में चुपचाप अनाकार खड़ा है.....।

दमन-चक्र के भीतर ही वे सारे अनुभव घटित होते हैं। सुनसान चौराहा। बिखरी गतियाँ। 'गश्त में घूमती है कोई दुष्ट इच्छा।....संगीन नोकों पर टिका हुआ / साँवला बन्दूक जत्था / ....टैंकों का दस्ता भी खड़े-खड़े ऊँघता / परन्तु अड़ा है!!' फिर वही चाँटों / भागना। कई-कई मोड़ तक। 'भागती है चप्पल / चटपट आवाज / चाँटों ही पड़ती।'

श्याम-आकाश में संकेत भाषा-सी तारों की आँखें चमचमा रही हैं—'मेरा दिल ढिबरी-सा टिमटिमा रहा है।' वह जादू के-से आकर्षण में खिंचा जाता है। जहाँ तिलक की पाषाण मूर्ति है—निःसंग स्तब्ध, जड़ीभूत। पहुँचते ही पाषाण-पीठिका हिलने लगती है। मूर्ति से अंगार झरते हैं। 'मुसकान पत्थरी होठों पर काँपी / आँखों में बिजली के फूल सुलगते हैं।' तभी प्रतिमा की 'भव्य ललाट की नासिका में से' लाल गरमीला रक्त टपकने लगता है। मस्तक-कोष ही फूट पड़ा हो जैसे—रुआँसा वह आश्वस्त करना चाहता है—'हम अभी जिन्दा हैं जिन्दा / चिन्ता क्या है।' क्षतविक्षत् तिलक की राजनीतिक विफलता प्रकट है। यहीं से सन्दर्भ बदलता है। वाचक अर्थात् काव्य-नायक के भीतर अजब-सी तोड़फोड़ जारी है।

इतने में छाती में भीतर ठक्-ठक्
सिर में है धड़-धड़!! कट रही हड्डी!!
फ़िक्र ज़बरदस्त!!
विवेक चलाता तीखा-सा रन्दा
चल रहा बसूला
छीले जा रहा मेरा वह निजत्व ही कोई
भयानक ज़िद कोई जाग उठी मेरे भी अंदर
हठ कोई बड़ा भारी उठ खड़ा हुआ है।

'इतने में आसमान काँपा व धाँय-धाँय / बन्दूक धड़ाका!' अँधेरे में डूबे मकानों के छप्परों पार से किसी के रोने की आवाज सुनाई देती है। 'कराहों की लहरों में पाशव प्राकृत / वेदना भयानक थरथरा रही है।' सर्दी में बोरे को ओढ़ कर कोई काँपता है—दिखाई देता है : 'वह मुख—अरे, वह मुख, वे गाँधीजी!! / इस तरह पंगु!! / आश्चर्य!!' फटकार वही नैतिक विक्षोभ युक्त—'भाग जा, हट जा / हम हैं गुजर गये जमाने के चेहरे!' बस इतना ही संकेत वे देते हैं—कि 'जनता के गुणों से ही सम्भव / भावी का उद्‌भव!' आत्मा का यह पिंजर उठता है। वही रूप, वही आकृति—नाक पर चश्मा, हाथ में डण्डा। बाँह में शिशु जिसे सौंप जाते हैं इसी काव्य-नायक को! जब तक वह कुछ कहना चाहे, मूर्ति अदृश्य हो जाती है। कैसा है इस शिशु का स्पर्श! सुकुमार, प्यार-भरा, कोमल। पर भार का गम्भीर अनुभव भी व्यंजित है, उसी स्पर्श से। शिशु का रोना जैसे अत्यन्त परिचित का रोने का स्वर। क्षोभ-क्रोध का विस्फोट प्रभाव लिये। काव्य-नायक के हृदय में रक्त का तालाब भर

गया है। रुधिर से लाल-लाल किरणें फूट रही हैं। अनुभव-रक्त में संकल्प डूबे हुए। अचानक शिशु भी अदृश्य। रह जाते हैं उसकी जगह सूरजमुखी फूल-गुच्छे। उन स्वर्ण-पुष्पों से प्रकाश फैलता है—कन्धों पर, सिर पर, गालों पर, तन पर। फिर वे फूलों के गुच्छे भी गायब। आ गयी बन्दूक, वजनधारी रायफल कन्धों पर!

कोई एक और ज़मीन पर पसरा और गिर पड़ा। एकान्तप्रिय उसका कोई परिचित व्यक्ति। कलाकार था—कैसा?—जिसके हृदय में 'चलाता था अपना असंग व्यक्तित्व'! निष्क्रिय असंग में भी उस पर संदेह किया गया और मारा गया वह बधिकों के हाथों! एक युग का अंत! अब क्या करना है उसे! क्या वह मित्रों की तलाश में निकले। नये-नये सहचर मित्रों की तलाश में। कैसे सहचर! जिन्हें इस रूप में, इस मूल्य विवेक के साथ जाना जा सके—'सकर्मक सत्-चित्-वेदना-भास्कर।' 'अंत:करण का आयतन' में भी 'चमकता है अँधेरे में / प्रदीपित द्वन्द्व चेतस् एक / सत्-चित्-वेदना का फूल।' जीने से उतरा ही था, कि घेर लिया गया—आततायी-सत्ता के सम्मुख! अँधेरे कमरे के स्याह-सिफर में बैठाया गया उसे। जाँच-पड़ताल शुरू हुई। दमन-चक्र की यातनापूर्ण परिणति—शीश की हड्डी तोड़ी जाने लगी। लोहे की कील पर बड़े हथौड़े लगातार पड़ रहे थे। शीश का मोटा अस्थि-कवच निकाल लिया गया—कि मस्तक यंत्र में कौन विचारों की कौन-सी ऊर्जा सक्रिय थी, इसका पता लगाया जा सके। दु:स्वप्न के भीतर का भीषण दु:स्वप्न

भीतर कहीं पर गड़े हुए गहरे
तलघर अन्दर
छिपे हुए प्रिंटिंग प्रेस को खोजो।
जहाँ कि चुपचाप ख़यालों के परचे
छपते रहते हैं, बाँटे जाते।
इस संस्था के सेक्रेटरी को खोज निकालो,
शायद, उसका ही नाम हो आस्था,
कहाँ है सरगना इस टुकड़ी का
कहाँ है आत्मा?

एक चिढ़ी ऊँची आवाज : 'स्क्रीनिंग करो मिस्टर गुप्ता / क्रॉस एक्ज़ामिन हिम थॉरोली!!' दमन-तंत्र की क्रूरता के लिए उपयुक्त बिम्ब-विधान। यह संकेत भी है कि मिस्टर गुप्ता सत्ताधारी वर्गतंत्र का प्रतिनिधिचरित्र है। 'चाबुक चमत्कार' दमन-तंत्र की निरन्तरता का संकेत है। पर आत्मा बहुत कुशल है। ......''समेट कर वह सब / वेदना-विस्तार करके इकट्ठा / मेरा मन यह / जबरन् उनकी छोटी-सी कट्ठी / गठान बाँधता सख्त व मजबूत / मानो कि पत्थर / जोर लगा कर / उसी गठान को हथेलियों से / करता है चूर-चूर / धूल में बिखरा देता है उसको / मन यह हटता है

देह की हद से / जाता है कहीं पर अलग जगत में।'—काव्य-नायक को सारे अवरोध पार कर, यातना की सारी स्थितियाँ पार कर जनक्रांति से जुड़ना है। वह बँधा है यद्यपि खोह में खूँटे से! पर दूर मीलों पार गिरता है चुपचाप—पत्रों के रूप में किसी एक जेब में! किसी एक फटे हुए मन की! वह लक्ष्यों के पथ पर अग्रसर है।

अब काव्य-नायक रिहा कर दिया गया है। वह सचेत है कि अब नये साथी खोजेगा। 'नये साथी' के जो संकेत या अभिप्राय प्रकृति से लिये गये हैं वे भूमिगत आन्दोलन की-सी सम्भावना बताते हैं—

काले गुलाब व स्याह सिवन्ती,
श्याम चमेली,
सँवलाये कमल जो खोहों के जल में
भूमि के भीतर पाताल-तल में
खिले हुए कब से भेजते हैं संकेत

इतने में सहसा दूर क्षितिज पर दीखते हैं—'बिजली की नंगी लताओं से भर रहे / सफेद नीले मोतिया चम्पई फूल गुलाबी / उठते हैं वहीं पर हाथ अकस्मात् / अग्नि के फूलों को समेटने लगते!' वह भी, चुनने लगता है, जमीन के चमकीले पत्थर-बिजली के फूल बनाने की कोशिश में। यहाँ काव्य-नायक और कवि अभिन्न हो उठते हैं। याद आता है कविता का आरम्भ जहाँ—रहस्यपुरुष रक्तालोक—स्नातपुरुष और रहस्यमय परम अभिव्यक्ति का भेद मिट जाता है। यहाँ सारा आत्मसंघर्ष और बाह्य युगसंघर्ष काव्यसंघर्ष की समस्याओं में सिमट आता है—इसीलिए कहा गया है कि ''मुक्तिबोध के लिए अस्मिता की खोज व्यक्ति की खोज नहीं, बल्कि अभिव्यक्ति की खोज है।''

किन्तु, असन्तोष मुझको है गहरा,
शब्दाभिव्यक्ति-अभाव का संकेत।
काव्य चमत्कार उतना ही रंगीन
परन्तु, ठण्डा।
....
अरे, इन रंगीन पत्थर-फूलों से मेरा
काम नहीं चलेगा!!
क्या कहूँ,
मस्तक-कुण्ड में जलती,
सत्-चित्-वेदना-सचाई व ग़लती—
मस्तक शिराओं में तनाव दिन-रात।

काव्य-नायक ने अब जान लिया है कि—'अभिव्यक्ति के सारे खतरे / उठाने ही होंगे / तोड़ने होंगे ही मठ और गढ़ सब / पहुँचना होगा दुर्गम पहाड़ों के उस पार /

तब कहीं देखने मिलेंगी बाँहें / जिसमें कि प्रतिपल काँपता रहता / अरुण कमल एक।' फासिज्म के विरुद्ध क्रान्ति की संभावना का प्रतीक है—यह 'अरुण कमल'! फैंटेसी ही सही, पर ऐसी जो 'कल वास्तव होगी'।

मैं विचरण करता-सा हूँ एक फैंटेसी में
यह निश्चित है कि फैंटेसी कल वास्तव होगी

(मुक्तिबोध : एक अंतर्कथा)

मध्यवर्गीय संस्कारों से संघर्ष करते हुए जिस तरह मुक्तिबोध ने अपनी विशेष दृष्टि प्राप्त की, उसी के अनुरूप 'अँधेरे में' का काव्य-नायक क्रान्ति की इस संभावना तक पहुँचता है। मुक्तिबोध ने 'तारसप्तक' के दूसरे संस्करण के लिए लिखित पर अप्रकाशित वक्तव्य में लिखा है, ''मैं उन सौभाग्यशाली व्यक्तियों में से हूँ, जिसे अपने गली-कूचों में रहने वालों का स्नेह प्राप्त हुआ। वे मेरी ही भाँति छोटी-छोटी हस्तियाँ हैं। किन्तु उनके पेचीदा संघर्ष, अथाह प्रेम करने का उनका हार्दिक सामर्थ्य और बौद्धिक जिज्ञासा के साथ ही साथ, उनकी साहसिक पहल, उनकी रोमांटिक कल्पना, उनकी राजनीतिक आशा-आकांक्षाएँ, उनके समाज-नैतिक स्वप्न मेरे चारों ओर चक्कर लगाने लगे। मेरी परिस्थिति अब विस्तृत हो गयी, वह फैलकर मैदान बन गयी, मैदान बन कर फैलती हुई वह पूरी पृथ्वी बन गयी।.....चेहरे अब सुन्दर हो उठे। .....मैं एकबारगी मुक्त और स्वतन्त्र हो उठा।'' इसी वक्तव्य में मुक्तिबोध स्वीकार करते हैं कि—''सच्चा आशावाद मनुष्य की ज्वलन्त वास्तविक ऊष्मा से उत्पन्न होता है, केवल भविष्य-स्वप्न से नहीं।''

जिन्हें मुक्तिबोध की कविता के स्वप्न, फैंटेसी अयथार्थ खटकते हैं वे मुक्तिबोध के आत्मालोचन के साथ कविताओं की विकास-दिशा भी देखें। स्वप्न का साक्षात् में, जागृति में बदलना देखें।

काव्य-नायक फिर भागता है दम छोड़। ध्वस्त दीवालों के पार कहीं गरम बहस चल रही है। सत्य से सत्ता का युद्ध। वह अपनी सीमाओं को नज़रअन्दाज नहीं करता : 'कमजोरियाँ सब मेरे संग हैं'। पर देखता है कि सहसा अँधेरे की सुरंग गलियों में लोग चल रहे हैं। दृढ़पद, गम्भीर। अन्तःस्थ ही सही, आग जल रही है। वह बढ़ता है और पीछे रह जाता है अकेला। वर्गीय दुर्बलता की स्वीकृति। पर देखता है कि उसके ही विक्षोभ (मणियों) को लिये लोग अँधेरे में क्रान्ति के रास्ते पर सोत्साह बढ़ रहे हैं। आत्मसमीक्षा यहाँ भी हर पल : 'किन्तु मैं अकेला / बौद्धिक जुगाली में अपने से दुकेला!' 'चम्बल की घाटी में' ये पंक्तियाँ इसी द्वन्द्व भाव से परिचित कराती हैं : 'अपने समाज में अकेला हूँ / मुझमें भी भयानक छटपटाहट है / नहीं वह किसी में /इसलिये अपना ही श्रेणीगत / साम्य है जिनसे उनसे ही गहरा विद्वेष-विरोध, विरोध, विरोध!! / किन्तु जो दूर हैं / अलग, पृथक् हैं / जो अतिभिन्न हैं / मित्र हैं वे ही /परन्तु शतगुणधर्म जो उनके / ले नहीं पाता हूँ चाहने पर भी'।

गलियों के अँधेरे में मैं भाग रहा हूँ,
इतने में चुपचाप कोई एक
दे जाता पर्चा,
कोई गुप्त शक्ति
हृदय में करने-सी लगती है चर्चा!!

वह पाता है कि वहाँ भी 'मेरे ही गुप्त विचार व / दबी हुई संवेदनाएँ व अनुभव / पीड़ाएँ जगमगा रही हैं!!' वह चकित है—क्रान्ति की रोमांटिक कल्पना लिये देखता है कि 'तारक दलों में भी खिलता है आँगन / जिसमें कि चम्पा के फूल चमकते / ....चमकता है आशय मनोज्ञ मुखों से / पारिजात-पुष्प महकते।' फैंटेसी-क्रम जारी है। वह पर्चा पढ़ते हुए हवा में उड़ता है, चक्रवात-गतियों में घूमता है नभ पर, जमीन पर एक साथ—सर्वत्र सचेत उपस्थित। स्वप्नों की कोमल किरने ही 'दृढ़ीभूत कर्म-शिलाओं' का-सा रूप ले रही हैं। अब मुक्तिबोध दृढ़तापूर्वक यह कहने की स्थिति में हैं—कि वर्तमान समाज चल नहीं सकता :

कविता में कहने की आदत नहीं, पर कह दूँ
वर्तमान समाज चल नहीं सकता।
पूँजी से जुड़ा हुआ हृदय बदल नहीं सकता,
स्वातन्त्र्य व्यक्ति का वादी
छल नहीं सकता मुक्ति के मन को,
जन को।

'विपात्र' शीर्षक लम्बी कहानी में यह वाक्य आता है—'ये लोग एक ओर व्यक्ति-स्वातंत्र्य का नारा लगाते हैं। लेकिन स्वतंत्रता को खरीदने और बेचने की व्यवस्था बरकरार रखते हैं।'

अपने सावधान पर दुरूह शिल्प के भीतर संघर्ष करते हुए मुक्तिबोध अनुभव करने लगे थे कि ग्रंथिल मनःस्थितियों वाली कविता को भी उलझाव से बचना चाहिए। 'जैसे साफ सड़क होती हो, वैसी ही वह हो।' (मलय के नाम पत्र) 'अँधेरे में' कविता को परिणति तक ले जाते हुए विचारधारात्मक स्पष्टता का आग्रह दिखाई देने लगता है। इसे उनकी पक्षधरता भी कहा जा सकता है। 'अन्तरात्मा और पक्षधरता'—टिप्पणी में मुक्तिबोध लिखते हैं—''हम अपनी अन्तरात्मा की और अपनी जैसी अन्य अन्तरात्माओं की पक्षधरता और मजबूत बनायेंगे। इस धारा को दृढ़ करेंगे, विस्तृत करेंगे।''

उधर नगर में भयानक धुआँ उठ रहा है—'कहीं आग लग गयी, कहीं गोली चल गयी।' अजब है कि सब बुद्धिजीवी, कलाकार, कविजन, चिन्तक चुप हैं, वे इस क्रूर दमन को मात्र किंवदन्ती बता रहे हैं क्योंकि पूँजीवादी शोषणकारी सत्ता से वे नाभिनालबद्ध हैं। उसके हितों के पोषक। 'बौद्धिक वर्ग हैं क्रीतदास / किराये के

विचारों का उद्भास।' दूसरी ओर पहाड़ों के झरने तड़पने लगे। 'भक्ति' और 'अनहदनाद' शब्दों का इस्तेमाल मुक्तिबोध सर्वथा नये अर्थों में कर रहे हैं—'भक्ति की अग्नि का उद्रेक / भड़कने लगा / धूल के कण में अनहदनाद का कम्पन / खतरनाक!!' 'दादा का सोंटा' और 'कक्का की लाठी' भी शामिल है इस जनक्रान्ति में। युग-परिवर्तन की घड़ी है यह। संघर्ष तीव्रतर होता जा रहा है। सैकड़ों नदियाँ अपने ज्वलन्त बिम्ब फेंकती हैं। इनमें युगों के आँसू डूबे हैं। पिताओं की चिन्ता का उद्विग्न रंग भी। विवेक पीड़ा की बेचैन गहराई। श्रमिक का संताप। उन्हीं वेदना-नदियों का जल पीकर युवजनों का व्यक्तित्वांतर हो रहा है। वे मानों अग्नि के शतदल कोष में जा बैठे हैं।

फिर एक स्वप्न भंग। चित्र बिखरते हैं। काव्य-नायक अपने को एक बार फिर अकेला पाता है। इसी तरह के द्वन्द्वाघात को स्पष्ट करने के लिए नामवर सिंह ने आचार्य रामचंद्र शुक्ल से शब्द लेकर 'विरुद्धों के सामंजस्य' को 'अँधेरे में' की संरचना की सबसे बड़ी विशेषता कहा है। उसके मस्तिष्क, हृदय में छेद पड़ गये हैं। यद्यपि 'दुखते हुए रन्ध्रों में गहरा / प्रदीप्त ज्योति का रस बसा है।' वह अपनी दुनिया में सपनों के अर्थ खोजता है। आत्मा में चमकीली प्यास भर गयी है। 'मानों कि कल रात किसी अनपेक्षित क्षण में ही सहसा / प्रेम कर लिया हो / जीवन भर के लिए!'

मानो कि उस क्षण
अतिशय मृदु किन्हीं बाँहों ने आकर
कस लिया था इस भाँति कि मुझको
उस स्वप्न-स्पर्श की, चुम्बन की याद आ रही है,
याद आ रही है!!
अज्ञात प्रणयिनी कौन थी, कौन थी?

'अंत:करण का आयतन' में भी 'अँधेरे आइनों में सिर उठाती है / प्रतेजस-आनना / प्रतिभामयी मुख-लालिमा / तेजस्विनी लावण्य-श्री / प्रत्यक्ष / बिल्कुल सामने!!!'

मुक्तिबोध के कुछ आलोचकों ने 'सरल निष्कर्षवाद' के प्रलोभन में यही अर्थ प्राप्त किया है कि 'उन्हें प्रेमिका की सख्त जरूरत थी' और ऐसे मधुर सम्बन्धों के विशेषज्ञ भेदियों का सहारा लिया है जिनसे निष्कर्ष की पुष्टि में वांछित समर्थन प्राप्त हो। बहुत व्याख्या न करके यहाँ निकारागुआ के कवि अर्नेस्तो कार्देनाल की एक टिप्पणी का उल्लेख पर्याप्त होगा। यह पूछने पर कि आपने प्रेम-कविताएँ भी लिखी हैं और क्रान्ति की कविताएँ भी—उनमें आप क्या सम्बन्ध या अन्तर्विरोध मानते हैं, अनेस्तो कार्देनाल ने कहा था : दोनों तरह की कविताएँ मेरे लिए प्रेम-कविताएँ हैं।

सब ओर विद्युत्तरंगीय हलचल। चुम्बकीय आकर्षण। हर चीज रोशनी में नया अर्थ देती हुई। वह उठकर गैलरी में जाता है कि दिख जाता है—वही जन, जो गुहा

में दिखा था। उसे आवाज दी जाय, इसके पहले ही वह किसी जन यूथ में खो जाता है। यह संकेत देकर—

अनखोजी निज-समृद्धि का वह परम-उत्कर्ष,
परम अभिव्यक्ति....
मैं उसका शिष्य हूँ
वह मेरी गुरु है,
गुरु है!!

वह जो रहस्य पुरुष (रक्तालोक स्नात पुरुष) है, वही है परम अभिव्यक्ति—वही है 'अत्यन्त उद्विग्न ज्ञान तनाव' या 'सकर्मक प्रेम की अतिशयता'—जो प्रत्यक्षतः दिखती है फटेहाल रूप। काव्य-नायक हर गली, हर सड़क पर हरेक चेहरे, गतिविधि को जाँचता-परखता है—हर आत्मा का इतिहास, हर देश की राजनीतिक परिस्थिति।

जहाँ मिल सके मुझे
मेरी वह खोयी हुई
परम अभिव्यक्ति अनिवार
आत्मसम्भवा।

'अँधेरे में' कविता का मुख्य अभिप्राय यदि अस्मिता की खोज ही है तो उसे परम अभिव्यक्ति की खोज से सम्बद्ध करके ही देखना होगा जिसमें वृहत्तर सभ्यता समीक्षा भी शामिल है और जनक्रांति का स्वप्न भी। वस्तुतः 'अँधेरे में' कविता की अर्थभूमि महाकाव्यात्मक कल्पना और नाटकीय संयोजन की दृष्टि से चकित करने वाली है। सरल क्रांतिवाद मुक्तिबोध जैसे कवि की सीमा नहीं है। कठिन पर सावधान शिल्प उनके निरन्तर संघर्ष से ही सम्भव हुआ है। भीतर-बाहर के संघर्ष का द्वन्द्व उनके यहाँ बना रहता है। अंतःकरण के आयतन की सीमा के विरुद्ध मुक्तिबोध का अथक संघर्ष कविताओं में और कविताओं के बाहर जाना-पहचाना है। 'अँधेरे में' कविता भी स्वप्न-कथा या फैंटेसी ही है पर मुक्तिबोध के अनुसार 'दिशा और उद्देश्य ही फैंटेसी का मर्मप्राण है।' (एक साहित्यिक की डायरी)

मुक्तिबोध ने 'तारसप्तक' के अपने वक्तव्य में कहा है : 'मानसिक द्वन्द्व मेरे स्वभाव में बद्धमूल है।' डॉ० रामविलास शर्मा जब मुक्तिबोध के आत्मसंघर्ष को मार्क्सवाद की संगति में नहीं देख पाते तो मान लेते हैं कि वे रहस्यवादी अथवा अस्तित्ववादी हैं। 'अँधेरे में' कविता की उनकी व्याख्या इसी दृष्टि पर आधारित है कि मुक्तिबोध की ज्ञानात्मक संवेदना या संवेदनात्मक ज्ञान का कोई अर्थ नहीं, वे अस्तित्ववादी भावधारा के ही निकट हैं। इसलिए डॉ० शर्मा की मुक्तिबोध-सम्बन्धी आलोचना, मुक्तिबोध-सम्बन्धी उनके पूर्वाग्रहों के अनुरूप ही एक तरह का तार्किक ढाँचा निर्मित करती है। मुक्तिबोध का द्वन्द्व-भाव उनके लिए द्वैत-भाव हो जाता है।

मुक्तिबोध की मनोरचना की जड़ में इस द्वैत-भाव को दिखाना या प्रमाणित करना ही उनका मुख्य उद्देश्य जान पड़ता है। डॉ० शर्मा का कहना है—"मुक्तिबोध को 'अँधेरे में' कविता के नायक से अलग करके देखना असंभव है। इस कविता में एक ओर वह निम्नवर्ग से अलग होकर सर्वहारा वर्ग की संगति में व्यक्तित्व-रूपान्तरण की अपनी सामान्य समस्या का विवेचन करते हैं, दूसरी ओर वह अपने उत्तेजित त्रस्त मन की असामान्य अवस्था का चित्रण करते हैं।"[1] दूसरी ओर डॉ० नामवर सिंह का स्पष्टीकरण है—"एक तरह से देखें तो मुक्तिबोध की कविताओं में काव्य-नायक के रूप में व्यक्त होने वाला यह चरित्र उन कविताओं का अभिप्रेत या संभाव्य पाठक भी है जिसे वे सम्बोधित प्रतीत होती हैं। निश्चय ही यह काव्य-नायक मुक्तिबोध का प्रतिरूप नहीं है और न इसे मुक्तबोध समझने का भ्रम ही होना चाहिए। यह कवि की कल्पसृष्टि है—बल्कि कल्पसृष्टियों में से एक, ठीक उसी तरह जैसे 'एक साहित्यिक की डायरी' का 'मैं' और 'क्लाड ईथरली', 'पक्षी और दीमक', 'विपात्र' आदि कहानियों का 'मैं'। इस चरित्र को प्रबुद्ध, प्रेरित और सक्रिय करके उसकी आस्था को दृढ़ करने के लिए ही मुक्तिबोध ने यह आत्मपरक ढंग अपनाया है।"[2]

जब नामवर सिंह ने 'अस्मिता की खोज' को 'अँधेरे में' का मूल कथ्य बताया था तो इस पर अधिक बल दिया गया था कि "इस खोज में किसी प्रकार की आध्यात्मिकता या रहस्यवाद नहीं बल्कि गली-सड़क की गतिविधि, राजनीतिक परिस्थिति और अनेक मानव-चरित्रों की आत्मा के इतिहास का वास्तविक परिवेश है।" नामवर सिंह की अस्मिता की खोज की व्याख्या से कुछ अन्य समस्याएँ पैदा हुईं, जैसे विभक्त व्यक्तित्व और आत्मनिर्वासन की समस्या। नाटकीय कौशल के लिए कविता का 'मैं' दो व्यक्ति-चरित्रों में विभक्त कर दिया गया है—एक है काव्य-नायक 'मैं' और दूसरा है उसका प्रतिरूप 'वह'। यह विभाजन वस्तुतः एक नाटकीय कौशल-मात्र नहीं, बल्कि उसका आधार 'आत्मनिर्वासन' (सेल्फ एलिएनेशन) है। 'अँधेरे में' का काव्य-नायक एक आत्मनिर्वासित व्यक्ति है जिसके आत्मनिर्वासन का प्रतीक है उसका गुहावास। नामवर सिंह की इस स्थापना पर काफी बहस हो चुकी है। सब जानते हैं कि 'अँधेरे में' कविता की व्याख्या के सिलसिले में जहाँ जिन पदों का इस्तेमाल हुआ है—'आत्मनिर्वासन' और 'अस्मिता का लोप' (Loss of Self/ Loss of Identity) वे अस्तित्ववाद और मार्क्सवाद दोनों विचारधाराओं के क्षेत्र में प्रचलित हैं। यदि नामवर सिंह ने विस्तृत व्याख्या के साथ 'अँधेरे में : पुनश्च' टिप्पणी[3] के अन्तर्गत स्पष्ट किया है कि मार्क्सवाद की धारणा के अन्तर्गत ही उन्होंने 'अँधेरे में' कविता की मूल समस्या 'अस्मिता की खोज' को माना है तो इसके लिए

1. *नयी कविता और अस्तित्ववाद*, पृ० 219
2. *कविता के नये प्रतिमान*, पृ० 248-249
3. वही, दूसरा संस्करण

प्रबल तार्किक आधार मुक्तिबोध की कविताओं और काव्य-चिन्तन में ही मौजूद है। यहाँ प्रसंगवश नामवर सिंह के स्पष्टीकरण से यह अंश उद्धृत है—"....मार्क्स की दृष्टि में 'अलगाव' और 'रैकरण' पूँजीवादी व्यवस्था के सबसे बड़े अभिशाप हैं। इसमें मजदूर अपनी उपज से ही अलग नहीं होता, बल्कि अपने आपसे भी अलग हो जाता है और वह इस प्रक्रिया में मानव-स्वत्व के साथ ही मानव सम्भावनाओं से वंचित रह जाता है। मार्क्स के अनुसार इस अलगाव से समाज का कोई वर्ग अछूता नहीं रहता यहाँ तक कि स्वयं पूँजीपति भी इसका शिकार होता है और वह भी अपनी मानवीयता खोकर एक जड़ धन-पशु में बदल जाता है। किन्तु इसका सबसे अमानुषिक प्रभाव मजदूर पर पड़ता है। खोने की इस प्रक्रिया में वह इस हद तक 'सर्वहारा' हो जाता है कि अन्ततः उसके पास खोने के लिए कुछ नहीं बचता—सिवा अपनी हथकड़ियों और बेड़ियों के।"[1] कठिनाई यह है कि जिन्हें अन्ततः मुक्तिबोध को हिन्दी कविता की यथार्थवादी धारा के बाहर का तथा उसका विरोधी कवि ही प्रमाणित करना है, वे 'अभिव्यक्ति की खोज' या 'आत्मसंघर्ष' सरीखे अभिप्रायों को अस्तित्ववाद या रहस्यवाद के दायरे में ही परिभाषित करते रहेंगे। जिन्हें मुक्तिबोध की इस कविता की क्रांतिकारी परिणति एकदम सीधी, स्पष्ट, तर्कसंगत जान पड़ेगी, वे भी अभिव्यक्ति की खोज के वस्तुगत संदर्भ की बहुत जाँच-पड़ताल नहीं करना चाहेंगे। क्या वे नामवर सिंह की इस सतर्क पुनः स्थापना पर विचार करना जरूरी समझेंगे— " 'अँधेरे में' कविता का मूल कथ्य हर तरह के अलगाव के विरुद्ध है—अस्मिता की खोज इसी अलगाव-विरोध का दूसरा नाम है।" जिन्हें आलोचना पर भरोसा न हो, वे कविता पर ही भरोसा करें—

इसीलिए मैं हर गली में
और हर सड़क पर
झाँक-झाँक देखता हूँ हर एक चेहरा,
प्रत्येक गतिविधि
प्रत्येक चरित्र,
व हर एक आत्मा का इतिहास,
हर एक देश व राजनीतिक परिस्थिति
प्रत्येक मानवीय स्वानुभूत आदर्श
विवेक-प्रक्रिया, क्रियागत परिणति!!
खोजता हूँ पठार.... पहाड़.... समुन्दर
जहाँ मिल सके मुझे
मेरी वह खोई हुई
परम अभिव्यक्ति अनिवार
आत्मसम्भवा।

1. *कविता के नये प्रतिमान*, दूसरा संस्करण

श्रीकान्त वर्मा ने 'चाँद का मुँह टेढ़ा है' संग्रह प्रस्तुत करते हुए कहा था— "किसी और कवि की कविताएँ उसका इतिहास न हों, मुक्तिबोध की कविताएँ अवश्य उनका इतिहास हैं।....जिन्दगी के एक-एक स्नायु के तनाव को एक बार जीवन में और दूसरी बार अपनी कविताओं में जी कर मुक्तिबोध ने अपनी स्मृति के लिए सैकड़ों कविताएँ छोड़ी हैं और ये कविताएँ ही उनका जीवन-वृत्तान्त हैं।" इसी चयन की भूमिका में शमशेर ने 'जीवन वृत्तान्त' के रूप में देखी गयी कविताओं का वस्तुसंदर्भ निर्दिष्ट करते हुए कहना जरूरी समझा—"उनका कवि व्यक्तित्व सबसे अलग और अकेला लगता है। मगर उनकी भावनाओं की जड़ें मध्यवर्गीय समाज में हम सबकी समस्याओं से उलझी हुई थीं।" 'अँधेरे में' कविता की पृष्ठभूमि बताते हुए शमशेर ने बहुत महत्त्वपूर्ण सूत्र दिया था : "मुक्तिबोध शुक्रवारी में तिलक की मूर्ति के पास ही गली में रहा करते थे। एम्प्रेस मिल के मजदूरों पर जब गोली चली तो रिपोर्टर की हैसियत से वे घटनास्थल पर मौजूद थे। उन्होंने सिरों का फूटना और खून का बहना अपनी आँखों से देखा। 'अँधेरे में' शीर्षक उनकी सशक्त और मार्मिक कविता उनके नागपुर-जीवन के बहुत सारे सन्दर्भ अपने अन्दर समेटें हुए है।" आश्चर्य है कि जिस कवि को- डॉ० रामविलास शर्मा अमूर्त्त रहस्यात्मक अस्तित्ववादी गुहावास में खोया हुआ बताते हैं उसे सौन्दर्यवादी कहे जाने वाले शमशेर ने सीधे 'ऐब्स्ट्रैक्ट नहीं, ठोस' कहा था। और भी—"बहती हवाओं-सा लिरिकल, अर्थहीन-सा कोमल, न कुछ नहीं, बल्कि प्रत्येक पंक्ति में चित्र के उभार को और भी घूरती, और भी ताड़ती हुई आँख से प्रत्यक्ष करता हुआ। अनुभूति के यथार्थ से कतराता हुआ नहीं, बल्कि अपने तर्क और भावना के कुदाल से अनुभव की कड़ी धरती को लगातार गहरे खोदता जाता।"

एक कृति की पूर्ण, निरपेक्ष स्वायत्तता के तर्क से 'अँधेरे में' के अनुभव-मर्म को जानना कठिन है। 'अँधेरे में' को पढ़ते हुए यदि उनकी कविताएँ 'ब्रह्मराक्षस', 'चकमक की चिनगारियाँ', 'अन्तःकरण का आयतन' याद आती हैं तो 'विपात्र', 'पक्षी और दीपक', 'क्लाड ईथरली' कहानियाँ भी याद आती हैं—बल्कि कई बार लगता है मुक्तिबोध की गहरी रचनात्मकता के प्रमुख सूत्र इन रचनाओं को एक साथ देखने से ही हासिल हो सकते हैं। 'ब्रह्मराक्षस' को मानवीय इतिहास की एक दुर्दमनीय प्रवृत्ति 'अन्वीक्षा' का प्रतीक कहा गया है। उसके काव्य-नायक की चरम खोज भी 'अंधेरे में' की कठिनतम खोज के अनुरूप जान पड़ती है।

मैं ब्रह्मराक्षस का सजल-उर शिष्य
होना चाहता
जिससे कि उसका वह अधूरा कार्य,
उसकी वेदना का स्रोत
संगत, पूर्ण निष्कर्षों तलक
पहुँचा सकूँ।

'अँधेरे में' की पंक्तियाँ—"वही जो सिरफिरा पागल क़तई था / आज एकाएक वह जागरित बुद्धि है, प्रज्ज्वलत् धी है"—पढ़कर 'क्लाड ईथरली' कहानी की यह व्याख्या याद आती है—"लेकिन जो आदमी आत्मा की आवाज़ जरूरत से ज्यादा सुन करके हमेशा बेचैन रहा करता है और उस बेचैनी में भीतर के हुक्म का पालन करता है, वह निहायत पागल है।" दुःस्वप्न के भीतर का भीषण दुःस्वप्न मुक्तिबोध की कविताओं, कहानियों में एक ही तरह का अनुभव-संसार निर्मित करता है। जिस तरह की बिम्ब योजना के जरिए मुक्तिबोध यह दुनिया बनाते हैं कि वह संश्लिष्ट भी और आवेगात्मक भी।

प्रसंगवश यहाँ 'कामायनी' के 'आधुनिक बोध' और 'अँधेरे में' के आधुनिक बोध की तुलना की जा सकती है। मुक्तिबोध ने 'कामायनी : एक पुनर्विचार' में लिखा है—"कामायनी एक आधुनिक काव्य है, जिसमें आधुनिक प्रवृत्तियों, तथ्यों तथा प्रश्नों को उपस्थित किया गया है। चूँकि इन आधुनिक तत्त्वों को विशाल फैंटेसी (तथा उसके भीतर अनेक अन्य फैंटेसियों) में घुलमिला दिया गया है, तथा वर्तमान जीवन से आकर्षक दूरी पैदा की गयी है इसलिए कामायनी हमें ऐतिहासिक महाकाव्य जैसी कुछ मालूम होती है।" पर यहीं उन्हें यह कहना भी जरूरी जान पड़ा कि 'कामायनी' के आधुनिक बोध की सीमा यह है कि उसमें प्रश्नों की सच्चाई का पर्यवसान झूठे उत्तरों में है और वह प्रसाद के यथार्थबोध की ही सीमा के कारण। क्योंकि वे उस पर अपनी भाववादी आदर्शवादी पद्धति से वास्तविकताओं पर मुलम्मा चढ़ाने का यत्न करते हैं। कहना जरूरी नहीं कि 'अँधेरे में' का आधुनिक बोध तीखे यथार्थबोध से सम्पन्न है और फैंटेसी के उपयोग के बावजूद उस पर किसी तरह का भाववाद या आदर्शवाद हावी नहीं है। फैंटेसी भी यहाँ यथार्थ के स्तरों को खोलने में ही सार्थक है। 'कामायनी' का फलक निश्चय ही 'अँधेरे में' की तुलना में अधिक विशाल है। वह देवताओं की स्वप्न सृष्टि खंडित होने के बाद मानव सृष्टि की सम्भावनाओं तक का वृहत्तर सन्दर्भ अपने में समेटे हुए है। पर कामायनी में प्रश्न अनुपस्थित हैं, द्वन्द्व गायब है और एक काल्पनिक समरसता का सिद्धान्त कृति के अन्त को सपाट सामान्य बना देता है। इसके विपरीत मुक्तिबोध की कविता 'अँधेरे में' का कैनवैस उतना विशाल न होते हुए भी भीतर-बाहर की वास्तविकताओं के द्वन्द्व को विस्तृत पटकथा में बदल देता है जिसकी भाषा ही 'तेजस्क्रिय' नहीं है अंतर्वस्तु भी प्रश्नमय है—समस्याग्रस्त है। और ये समस्याएँ किसी कल्पित भावलोक की नहीं हैं, इसी समाज की अनोखी विषम वर्ग-संरचना और वर्गीय ग्रन्थियों के सघन विश्लेषण में पैदा हुई हैं। ये समस्याएँ आधुनिक जीवन की जटिलताओं से उतने ही गहरे अर्थ में सम्बद्ध हैं जितने गहरे अर्थ में आत्मसंभवा अभिव्यक्ति की खोज के संघर्ष से जुड़ी है। जहाँ 'कामायनी' में प्रसाद के काव्य-नायक की 'आत्मपरक', 'आत्मभर्त्सना' लिरिकल काव्य की

पर्सनल क्वालिटी पैदा करती है वहाँ 'अँधेरे में' कविता के काव्य-नायक का आत्मसंघर्ष नाटकीय तनाव और औपन्यासिक व्याप्ति के कठिन रूपों को आत्मसात् करते हुए महाकाव्यात्मक ऊँचाई प्राप्त करता है। वास्तविक जीवन की क्रिया-प्रतिक्रियाएँ, घात, प्रतिघात और तीव्र द्वन्द्व ही में 'अँधेरे में' का मूलकथ्य है। 'रीता सामरस्य' 'कामायनी' की सीमा है, तीखी प्रश्नात्मकता 'अँधेरे में' की ताकत। मुक्तिबोध की फैंटेसी भी यथार्थ वैज्ञानिक-बोध से वंचित नहीं है। जबकि 'कामायनी' की फैंटेसी यथार्थ के वैज्ञानिक-बोध के विरुद्ध भाववादी आदर्शवादी-समाधानों की पूर्वकल्पना से संयोजित है। पिकासो के विश्वप्रसिद्ध चित्र को याद करते हुए प्रभाकर माचवे इस कविता को Gvernica in Verse कहते हैं। और इसी जमीन पर मुक्तिबोध का कवि-व्यक्तित्व, शमशेर की दृष्टि में वाल्टव्हिटमैन और मायकावस्की के शिल्प से टक्कर लेता जान पड़ता है—अपनी जमीन पर 'अप्रतिहत और अद्वितीय' का 'अँधेरे में' कृति की राह से गुजरने वालों के लिए दुहरी चुनौती है—कैसे वे 'अँधेरे में' के स्वायत्त संगठन को समझें और कैसे कठोर वस्तु यथार्थ की बाहरी टकराहटों को कृति की आंतरिक सत्ता में ही पहचानें और निर्दिष्ट करें। कहना न होगा कि 'अँधेरे में' की सार्थकता उसके जटिल आंतरिक संगठन और बाहर फैले इतिहास के द्वन्द्व में ही निहित है।

●

'अँधेरे में' : स्वप्न-कथा के माध्यम से कही गई एक सत्य-कथा

—राजेन्द्र कुमार

अँधेरे में होना मनुष्य के स्वभाव में निहित जिज्ञासा के लिए सदैव ही एक चुनौतीपूर्ण स्थिति रही है। अपनी प्राकृतिक सत्ता में भी, अँधेरा जहाँ जगत् और जीवन का एक सर्वातिशायी और आवर्ती सत्य रहा, वहीं मनुष्य के जीवन और उसकी खोजी दृष्टि के लिए एक समस्या भी। यह अँधेरा मनुष्य की रचनात्मक प्रकृति के लिए जब-जब ललकार बनकर उपस्थित हुआ, मनुष्य ने कुछ रचा, कुछ सिरजा। अल्लामा इक़बाल ने सम्भवत: अँधेरे की ऐसी ही ललकार सुनकर, मनुष्य की अपनी रचना-शक्ति को विराट् सृष्टिकर्ता की रचना-शक्ति के मुकाबले में रखते हुए कहा होगा—'तू शब आफ़रीदी, चिराग आफ़रीदम्' (तूने रात बनाई, तो मैंने बनाया चिराग)! मनुष्य की रचनाशीलता की इससे अधिक सटीक परिभाषा और क्या हो सकती है कि जब-जब कहीं कोई रात बनाये और अँधेरा करे, तब-तब मनुष्य चिराग बनाने का कोई न कोई उपाय ढूँढ़ ले! लेकिन जब अँधेरा प्राकृतिक भी न हो, बल्कि मनुष्य के विरुद्ध स्वयं मनुष्य के द्वारा निर्मित हो, तब चिराग बनाने का काम और भी अधिक चुनौती तलब हो जाता है। क्योंकि तब, न तो उस अँधेरे की पहचान प्राकृतिक अँधेरे की पहचान की तरह सरल और सर्वातिशायी होती है और न ही यह तय रहता है कि उस अँधेरे में दिशा खोजने के लिए किस तरह का चिराग बनाया जाना है।

मुक्तिबोध की कविता 'अँधेरे में' एक ऐसी ही चुनौती तलब स्थिति की कविता है। इस कविता में जिस अँधेरे का चित्र है, वह प्राकृतिक अँधेरा नहीं है। वह अपने सारे फैलाव में ('सूनी है राह अजीब है फैलाव / यह सर्द अँधेरा' और 'और ज्यादा गहरा और ज्यादा अकेला अँधेरे का फैलाव') मनुष्य-निर्मित अँधेरा है। इसलिए इस अँधेरे की पहचान मनुष्य के खिलाफ सक्रिय मनुष्य की पहचान से सीधे जुड़ जाती है। कौन है वह ('रक्तपायी वर्ग' और उससे 'नाभिनाल-बद्ध ये सब लोग / नपुंसक भोग-शिरा-जालों में उलझे') जो इस अँधेरे में अपना हित ('भीतर का राक्षसी स्वार्थ') साधता है और कौन है इस अँधेरे में, जिसका सब कुछ दाँव पर लगा है ("....न शरीर में बल है / अँधेरे में गल रहा दिल यह!") और कौन हैं वे 'सहचर', जिनको लेकर यह सामाजिक स्वास्थ्यदायी आकांक्षा की जा सकती है कि 'पाऊँ मैं नये-नये सहचर / सकर्मक सत्-चित्-वेदना-भास्वर!!' यानी अपने वर्ग-

विभक्त समाज के वर्गीय चरित्र की समझ के बिना इस अँधेरे का पूर्ण रहस्य नहीं खुल सकता।

'अँधेरे में' का सम्भावित रचना-काल सन् 1957 से 1962 के बीच माना जाता है। यह वह समय है, जब भारतीय समाज में स्वतन्त्रता-प्राप्ति का आवेग-जन्य उत्साह, धीरे-धीरे राजनीतिक यथार्थ-जन्य आशंकाओं में तब्दील होने लगा था। जिस सत्ता में भारतीय जनता की व्यापक भागीदारी का विश्वास दिलाया गया था तथा समाजवादी ढंग की समाज-रचना का आश्वासन दिया गया था, वह पूँजीपति-वर्ग के हाथों में केन्द्रित हो गयी थी। मुक्तिबोध की वर्ग-चेतस् दृष्टि ने यह बात बहुत शुरू में ही भाँप ली थी : 'नया खून' नामक पत्र में उन्होंने सन् 1955 में लिखा था—"....भारत में पूँजी तीनों ढंग से लगाई जा रही है। अगर भारत में रूसी इस्पात कारखाना सरकारी औद्योगिक क्षेत्र में खुल रहा है तो अमेरिकी सहायता से टाटा अपने इस्पात के कारखाने का बहुत बड़ा विस्तार कर रहा है और बिड़ला ब्रिटिश सहायता से नया इस्पात कारखाना खोल रहा है। तीसरे, प्रत्यक्षतः विदेशी पूँजी भी भारत में आ रही है और आयेगी। मतलब यह कि केन्द्रीय सरकार के सलाहकारों पर ब्रिटिश और अमेरिकी पूँजी का बहुत बड़ा प्रभाव है।.....समाजवादी ढंग की समाज-रचना का तरीका यह नहीं है कि भारत में अमेरिकी पूँजी को पच्चीस वर्ष की गारंटी दी जाय और ब्रिटिश पूँजी के बारे में चूँ तक न किया जाये। इससे एक बात तो सिद्ध होती ही है कि आगामी पच्चीस-तीस वर्षों तक के लिए समाजवादी ढंग टाल दिया गया है" (मुक्तिबोध रचनावली, खण्ड-6, 'समाजवादी समाज या अमेरिकी-ब्रिटिश पूँजी की बाढ़' शीर्षक लेख, पृ० 70)। इस तरह की जिन आशंकाओं को मुक्तिबोध एक सजग और प्रबुद्ध भारतीय नागरिक के रूप में, अपने मन में उठा पा रहे थे, उन आशंकाओं को वे एक संवेदनशील और दायित्व-चेता भारतीय कवि के रूप में, अपनी रचना में गतिशील प्रेरणा का अंग बनाकर रखना चाहते थे। इस तथ्य का साक्षी है वह पत्र, जो मुक्तिबोध ने 9 दिसम्बर, 1963 में अग्नेष्का सोनी को लिखा था। इस पत्र में अपनी कविता 'अँधेरे में' के फलक पर उभारे गये वातावरण की कैफियत बताते हुए मुक्तिबोध ने संकेत किया था—"उसमें एक आशंका है, अँधेरी आशंका का वातावरण है—कहीं हमारे भारत में ऐसा-वैसा न हो!" (मुक्तिबोध रचनावली, खण्ड-6, पृ० 393)।

यह भी आकस्मिक नहीं है कि 'कल्पना' (नवम्बर, 1964) में जब यह कविता छपी तो उसका शीर्षक था—'आशंका के द्वीप : अँधेरे में'। आखिरकार किस 'विशेष मनःस्थिति के प्रवाह में' मुक्तिबोध ने अपनी इस कविता को वह शीर्षक दिया होगा? ध्यान देना चाहिए कि इस कविता के संभावित रचना-काल से लगभग एक दशक पूर्व अज्ञेय अपनी प्रसिद्ध कविता 'नदी के द्वीप' लिख चुके थे।

नदी के प्रवाह के बीच द्वीप की स्थिरता ('स्थिर समर्पण है हमारा') अज्ञेय के यहाँ व्यक्तित्व की विशिष्टता का प्रतीक है। अज्ञेय द्वीपत्व पर मुग्ध होते हैं और उसके साथ अपने व्यक्तित्व के तादात्म्य की स्पृहा करते हैं। इसके विपरीत मुक्तिबोध के यहाँ द्वीपत्व को लेकर आशंका है। क्योंकि उनकी नजर में स्थिरता को व्यक्तित्व की विशिष्टता का प्रतीक मानने का मतलब है—यथास्थितिवादी मानसिकता को प्रश्रय देना और जन-क्रान्ति की तैयारी में अवरोधक बनना। मुक्तिबोध देख रहे थे कि भारत की अधिसंख्य जनता गरीबी के अनियन्त्रित प्रवाह में थपेड़े खा रही है। और इस प्रवाह के बीच भारतीय समाज में अमीरी के टापू, समृद्धि के द्वीप बन रहे हैं। और एक बहुत बड़ी विडम्बना मुक्तिबोध को यह प्रतीत हुई कि हमारे मध्य वर्ग की आँखों में ही यही द्वीप स्वप्न बनकर तैर रहे हैं। उसी की तो परिणति यह हुई—

लोक-हित-पिता को घर से निकाल दिया
जन-मन-करुणा-सी माँ को हँकाल दिया

और अंततः—

जम गये, जाम हुए, फँस गये
अपने ही कीचड़ में धँस गये!!

इस विडम्बना की ओर विशेष ध्यान आकृष्ट करने के लिए ही शायद उन्होंने अपनी कविता के शीर्षक में 'अँधेरे में' के साथ 'आशंका के द्वीप' भी टाँक दिया होगा। बाद में हो सकता है, उन्होंने सोचा हो कि पूरी कविता अपने कथ्य में, अनुभवों की जिस द्वन्द्वात्मकता से गुजरकर सम्भव हुई है, 'आशंका का द्वीप' से तो उसका केवल एक पक्ष द्योतित होता है। इसके विरुद्ध उसका दूसरा पक्ष भी है— "इस तम-शून्य में तैरती है जगत्-समीक्षा" जो मध्यवर्गीय संस्कारों के रहते कितनी भी असह्य हो लेकिन जिसके बारे में लिया गया मूल निर्णय यही है—"नहीं, नहीं, उसको मैं छोड़ नहीं सकूँगा / सहना पड़े चाहे जो भले ही!" चूँकि पूरी कविता मध्यवर्गीय संस्कारों के अतिक्रमण के द्वारा जन-क्रान्ति में योग देने लायक बनने के लिए किये गये संघर्ष की कविता है और चूँकि आशंका और आश्वस्ति, आशंका और संकल्प के द्वन्द्व में, कविता की चेतनागत अग्रसरता मूलतः 'विवेक प्रक्रिया, क्रियागत परिणति' की आश्वस्ति और 'परम अनिवार आत्म-संभवा अभिव्यक्ति' की खोज का जोखिम उठाने के संकल्प की ओर है, इसलिए भी 'आशंका के द्वीप' का 'अँधेरे में' के साथ शीर्षक में होना मुक्तिबोध को आवश्यक न लगा हो, तो यह उचित ही है।

'अँधेरे में' के कथ्य के विचारधारात्मक अभिप्रायों को लेकर हिन्दी के आलोचकों के बीच काफी विवाद है। लेकिन सहमति के एक न्यूनतम बिन्दु पर प्रायः सबने इसमें 'खोज' और 'संघर्ष' के स्वरों की आद्योपांत समाहिति स्वीकार की है! 'खोज' एक ऐसी वृत्ति है जिसमें साहित्य, दर्शन और विज्ञान—प्रायः इन

तीनों का साझा रहा है। साहित्य और दर्शन की भारतीय परम्परा में इसे ज्यादातर आध्यात्मिक और रहस्यवादी सन्दर्भ में ही विशेष महत्त्व मिला और विज्ञान की परम्परा में, भौतिक तथा पादार्थिक ज्ञान के सन्दर्भ में। परम्परा के इस छोर पर, जहाँ से हमने वस्तुतः आधुनिक होना महसूस किया, इस खोज-वृत्ति का, उस तरह, संवेदना और ज्ञान के स्तर पर दो फाँक बने रह पाना कठिन होने लगता है। मुक्तिबोध इस कठिनाई को अपनी चेतना में पूरी तरह झेलते हैं। इससे उनका कवि-व्यक्तित्व जटिल होता है, किन्तु 'जागरित-बुद्धि' और 'प्रज्वलित-धी' भी! अकारण नहीं है कि 'ज्ञानात्मक संवेदना' और 'संवेदनात्मक ज्ञान' जैसे पद हमें किसी मध्यकालीन कवि या काव्यशास्त्री के यहाँ नहीं मिलते, आधुनिक कवि के यहाँ मिलते हैं, और इस पर भी विशेष उल्लेखनीय यह कि जिस आधुनिक कवि के यहाँ मिलते हैं, वह मुक्तिबोध ही है, निराला भी नहीं! यह केवल मध्यकालीन बोध और आधुनिक बोध के अन्तर का परिणाम नहीं है, बल्कि यह आधुनिक बोध के अन्तर्गत भी—मात्र 'विचार' से 'विचारधारा' की ओर बढ़ते हुए यथार्थ की ठोस जमीन पर आने की प्रक्रिया की परिणति है—जिसको मुक्तिबोध ने कहा—'विवेक-प्रक्रिया, क्रियागत परिणति'।

मध्यकालीनता की सीमा-रेखा जहाँ तक आती है, वहाँ तक 'ज्ञान' शब्द अपनी पावनता में, अपने परम्परागत पावित्र्य में पूरी तरह सुरक्षित है। क्योंकि ज्ञान भी वहाँ संवेदना से बाहर नहीं है, भक्ति और आध्यात्म की संवेदना के वृत्त में ही है। वह निरा पदार्थीकृत होता तथ्यात्मक ज्ञान नहीं है। मगर ज्ञान का आधुनिक प्रत्यय तो तथ्यात्मक होने की प्रक्रिया में ही विकसित हुआ। साहित्य के 'रचना' होने की शर्त यह है कि नितान्त तथ्यात्मक वह हो नहीं सकता। किन्तु इसके साथ ही, अब यह तय है कि तथ्यात्मकता ने हमारे अनुभव को प्रत्यक्ष यथार्थ का जो आधार दिया है, उसे तजकर चलने में भी साहित्य की कोई गति नहीं है। इसलिए आधुनिक कवि को ज्ञान और संवेदना, दोनों की चिन्ता करनी पड़ती है। इसी चिन्ता के कारण निराला अपने राम को जिस शक्ति की खोज में प्रवृत्त दिखाते हैं, उसके लिए उन्हें 'मौलिक कल्पना' की आवश्यकता पड़ती है ('शक्ति की करो मौलिक कल्पना, करो पूजन')! यह आधुनिक विचार का वह धरातल है, जहाँ कल्पना की स्वायत्तता (अयथार्थ) की नहीं, कल्पना की मौलिकता की गुहार है। मौलिकता भी दोहरे अर्थों में—मूलवर्तिता (मूल, यानी परम्परा की जड़ों से विच्छिन्न न होना) के अर्थ में भी और नवीनता (सामयिकता) के अर्थ में भी! मूलवर्तिता के नाम पर निराला की कविता में आध्यात्मिकता और रहस्यवादिता भी खप जाती है। लेकिन मुक्तिबोध 'विचार' से भी आगे 'विचारधारा' तक पहुँचे हुए कवि हैं। समाज में मानवीय शक्ति की खोज में जब वे विकल होते हैं तो अमूर्त विचार उन्हें सहारा नहीं दे पाते, थाम नहीं पाते। उनके 'सपनों में चलता है आलोचन / विचारों के चित्रों की

अवलि में चिन्तन!' और तब वे एक ठोस विचारधारा के सहारे अपनी खोज में अग्रसर होते हैं। किसी भी विचारधारा के साथ यान्त्रिक होने का जो खतरा रहता है, मुक्तिबोध उसे पूर्णतया पहचान चुके होते हैं। वे विचारधारा को यान्त्रिक प्रक्रिया को नहीं, बल्कि मानवीय प्रक्रिया का अंग बनाते हैं। और इस प्रक्रिया को पूरी समाज-रचनात्मक गति देने के लिए, हृदय और बुद्धि दोनों की परस्पर पूरकता का महत्त्व स्वीकार करते हैं। ज्ञानात्मक संवेदना और संवेदनात्मक ज्ञान के स्तरों का एकीकरण उनके काव्य-बोध में इसी अर्थ में अपने लिए जगह बनाता है।

यह एकीकरण हृदय और बुद्धि के द्वन्द्व के उस समाधान से सर्वथा भिन्न है जो कामायनीकार को उपलब्ध हुआ था। कामायनी के मनु का आत्मसंघर्ष उसको द्वन्द्वातीतता की स्थिति (कैलास) में पहुँचाकर समाप्त हो जाता है—

मनु ने कुछ-कुछ मुसक्या कर
कैलास ओर दिखलाया।
बोले, देखो कि यहाँ पर
कोई भी नहीं पराया!

ऐसी द्वन्द्वातीतता मनु की वैयक्तिक सिद्धि तो हो सकती है लेकिन उसकी सामाजिक मूल्यवत्ता में मुक्तिबोध को गहरा अविश्वास था। मनु की वैयक्तिक सिद्धि का स्वरूप यह है—

मैं की मेरी चेतनता
सबको ही स्पर्श किए-सी।

जबकि मुक्तिबोध को वह सामाजिक सिद्धि अभीष्ट है, जो इस प्रक्रिया का अंग हो—

विवेक चलाता तीखा-सा रन्दा
चल रहा बसूला
छीले जा रहा मेरा यह निजत्व ही कोई।

और जिसमें 'मैं' सक्रिय होकर 'हम' में इस तरह तब्दील हो जाय कि यह विश्वास प्राप्त कर ले—

समस्वर, समताल,
सहानुभूति की सनसनी कोमल!!
हम कहाँ नहीं हैं
सभी जगह हम!
निजता हमारी?

कामायनी के मनु की वैयक्तिक सिद्धि, हद से हद, किसी प्रक्रिया का अन्त ही हो सकती है, किसी प्रक्रिया का आरम्भ बन पाना उसके लिए सम्भव नहीं रह जाता। 'अँधेरे में' के काव्य-नायक के लिए वैसी द्वन्द्वातीतता सामाजिक विकास की यथार्थ प्रक्रिया से कतई मेल खाने वाली नहीं होती। इसलिए मुक्तिबोध के लिए वह

अर्थहीन है। कामायनी के अन्त में आदर्श मनुष्य की परिकल्पना यह है कि वह 'चेतन का साक्षी मानव, हो निर्विकार हँसता-सा' और 'सब भेद-भाव भुलवा कर, दुःख-सुख को दृश्य बनाता' यह कहे कि 'यह मैं हूँ।' यह है प्रसाद के द्वारा मनु के माध्यम से की गई मनुष्य की अस्मिता की खोज! और इस खोज में जो हाथ लगा, वह वस्तुतः आदर्श मनुष्य नहीं, बल्कि अमूर्त मनुष्य है। क्योंकि अपने मूर्त (भौतिक) अस्तित्व में मनुष्य स्वयं चेतन है, 'चेतन का साक्षी'-मात्र नहीं। दुःख-सुख को अलग से वह अपने लिए 'दृश्य' नहीं बनाता, दुःख-सुख में स्वयं दृश्यमान होता है। मुक्तिबोध जब लिखते हैं—'आत्मा में भीषण / सत्-चित्-वेदना जल उठी, दहका' तो ऐसे ही दृश्यमान मनुष्य का पता देते हैं। वह मनुष्य और अधिक स्फूर्ति अर्जित करता है ('मेरा यह चेहरा / धुलता है जाने किस अथाह गम्भीर, साँवले जल में.....') द्वन्द्व की इस स्थिति में आकर—

चक्र से चक्र लगा हुआ है....
जितना ही तीव्र है द्वन्द्व क्रियाओं घटनाओं का
बाहरी दुनिया में,
उतनी ही तेज़ी से भीतरी दुनिया में,
चलता है द्वन्द्व कि
फ़िक्र से फ़िक्र लगी हुई है।

'अँधेरे में' कविता के आरम्भ में दीवाल पर पपड़ी उचटने से जो आकृति ('नुकीली नाक, भव्य ललाट, दृढ़ हनु') उभरती है, वह भी काव्य-नायक को 'मनु' का आभास देती है, परन्तु इस विकल जिज्ञासा के साथ कि 'कौन मनु?' यह जिज्ञासा एक ओर तो काव्य-नायक के मन की अनिश्चयात्मक स्थिति की व्यंजक है, दूसरी ओर उसकी दृष्टि की इस निश्चयात्मक प्रतीति की भी, कि यह मनु कामायनी जैसे महाकाव्य द्वारा परिचित कराया गया मनु नहीं हो सकता। दरअसल, यह एक प्रकार से कामायनीकार के मन के मनु से असंतुष्ट होकर, उसके अपेक्षाकृत अधिक सही और सार्थक विकल्प के रूप में कल्पित मुक्तिबोध के मन का अभीष्ट मनु है। इसकी मूल प्रकृति है—निरन्तर द्वन्द्वात्मक प्रक्रिया में रहना। कविता के शुरू में 'हृदय में रिस रहे ज्ञान का तनाव वह' है तो कविता के अखिरी पड़ाव पर भी 'उद्विग्न ज्ञान-तनाव वह है। वह न खुद द्वन्द्वातीत होना चाहता है और न काव्य-नायक या वाचक को द्वन्द्वातीत होने देना चाहता है।

अपनी द्वन्द्वात्मक प्रकृति के कारण यह मनु कामायनी वाली 'समरसता' के आदर्श से अपना पथ अलग कर देता है। वह 'अँधेरे में' के काव्य-नायक को स्थितप्रज्ञ बनाने के लिए नहीं, बल्कि 'गतिप्रज्ञ' बनाने के लिए आया है। क्योंकि वह व्यक्तिवाद की अहंग्रस्त प्रवृत्तियों (जो कि बकौल मुक्तिबोध, "पूँजीवाद के ह्रास-ग्रस्त स्वरूप में ही उत्पन्न हो सकती है") का प्रतीक बनकर नहीं रह जाना चाहता

वह अहंकार और जन-विरोधी प्रभुत्व-लालसा (जो पूँजीवाद की प्रधान विशेषताएँ हैं) के विरुद्ध संघर्षशीलता का जनचरित्री प्रारूप रखना चाहता है। इसीलिए, वह खुद भी अपने को कहीं भी 'एक स्थिति' में नहीं, निरन्तर 'एक गति' ('विद्युल्लहरिल वही गतिमयता') में रखता है। शुरू में वह 'अनजानी, अनपहचानी आकृति' के रूप में अपना आभास कराता है, फिर लगातार स्पष्टतर होने के क्रम में रूपान्तरित होता जाता है। (''फैंटेसी, जो शुरू में एक आभास-रूप होती है, वह तुरन्त ही अनेक चित्रों की सुसंगत पाँत बनने लगती हैं।'') 'अँधेरे में' के काव्य-नायक की पूरी यात्रा में वह, बाहर और भीतर से उसका दिशा-निर्देशन करता है। बाहर वह कभी 'सलिल के तमश्याम शीशे में कोई श्वेत आकृति' बनकर उभरता है, कभी 'कुहरे के सामने, रक्तालोक-स्नात-पुरुष एक' बनकर। भीतर वह 'हृदय में रिस रहे ज्ञान का तनाव', 'आत्मा की प्रतिमा' बनकर उतरता है। बाहर और भीतर से घनीभूत होती उसकी यह आत्मीय पहचान कविता के अन्त में एक व्यापक समाज-रचनात्मक (सोशियो-क्रिएटिव) मूल्य में परिणत होती है क्योंकि वह क्रान्तिधर्मी 'जनयूथ' के साथ एकात्म होने की प्रेरणा देती है—

> एकाएक वह व्यक्ति
> सामने
> गलियों में, सड़कों पर, लोगों की भीड़ में
> चला जा रहा है
> वही जन जिसे मैंने देखा था गुहा में।

'वह व्यक्ति' ('दिखाई जो देता / पर नहीं जाना जाता' तथा जिसे देखकर शुरू में यह प्रश्न उठता था—'कौन मनु'?) अब 'वही जन' है। इतना ही नहीं, शुरू में जो 'कोई अनजानी, अनपहचानी आकृति' था, अब वही 'अनखोजी, निज समृद्धि का परम उत्कर्ष' है।

कवि मुक्तिबोध द्वारा 'अँधेरे में' के काव्य-नायक की समस्या के मूल बिन्दु को 'अनजानी' से 'अनखोजी' तक स्थानान्तरित करके आना विशेष अर्थ-गर्भित है। जीवन और जगत् के 'अनुभव, वेदना, विवेक-निष्कर्ष' को हमारे मानस में जो 'तेजो प्रभावमय' अन्विति ग्रहण करनी चाहिए, वह सुविधावादी आत्मग्रस्तता के हमारे मध्यवर्गीय संस्कारों के दबाव-तले अनजानी रह जाती है। इसलिए पहली समस्या तो यही है कि उसके वास्तविक परिज्ञान के लिए आत्म-संघर्ष किया जाए। लेकिन फिर मात्र परिज्ञान भी, सामाजिक संघर्ष के सन्दर्भ में, कोई अन्तिम स्थिति नहीं है। उसके किसी पाये हुए स्तर में सन्तुष्ट होकर रह जाने का कुछ अर्थ नहीं होता। (तभी तो 'असंतोष मुझको है गहरा / शब्दाभिव्यक्ति-अभाव का संकेत।') उसकी सार्थकता तो एक अनवरत प्रक्रिया में चरितार्थ होने से ही होगी। (यह कभी न खत्म होने वाली प्रक्रिया ही मुक्तिबोध के यहाँ 'कभी न खत्म होने वाली कविता'

की धात्री है।) इसी प्रक्रिया में 'अँधेरे में' का काव्य-नायक यह जान पाता है कि जिस समाज में वह है, उसमें उसके होने का (उसके अस्तित्व का) अर्थ क्या है। और फिर यह भी कि सवाल केवल अपनी भूमिका को जान लेने भर का नहीं है, बल्कि अविरत उसकी सक्रियता की खोज करने का है—"परम अभिव्यक्ति / अविरत घूमती है जग में!" सक्रिय होना ही तो अभिव्यक्त होना है। इस 'परम अभिव्यक्ति' को 'अनिवार' और 'आत्म-संभवा' कहा गया। 'अनिवार' इसलिए कि समाज के ऐतिहासिक विकास-क्रम द्वारा अर्जित आघूर्ण (मोमेंटम) इसके पीछे है, जिसे कोई प्रतिगामी शक्ति कितना भी बाधित करे लेकिन रोक नहीं सकती। और 'आत्म-संभवा' इसलिए कि जो रचनात्मक संघर्ष इसे रूप देता है, वह पूरी निष्ठा और ईमानदारी से व्यक्ति को खुद करना है। यहाँ यह भी उल्लेख कर देना अनुचित न होगा कि मुक्तिबोध के सन्दर्भ में जिसे हम उनका आत्म-संघर्ष कहते हैं, वह वास्तव में उनके रचनात्मक संघर्ष और सामाजिक संघर्ष के योगफल का नाम है।

संघर्ष की अवधारणा को वैज्ञानिक स्वरूप देने वालों में आधुनिक काल के तीन मनीषियों—डार्विन, मार्क्स और फ्रायड को विशेष श्रेय दिया जाता है। डार्विन के विकासवाद, फ्रायड के मनोविश्लेषणवाद और मार्क्स के द्वन्द्वात्मक भौतिकवाद के अन्तर्गत क्रमशः 'अस्तित्व के लिए संघर्ष', 'मन:संघर्ष' तथा 'वर्ग-संघर्ष' के सिद्धान्तों ने मनुष्य की सोच और व्यवहार की दिशाएँ ही बदल डालीं। हिन्दी के आधुनिक साहित्य का अध्ययन और विश्लेषण इस क्षेत्र की यह एक विडम्बना ही कही जाएगी कि आधुनिक-रचनानुभव में उपर्युक्त तीनों सिद्धान्तों के समग्र प्रभाव की चिन्ता करने के बजाय सामान्यतया उन्हें क्रमशः तीन वादों—प्रकृतिवाद, मनोविश्लेषणवाद और प्रगतिवाद के खेमों में बाँटकर देखा गया। मुक्तिबोध का काव्य ऐसा अनर्गल बँटवारा करके चलने वालों के लिए आँख खोलने वाला साबित हो सकता था। लेकिन यहाँ भी एक दुर्घटना यह हुई कि मार्क्सवाद बनाम अस्तित्ववाद-रहस्यवाद के बीच ही उनकी खींचातानी होती रह गयी। जबकि मुक्तिबोध अपनी अभिव्यक्ति का मार्ग तलाशने के लिए ज्ञान-विज्ञान के अनेकानेक स्रोतों को मथ डालना चाहते थे—"बहुत-बहुत तबीयत होती है कि ऐसा देशी-विदेशी साहित्य हाथ में आ जाय जिसके द्वारा मेरी अपनी समस्याओं पर कुछ प्रकाश पड़े, कुछ राहत मिले, कोई मार्ग प्राप्त हो" (मुक्तिबोध रचनावाली, खण्ड-4, पृ० 97, 'अकेलापन और पार्थक्य' शीर्षक लेख)। अपने एक विस्तृत लेख 'समीक्षा की समस्याएँ' में मुक्तिबोध आधुनिक रचनाकारों की संवेदनात्मक ग्रहणशीलता के संघर्ष में सीधे-सीधे यह प्रश्न समीक्षकों के सामने रखते हैं। "ज्ञान के कण जहाँ भी मिलें, जहाँ भी प्राप्त हों, उन्हें तुरन्त अपने आकुल संवेदनों द्वारा उठाकर कृतज्ञ होना, और मुग्ध भाव से उन्हें स्वीकार करना, क्या आवश्यक नहीं है?" (मुक्तिबोध रचनावली, खण्ड-5, पृ० 156)। इसलिए अस्तित्ववाद और रहस्यवाद के

आच्छादन से मुक्त संघर्षशीलता का तेज यदि मुक्तिबोध की कविता में देखना है तो केवल मार्क्सवाद के परिप्रेक्ष्य में उसकी जाँच-परख से काम न चलेगा बल्कि उसे विकासवाद और मनोविश्लेषणवाद के परिप्रेक्ष्य में भी रखकर जाँचना होगा।

'संघर्ष' मुक्तिबोध की कविता का केन्द्रीय तत्त्व है। संघर्ष को एक ठोस भूमि प्रदान करने वाली विचारधारा के रूप में उन्होंने मार्क्सवाद को स्वीकार किया। मार्क्स ने दुनिया को बदलने के लिए, दुनिया को देखने और समझने की जो दृष्टि दी, उसी की ओर इशारा करती प्रतीत होती है मुक्तिबोध की कविता की यह पंक्ति—'इस तम-शून्य में तैरती है जगत्-समीक्षा की हुई उसकी!' लेकिन इस 'जगत्-समीक्षा' में विकासवाद और मनोविश्लेषणवाद भी जाने-अनजाने सहारा देने आ जाये तो मुक्तिबोध को उससे सर्वथा परहेज हो, ऐसा नहीं लगता।

विकासवाद की कई उपपत्तियों को अपने दर्शन का आधार बनाने में स्वयं मार्क्सवाद ने परहेज नहीं किया, और न मार्क्सवाद से प्रेरित-प्रभावित प्रगतिवाद ने। पर इस सिलसिले में मुक्तिबोध के मन में यह बात बहुत स्पष्ट है कि ''दार्शनिक दृष्टि से प्रगतिवाद विकासवाद में विश्वास रखता है, लेकिन वह डार्विन का वैज्ञानिक विकास नहीं है जो कार्य-कारणवाद को यांत्रिक अर्थ देता है'' (मुक्तिबोध रचनावली, खण्ड-5, 'प्रगतिवाद : एक दृष्टि', पृ० 30)। प्रकृतिवादियों ने मनुष्य की उद्दाम आदिमता को वैज्ञानिक सिद्ध करने के लिए यांत्रिक तौर पर डार्विन का जो सहारा लिया, उसका हश्र सर्व-विदित है। लेकिन डार्विन के विकासवाद के अन्तर्गत 'योग्यतम की जीवितता' (सरवाइवल ऑफ दि फिटेस्ट) का नियम 'अस्तित्व के लिए संघर्ष' (स्ट्रगल फॉर एग्ज़िस्टेन्स) को आस्था की जिस जैविक व्यवस्था से जोड़ती है, मुक्तिबोध उसको यांत्रिक अर्थ में कतई नहीं लेते। अलबत्ता सांस्कृतिक अर्थ में, उसके कुछ समाज-रचनात्मक (सोशियो-क्रिएटिव) संकेत मुक्तिबोध की कविता में पाये जा सकते हैं। कामायनी की विवेचना करते समय मुक्तिबोध 'इडा' के प्रमुख सिद्धान्तों के रूप में डार्विन के विकासवाद का अक्स देख चुके थे और उसकी तीखी आलोचना करते हुए उन्होंने लिखा था—''वह जीवन-संघर्ष में 'योग्यतम की विजय' वाले सिद्धान्त को विश्व का चिरन्तन नियम मानता है, किन्तु पूँजीवादी नियम विधान के प्रतिकूल जाने वाले के लिए उसके मन में कोई सहानुभूति नहीं'' (मुक्तिबोध रचनावली, खण्ड-4, पृ० 295)। इसलिए मुक्तिबोध विकासवाद के वैसे अक्स से बचते हैं। विशेष रूप से 'अभिव्यक्ति' को जब वे 'परम' और 'अनिवार' कहकर निरूपित करते हैं तो इसलिए भी कि मानव-समाज में अपने अस्तित्व के लिए संघर्ष में जो शक्तियाँ रहती हैं, हममें से हरेक की सोच और आचरण में अनिवार्यतया उन्हीं शक्तियों में से किसी न किसी की अभिव्यक्ति होती है। दूसरे शब्दों में, अभिव्यक्तियों की भी अपनी-अपनी वर्गीय प्रजातियाँ और अपने-अपने समुच्चय होते हैं। इनके साथ 'प्राकृतिक वरण' (नेचुरल सेलेक्शन)

का नहीं, सामाजिक वरण (सोशल सेलेक्शन) का सिद्धान्त लागू होता है। इनमें से जो सामाजिक विकास के लिए 'अनुकूल परिवर्तन की क्षमता' से रहित होती हैं, उनका अस्तित्व मिटना ही मिटना है। 'अँधेरे में' का रात में निकलने वाला जुलूस 'अनुकूल परिवर्तन की क्षमता' से रहितता की ऐसी ही अभिव्यक्ति है। इसीलिए उसके बारे में कहा गया है कि 'यह शोभा-यात्रा है किसी मृत्यु दल की' और 'भयानक गहन मृतात्माएँ इसी नगर की / हर रात जुलूस में चलतीं।' जो 'योग्यतम' (फिटेस्ट = संघर्ष की दिशा में पूर्ण सक्षम = मार्क्सवादी शब्दावली में 'सर्वहारा' की संघर्ष-चेतना) की अभिव्यक्ति होगी, वही अभिव्यक्ति 'परम' है और वह 'अनिवार' है (यानी वही 'सरवाइव' करेगी)! सामन्ती अवशेषों वाले अपने वर्तमान पूँजीवादी समाज में आज हम संत्रस्त होकर जिस वैयक्तिक विकासवाद को फलता-फूलता देख रहे हैं, उसमें तो योग्यतम उसी को मान लिया गया है जो अधिकारसम्पन्न ('मंत्री, उद्योगपति और विद्वान्.....') है और जो आतंककारी बाहुबल वाला है ('हत्यारा कुख्यात डोमाजी उस्ताद')! मुक्तिबोध की कविता इस वैयक्तिक विकासवाद के खतरों के प्रति आगाह करती है, मगर इस तरह नहीं कि उससे हम भयभीत होकर रह जाएँ, बल्कि इस तरह कि उसके विरुद्ध अपने को तैयार करते हुए उसके अन्त की आशा पा सकें।

जहाँ तक फ्रायड-कृत मनोविश्लेषण और मन:संघर्ष की व्याख्या का सम्बन्ध है, मुक्तिबोध उसे सैद्धान्तिक रूप में उतना नहीं लेते, जितना एक तकनीक के रूप में। बल्कि कहना चाहिए, एक दोहरी तकनीक के रूप में। 'अँधेरे में' के काव्यनायक (मध्यवर्गीय व्यक्ति) के व्यक्तित्वांतरण की तकनीक के रूप में भी, और स्वयं अपनी इस कविता के 'फार्म' को निर्धारित करने वाली तकनीक के रूप में भी! 'अँधेरे में' का काव्य-नायक अपनी चेतना या अपने मन के जिन अलग-अलग स्तरों पर क्रियाशील मिलता है, वे फ्रायड द्वारा विवेचित मन:-रचना के ही स्तर हैं। 'तिलिस्मी खोह', 'गुहा', 'खड्डे'—ये सब व्यक्ति-मन के अचेतन स्तर के वाची हैं। वैसे अक्सर सीधे-सीधे भी 'अचेतन' शब्द का प्रयोग मुक्तिबोध करते हैं—('गिरा दिया गया मैं / अचेतन स्थिति में')! मध्यवर्गीय सांस्कारिक भीरुता, सुविधा-लोलुपता तथा असुरक्षा की भावना आदि के कारण व्यक्ति के चेतन-स्तर की आकांक्षाएँ अचेतन में दब जाती हैं—'अनुभव, वेदना, विवेक-निष्कर्ष / मेरे ही अपने, यहाँ पड़े हुए हैं!' ऐसा हो जाने देने में, व्यक्ति जो जब अपनी खुद की वर्गीय कमजोरियों का हाथ होने का पता चलने लगता है, तो उसी से उसके मन के चेतन-स्तर पर आत्मग्लानि का यह स्वर उभरता है—

> हाय, हाय! मैंने उन्हें गुहा-वास दे दिया
> लोक-हित क्षेत्र से कर दिया वंचित
> जनोपयोग से वर्जित किया और

निषिद्ध कर दिया
खोह में डाल दिया!!

आत्मग्रस्त व्यक्तित्व द्वारा अपना सामाजिकीकृत रूप पाने की आकांक्षा चेतन स्तर पर तृप्त नहीं हो पाती तो अचेतन-स्तर पर ढकेल दी जाती है। वहाँ से वह अवचेतन में उभरती है। अवचेतन ही वह मंच है जहाँ चेतन-अचेतन का द्वन्द्व अभिव्यक्ति पाता है—'तिलिस्मी खोह का शिलाद्वार / खुलता है धड़ से!'

अवचेतन का स्वरूप मुक्तिबोध की दृष्टि में फ्रायड से किंचित् भिन्न है, परिष्कृत है—"मैं अपनी एक बात स्पष्ट कर दूँ कि फ्रायड का (सब-कांशस) केवल दमित इच्छाओं का पुंज-मात्र है। मेरे लिए वह केवल यही न होकर प्राकृत शक्ति का एक गतिमान प्रवाह है जिसके तत्त्व समाज से प्राप्त होते हैं, संस्कारों द्वारा, आनुवंशिकता द्वारा यह प्रवाह अपने शक्ति-रूप में व्यक्तिगत (जेनोटाइप) होता है। परन्तु प्रवाह में बहने वाले तत्त्व सामाजिक ही होते हैं" (मुक्तिबोध रचनावली, खण्ड-5, 'साहित्य में व्यक्तिवादी आदर्श', पृ० 33-34)।

यह अवचेतन ही 'अँधेरे में' की सारी फैंटेसी की रंगभूमि है। यहीं घूमता है 'तिलिस्मी खोह में गिरफ्तार कोई एक' ....गहन रहस्यमय अंधकार-ध्वनि-सा / अस्तित्व जनाता / अनिवार कोई एक!' यहीं 'घुसती है लाल-लाल मशाल अजीब-सी!' यहीं 'दिया जल रहा है / पीतालोक प्रसार में काल गल रहा है!' यहीं से व्यक्ति अपने संस्कारों की 'जंगखायी, जमी हुई, जबरन / चिटखनी हिलाकर / जोर लगा / दरवाजा खोलता है' और 'झाँकता है बाहर!' यहीं है वह गैलरी, जहाँ से वह 'मृत दल की शोभा-यात्रा' देखता है और यहीं आ जाता है वह पागल भी, जो 'छोड़ सिर-फिरापन / बहुत ऊँचे गले से / गा रहा कोई पद / कोई गान / आत्मोद्बोधमय!' वह 'नीली झील' जिसमें 'प्रतिपल काँपता रहता / अरुण कमल एक', वह 'गेरुआ मौसम' जिसमें 'उड़ते हैं अंगार', बहती हैं 'वेदना नदियाँ, वह रात', जिसके 'किसी अनपेक्षित क्षण में ही सहसा / प्रेम कर लिया हो मनोहर मुख से / जीवन भर के लिए' और जिसमें रची-बसी रह जाती है 'अज्ञात प्रणयिनी' की यादें—इन सबके लिए यहाँ निर्बाध अवसर हैं, विपुल अर्थ-संगत अवकाश है। बीच-बीच में यहीं तॉल्स्तॉय, अजीगर्त, तिलक, गाँधी—ये सब भी, मिथक और इतिहास की सीमाओं को लाँघते-फलाँगते, बदले हुए समाज में अपनी वर्तमानता का जायजा लेने ही नहीं, बल्कि स्वयं अपने निर्मम और निस्संग आत्म-साक्षात्कार की भी चुनौती झेलने चले आते हैं। मिथक और इतिहास को अपनी संवेदना में लेकर इतनी तटस्थता से उनको पुनर्विचार और आलोचना का विषय बनाने की वह अनूठी कला मुक्तिबोध की अपनी ईजाद की हुई है।

दरअसल, वह सब, जिसमें 'अँधेरे में' की फैंटेसी रची जाती है, मात्र विवरणों का जंजाल नहीं है। यह 'अँधेरे में' के काव्य-नायक और उसके रचयिता

के आंतरिक व्यक्तित्व में सामाजिक तत्त्वों का रचनात्मक संश्लेष है। अपने एक लेख ('साहित्य में व्यक्तिगत आदर्श') में मुक्तिबोध ने कलाकार के आंतरिक व्यक्तित्व को 'समाज वृक्ष का फूल' कहा है और उसका सौन्दर्य उद्घाटित करते हुए लिखा है कि वह "उसकी विकास-तृषाओं का संगठित और एकीकृत पुंज है, जो तृषाएँ एक ओर उसकी अवचेतन शक्ति रहते हुए आदर्श-स्वप्न, या कह लीजिए कल्पना-स्वप्न बनकर चेतन-मार्ग द्वारा समाज-प्रकाश प्राप्त कर लेती हैं तो दूसरी ओर, समाज-व्यक्ति द्वन्द्व में व्यक्ति को समाज के ऊपर और समाज को व्यक्ति के ऊपर विजय प्राप्त कराती है" (मुक्तिबोध रचनावली, खण्ड-5, पृ० 33)। 'अँधेरे में' की फैंटेसी आद्यंत यथार्थवादी रचना-दृष्टि का अंग बने रहने में इसलिए सफल है क्योंकि वह अपने गर्भ में 'विकास-तृषाओं' को पोसने में सक्षम है। अपने फैंटेसी-शिल्प को 'विकास-तृषाओं' के पोषण का माध्यम बनाने की भरपूर चिंता मुक्तिबोध को रहती है क्योंकि वे यह जान चुके हैं कि "ये ही विकास-तृषाएँ अपनी अवचेतन आदिम स्थिति-रूप में मनुष्य को आगे बढ़ने के लिए धक्का देती हैं और आदर्श स्वप्न बनकर मोहित करती, तर्क प्रदान करती और सक्रियता की ओर बढ़ा ले जाती हैं। इसी अर्थ में वे उसकी भावना-बुद्धि (ब्रेन ऑफ पैशन) हो जाती हैं" (मुक्तिबोध रचनावली, खण्ड-5, पृ० 33)।

'अँधेरे में' की फैंटेसी अपनी बुनावट में मूलतः स्वप्न-कथामूलक है। इस स्वप्नकथामूलकता का, मुक्तिबोध की कविता में केवल मनोवैज्ञानिक ही नहीं, एक विशिष्ट ऐतिहासिक परिप्रेक्ष्य भी है। स्वतन्त्रता-प्राप्ति के फौरन बाद के दिनों में नये भारत का जो भी चित्र कल्पना में लाया जाता था, उसे सामान्यतया 'गाँधी के सपनों का भारत' या 'नेहरू के सपनों का भारत' कहने का शोर बरपा हुआ था। लेकिन ये सपने यथार्थ से कोसों दूर होते हुए, खुद स्वप्न-द्रष्टाओं के लिए किस तरह अजनबी होने लगे, इसका बहुत सीधा हवाला मुक्तिबोध की एक अन्य कविता 'भविष्य-धारा' (सम्भावित रचना-काल-1958 के बाद) की इन पंक्तियों में मिलता है—

> एक जमाने में जो मेरे ही थे;
> बहुत स्वप्न-द्रष्टा थे;
> कवि थे, चिन्तक और क्रान्तिकारी थे
> क्या हो गया तुम्हें अब—
> प्रतिदिन कर उपलब्ध सत्य
> अब खो देते अगले क्षण ही
> निज द्वारा अनुसन्धानित होते हैं अन्तर्हित
> बाहरी ज़िन्दगी के हो-हल्ले-मेले में
> अपने अनुभव के पुत्र गवाँ देते हो क्यों
> क्यों बिछुड़े तुम अपनों ही से!

'प्रतिदिन कर उपलब्ध सत्य' अगले क्षण ही जहाँ खो देने की आशंका हो (और यह आशंका 'अँधेरे में' कविता में और अधिक प्रगाढ़ हो जाती है क्योंकि 'सत्य से सत्ता के युद्ध का रंग' इसमें ज्यादा चटक है, ज्यादा गाढ़ा), वहाँ मुक्तिबोध को कवि का ऐतिहासिक दायित्व यह नजर आता है कि वह हर उपलब्ध सत्य को निजी ज्ञान और संवेदना में इसी क्षण सहेजने का कोई रचनात्मक उपक्रम करे। मुक्तिबोध इसी उपक्रम के तौर पर स्वप्नकथामूलक शिल्प को ग्रहण करते हैं। स्वप्न-कथा के माध्यम से 'अँधेरे में' कविता में वे (तथाकथित स्वतन्त्रता पाने के बाद के) भारत की सत्यकथा कहते हैं। सत्य को स्वप्न के आवरण में वे 'सकर्मक प्रेम की अतिशयता' के रूप में संरक्षित कर लेना चाहते हैं ताकि किसी भी अगले क्षण वह खो न जाय। फैंटेसी को मुक्तिबोध ने एक जगह 'यथार्थ पर पड़े झीने आवरण' की संज्ञा दी है। इससे भी उनके उपर्युक्त प्रयोजन की पुष्टि होती है। मुक्तिबोध हमें वे स्वप्न नहीं दिखाते जो रोमानी उत्साह के चलते गाँधी और नेहरू के सुखद स्वप्न के रूप में चर्चित थे। मुक्तिबोध हमें वे स्वप्न दिखाते हैं जो गाँधी और नेहरू, और उनकी विरासत के दावेदार राजनेताओं की वास्तविकताओं को हमारी दृष्टि में ला सकें। 'अँधेरे में' का प्रामाणिक अनुभव यह है कि 'टूटते हैं धोखों से भरे हुए सपने।' धोखों से भरे हुए सपनों के विरुद्ध 'अँधेरे में' का कवि वास्तविकताओं से भरे हुए सपनों के लिए ललकता है और अपने काव्यनायक को उन्हीं में गुजारता है। तब उसके काव्य-नायक को अनुभूति होती है कि रक्त में बहती है ज्ञान की किरनें /विश्व की मूर्ति ही आत्मा में ढल गयी! और तब आता है वह दृश्य, जो इतना आत्मीय है कि उसकी गतिपूर्ण सक्रियता में सब शामिल हैं— 'मकानों की छत के गाडर', 'खंभे', 'दादा का सोंटा', 'कक्का की लाठी', 'बच्चे की पें-पें' और 'मुन्ने की सलेट-पट्टी' तक! अपने वैविध्यपूर्ण स्वप्न-दृश्यों को सर्वत्र ऐसी ही आत्मीयता से बुनने का मुक्तिबोध का ढंग इतना जीवन्त है कि सहज ही वह विश्वास घनीभूत होता जाता है—'यह कथा नहीं है, यह सब सच है, हाँ भाई!!'

अध्यात्मवादी दर्शनों में सत्य को प्राय: निरपेक्ष (एब्सोल्यूट) मानने की परम्परा रही। इसलिए यदि वहाँ स्वप्न को सत्य के विरोध में रखकर देखा गया तो स्वाभाविक ही है। स्वप्न का मिथ्यात्व वहाँ प्राय: सर्व-स्वीकृत है। उसको लेकर वहाँ ज्यादा बहस नहीं है। लेकिन यथार्थवादी भौतिकवादी दर्शनों में वह खासी बहस का विषय रहा है। मुक्तिबोध की कविता में फैंटेसी के प्रयोग को लेकर यथार्थवाद के आग्रही समीक्षकों में भी इस बहस का एक रूप देखने को मिलता है। कुछ लोगों ने फैंटेसी-शिल्प की प्रकृति को ही यथार्थ-विरोधी बताया, तो कुछ ने इस प्रश्न पर गम्भीरता से विचार करने की जरूरत बताई कि आखिर मुक्तिबोध की क्या बाध्यता थी जो स्वयं यथार्थवादी होते हुए भी उन्होंने फैंटेसी जैसा अयथार्थवादी

शिल्प अपनाया? इस सम्बन्ध में सबसे पहली बात तो यह है कि मुक्तिबोध फैंटेसी को सिरे से यथार्थ-विरोधी प्रकृति का मानकर चलने के पक्ष में कभी नहीं रहे। उन्होंने स्पष्ट शब्दों में कहा कि—''फैंटेसी में जो कथा प्रस्तुत होती है और कथा के अन्तर्गत जो पात्र-चरित्र और कार्य प्रस्तुत होते हैं, वे सब प्रतीक होते हैं वास्तविक जीवन-तथ्यों के'' (कामायनी : एक पुनर्विचार, मुक्तिबोध रचनावली, खण्ड-4)। स्मरणीय है कि फ्रायड ने भी वास्तविक जीवन-तथ्यों के स्वप्नगत प्रतीकों की, अपने मनोविश्लेषणशास्त्र में (इन्टरप्रिटेशन ऑफ ड्रीम्स) लम्बी फेहरिस्त दी है। वह फेहरिस्त भी स्वप्न-व्यापार को निरा यथार्थ-विरोधी होने के आरोप से बरी करती है। मुक्तिबोध अपने समय के वास्तविक जीवन-तथ्यों को अपनी कविता में एक ऐसी सांस्कृतिक उछाल के साथ प्रस्तुत करना चाहते हैं कि मिथक और इतिहास, व्यष्टि और समष्टि, अतीत-वर्तमान और भविष्य के सीमांत टूटें, और दिक्काल के अक्षांश-देशान्तरों को लाँघकर एक 'विश्व-चेतना' के रूप में इस तरह आ जुटें कि लगे—

> असह्य-सा स्वयं-बोध विश्व-चेतना-सा कुछ
> नव-शक्ति देता है।
>
> ('मुझे याद आते हैं')

इस उद्देश्य को साधने के लिए मुक्तिबोध को फैंटेसी का स्वप्नकथामूलक रूप विशेष उपयोगी प्रतीत होता है। क्योंकि स्वप्न दिक्काल में सब कुछ को उलटने-पुलटने का और सब कुछ को संयोजित करने का तर्क एक साथ जुटा देता है।

मुक्तिबोध की अभीप्सा है कि फैंटेसी को सत्य के ज्ञान का कलात्मक माध्यम बनाया जा सके—ऐसे ज्ञान का, जो केवल काल-सापेक्ष ही नहीं, स्थिति-सापेक्ष भी होता है। एक स्थान पर वे लिखते हैं—''ज्ञान केवल काल ही से मर्यादित नहीं, वह स्थिति से भी मर्यादित होता है। और उसी स्थिति के भीतर केवल वर्गीय और सामाजिक स्थिति ही नहीं, वरन् व्यक्ति के अपने निज-विशिष्ट स्थान का भी समावेश होता है'' (मुक्तिबोध रचनावली, खण्ड-5, पृ० 148)। मुक्तिबोध को फैंटेसी अपनी कविता में ऐसे ही समावेशी रूप में उपलब्ध होता है। 'अँधेरे में' कविता के अन्तर्गत फैंटेसी काव्य-नायक के व्यक्तित्व के 'निज-विशिष्ट स्थान' को भी आरेखित करती है तथा उसके व्यक्तित्वांतरण की वर्गीय और सामाजिक स्थितियों को भी; और यों अपने काल की सापेक्षता में व्यक्तित्व और व्यक्तित्वांतरण की प्रक्रिया को एक ज्ञानात्मक (विचारधारात्मक) आयाम से जोड़ती है।

मुक्तिबोध ने 'एक साहित्यिक की डायरी' में लिखा कि—''फैंटेसी, जो शुरू में एक आभास-रूप देती है, वह तुरन्त ही अनेक चित्रों की सुसंगत पाँत बनने लगती है।'' 'अँधेरे में' कविता इस कथन का व्यावहारिक प्रतिफलन प्रतीत होती है। वह अनेक चित्रों की सुसंगत पाँत बनते हुए एक ऐसी कथा कह जाती है जो किसी

पारम्परिक प्रबन्ध-शिल्प के जरिये कविता में कही ही नहीं जा सकती थी। प्रबन्ध-शिल्प के लिए जो प्रकीर्णता असह्य होती, 'अँधेरे में' की फैंटेसी उसे अपनी स्वप्न-कथामूलकता के सहारे पूरे कलात्मक संयम से साध लेती है, और अपने नाटकीय मोड़ों में उसका उपयोग अर्थ की एक ऐसी व्यापक कौंध पैदा करने में कर लेती है जिसमें यह सत्य उजागर हो जाए, जो मुक्तिबोध के इस पर्यवेक्षण में निहित है—

हम जिस समाज, संस्कृति, परम्परा, युग और ऐतिहासिक
आवर्त में रह रहे हैं, उन सबका प्रभाव हमारे हृदय
का संस्कार करता है। हमारी आस्था में जो कुछ है
वह समाज-प्रदत्त है—चाहे वह निष्कलुष अनिंद्य
सौन्दर्य का आदर्श ही क्यों न हो!! हमारा
सामाजिक व्यक्तित्व हमारी आत्मा है। आत्मा का सारा
सार-तत्त्व प्रकृत रूप में सामाजिक है।

('नयी कविता का आत्मसंघर्ष', पृ० 57)

'अँधेरे में' के पूरे विस्तार के लगभग बीचो-बीच एक पागल का चित्र आता है। यह बीच में रहकर फैंटेसी के ओर-छोर को मानो हर तरफ से प्रदीपित (फ्लैश) करता है। इस पागल की पुकार 'अँधेरे में' के काव्य-नायक के हृदय की उस 'धक्-धक्' को और स्पष्ट करती है, जिसने कविता के शुरू में 'गहन रहस्यमय अन्धकार-ध्वनि-सा' कुछ पास आता पाकर पूछा था—'वह कौन / सुनाई जो देता, पर नहीं देता दिखाई!' और इस पागल की पुकार ही व्यक्तित्वांतरण की उन सम्भावनाओं को भी स्पष्ट करती है, जिससे लैस होकर काव्य-नायक कविता के अन्त में अपने दिल को इस बार एक भिन्न तरह से धड़कता पाता है—

धड़कता है दिल
कि पुकारने को खुलता है मुँह
कि अकस्मात्—
वह दिखा, वह दिखा
वह फिर खो गया किसी जन-यूथ में।

इस पागल के 'आत्मोद्‌बोधमय गान' का व्यंग्य तथाकथित 'आदर्शवादी सिद्धान्तवादी मन' की सारी असलियत का कच्चा चिट्ठा इस तरह सामने रख देता है कि अपने से मुँह चुराने का जरा भी मौका नहीं मिलने पाता। साक्षी है काव्य-नायक की यह स्थिति—

प्रत्यक्ष,
मैं खड़ा हो गया खुद ही के सामने
निज की ही घन छाया-मूर्ति-सा गहरा
होने लगी बहस
लगने लगे परस्पर तमाचे

यह पागल मध्यवर्ग के संस्कार और उसकी जीवन-शैली में निहित अन्तर्विरोधों के एक-एक रग-रेशे को उभार देता है। 'अँधेरे में' के छठें बन्द में एक जगह 'स्क्रीनिंग' का जिक्र आया है—'स्क्रिनिंग करो....मिस्टर गुप्ता / क्रॉस एक्ज़ामिन हिम थॉरोली!' मिस्टर गुप्ता को 'आततायी सत्ता' (फ़ासीवादी दमन के तौर-तरीके अपनाने पर आमादा पूँजीवादी सत्ता) की ओर से काव्य-नायक की स्क्रीनिंग के लिए मुकर्रर किया गया है। लेकिन कवि मुक्तिबोध भारतीय समाज में आम मध्यवर्गीय व्यक्ति की स्क्रीनिंग के लिए जिस अपने प्रतिनिधि को प्रस्तावित करना चाहते हैं वह मानो यह पागल ही है।

याद आता है, एक पागल चरित्र की बड़ी हृदय-द्रावक, सोद्देश्य संकल्पना, सआदत हसन मंटो ने अपनी कहानी 'टोबा टेकसिंह' में की थी। वहाँ, उसके माध्यम से देश-विभाजन की त्रासदी और विसंगति को उभारा गया था। वहाँ विभाजित होते हुए देश में अपनी भूमि और अपनी सामाजिक जड़ों से विच्छिन्न हो जाने का क्षोभ था। 'अँधेरे में' कविता में आये पागल के सामने भारतीय समाज में वर्ग-विभाजन की त्रासदी और विसंगति का परिवेश है। यहाँ वर्ग-विभक्त समाज में व्यक्तित्व की सही वर्गीय भूमि से विच्छिन्न बने रहने का क्षोभ। 'टोबा टेकसिंह' का पागल कहानी के प्रभाव को करुणा और 'पैथॉस' में घनीभूत करता है। 'अँधेरे में' का पागल कविता के प्रभाव को केवल करुणा में ही नहीं, एक तीखी ओज-घुली प्रश्नाकुलता में संघनित करता है—'मर गया देश, अरे रह गये तुम।' इस पागल के स्वरों के लिए कवि की सटीक टिप्पणी है—'करुण रसाल वे हृदय के स्वर हैं!' 'करुण' के साथ 'रसाल'। 'रसाल' का श्लेष बहुत व्यंजक है। 'रसाल' शब्द यहाँ केवल 'रसमय होने' का ही अर्थ नहीं, 'सालने वाला' होने का अर्थ भी देता है। पागल के स्वर सुनने वाले के हृदय को सालते भी हैं—इस तरह कि एक साथ वह आहत भी होता है (आत्मभर्त्सना के चलते) और उद्यत भी होता है (आत्म-विश्लेषण के चलते, आत्म-संघर्ष के लिए)।

मुक्तिबोध की गणना कामायनी के अच्छे आलोचकों में होती है। कामायनी पर पुनर्विचार करते समय मुक्तिबोध उसकी 'विशाल फैंटेसी' से प्रभावित होते हुए भी, उसके संदेश से असहमति और असन्तोष के जो कण इकट्ठा करते हैं, वे 'अँधेरे में' की संयोजना में कवि मुक्तिबोध के काफी काम आते हैं। मुक्तिबोध ने कामायनी के मानवतावाद पर संदेह किया और उसकी तुलना में एक बेहतर मानवतावाद की परिभाषा करते हुए लिखा—"मानवतावाद कमजोर चरित्रों को उभारता तो है, किन्तु उन पात्रों को अपनी कमजोरियों का ज्ञान कराकर, उनके प्रकृतिगत वैषम्य के अमानवीय स्वरूप को उन्हीं के सामने उद्घाटित करते हुए, वह उनके व्यक्तित्व का समाजीकरण-मानवीकरण उपस्थित करता है" (मुक्तिबोध रचनावली, खण्ड-4, पृ० 212)। 'अँधेरे में' का पागल इसी मानवतावाद को चरितार्थ करता है।

कामायनी के मनु को उद्‌बोधित करने में जो भूमिका 'श्रद्धा' सर्ग का उद्‌बोधन और 'इड़ा' सर्ग की शाप-वाणी, अलग-अलग निभाते हैं, उसी भूमिका को—मुक्तिबोध-अभीप्सित मानवतावाद के सन्दर्भ में निभाने का दायित्व अकेले, 'अँधेरे में' के इस पागल के कन्धों पर आ पड़ा है। श्रद्धा मनु के अकेलेपन और निःसंगता पर 'बहुत ही मार्मिक सहानुभूति' से केवल प्रश्न-चिह्न लगाती है—

अकेले तुम कैसे असहाय
यजन कर सकते, तुच्छ विचार!

'अँधेरे में' का पागल केवल प्रश्न-चिह्न नहीं लगाता, बल्कि वह अकेलेपन और निःसंगता में आत्मग्रस्त रहने के लिए व्यक्ति को कोसता भी है, धिक्कारता भी है—

असंग बुद्धि व अकेले में सहना,
ज़िन्दगी निष्क्रिय बन गयी तलघर,
अब तक क्या किया,
जीवन क्या जिया!!

'इड़ा' सर्ग की शाप-वाणी मुक्तिबोध को 'सन् 1953 की वास्तविकताओं' को भी ठीक-ठीक चित्रित करने वाली प्रतीत हुई थी लेकिन अपने समय के सन्दर्भ में प्रसादजी की दृष्टि की एक सीमा बताते हुए उन्होंने लिखा—"नयी ऐतिहासिक शक्ति-सम्पन्न विकासमान श्रमिक वर्गों की बल-बुद्धि और आत्म-विश्वासमयी क्रांतिकारी प्रवृत्ति को वे न देख सके। वे यह नहीं देख सके कि भारत के गरीब मध्यवर्ग में अभी इतनी मानवतावादी जनतंत्र-भावना शेष है कि वह (क्रान्तिकारी वर्गों की पिछली पंक्ति में ही क्यों न सही) सामाजिक रूपान्तर का उत्तरदायित्व निभा सकता है" (मुक्तिबोध रचनावली, खण्ड-4, पृ० 292)। 'अँधेरे में' का पागल इसी 'अनदेखे रह गये' को लेकर यह तीखा प्रश्न करता है—

बताओ तो किस-किसके लिए तुम दौड़ गये,
करुणा के दृश्यों से हाय! मुँह मोड़ गये,
बन गये पत्थर!

और हमें आत्मालोचना के लिए उद्यत करता है ताकि वैसे पत्थर बनने से हम बाज आ सकें। 'आत्म-आलोचना द्वारा ही हम अपने अन्तर्विरोधों से लड़ सकते हैं। हमें आत्म-आलोचना से गुरेज नहीं करना चाहिए।'—जॉर्ज लूकॉच द्वारा ('इतिहास और वर्ग चेतना' में) दी गयी इस सलाह पर अमल करने के लिए यह पागल हमें उद्‌बोधित करता है।

मार्क्सवाद मुक्तिबोध की रचना-भूमि को चिन्तनगत उर्वरता देता है। या यों कहें कि वह एक थाले की तरह होता है जिसमें मुक्तिबोध अपनी संघर्षशीलता के

बीज बोते हैं—ठीक वैसे ही, जैसे कबीर के बारे में कहा जाता है कि उन्होंने योग के थाले में भक्ति का बीज बोया। अपने समय के भयानक अँधेरे से जूझने में उनके अनुभवों को मार्क्सवादी दर्शन शक्ति देता है। प्रसिद्ध मार्क्सवादी चिन्तक जॉर्ज लूकॉच ने मार्क्सवाद की, एक आशावादी दर्शन के रूप में, विशेषता बताते हुए लिखा है—

''यह सही है कि इस समय हमारी संस्कृति अन्धकार से गुजर रही है। परन्तु इतिहास-दर्शन का ही यह दायित्व है कि वह निर्णय करे कि जो अन्धकार छाया है, वह हमारी संस्कृति की नियति है अथवा हमारी संस्कृति और हम एक लम्बी अँधेरी सुरंग से गुजर रहे हैं, अन्ततः हमारा उससे साक्षात्कार अवश्य होगा। बूर्ज्वा सौन्दर्यशास्त्रियों का विचार है कि इस अन्धकार से निकलने का कोई भी मार्ग नहीं है, जबकि मार्क्सवादी विकास-क्रम में इतिहास-दर्शन द्वारा यह निष्कर्ष निकाला गया है कि यह यात्रा भले ही अनदेखी रह जाय, परन्तु वह एक निश्चित और सार्थक गन्तव्य तक अवश्य ले जायेगी'' (स्टडीज़ इन यूरोपियन रियलिज़्म, पृ० 2)।

मुक्तिबोध को भी मार्क्सवाद इसी रूप में विश्वसनीय मालूम होता है, मगर साथ में इतना और कि वे अँधेरे से अपने साक्षात्कार को भी न तो निरर्थक मानते हैं, न उसे अदेखा रहने देना चाहते हैं। वे पूरे साक्षात्कार-क्रम को, यात्रा के विभिन्न पड़ावों को, अपनी कविता 'अँधेरे में' की स्वप्न-कथा के विभिन्न मोड़ों के रूप में दर्शाते हैं।

मुक्तिबोध ने जाना है कि ''मार्क्सवादी दर्शन एक यथार्थ दर्शन है, यथार्थ विकास का, मानव-संज्ञा के विकास का दर्शन है। अतएव उसके लिए सर्वाधिक मूलभूत और महत्त्वपूर्ण है, जीवन-तथ्यों की वास्तविकता, जो राजनीति, समाज-नीति और कला आदि को उपस्थित करती है'' (मुक्तिबोध रचनावली, खण्ड-5, पृ० 135)। 'अँधेरे में' कविता में, यह शर्त निभाने के लिए, अँधेरा जहाँ एक ओर ऐसे परिपार्श्व या पृष्ठभूमि का काम करता है जिस पर कवि के सूक्ष्म निरीक्षण द्वारा पाये गये जीवन-तथ्यों की रेखाएँ अपनी पूरी चमक में देखी जा सकें, वहीं यह अँधेरा स्वयं अपनी पहचान को भी मूर्त करता है—खासतौर से एक तिहरे रूप में : एक ओर यह अँधेरा यथास्थिति में अपना हित देखने वाली पूँजीवादी मानसिकता का अँधेरा है, जिसमें 'सत्य से सत्ता के युद्ध का रंग' गाढ़ा होकर इस वास्तविकता का खरा अहसास करा देता है कि ''वर्तमान समाज चल नहीं सकता / पूँजी से जुड़ा हृदय बदल नहीं सकता।'' दूसरी ओर यह मध्यवर्गीय संस्कारों का अँधेरा है, जिसमें व्यक्ति को अपने 'दुःखों के दाग' तमगों-से मालूम होते हैं और 'अपने ही खयालों में दिन-रात रहना' अच्छा लगता है और जिसमें बौद्धिक वर्ग 'क्रीतदास /किराये के विचारों का उद्भास' बना रहता है। यह अँधेरा मध्यवर्ग को खुलकर अपनी सही

भूमिका में (संघर्षरत श्रमजीवी वर्ग के साथ) आने से रोकता है और लूकॉच के इस पर्यवेक्षण की याद दिलाता है—''यदि वर्ग समाज को समग्रता में नहीं देख पाता और उसके साथ सम्पूर्ण निष्ठा से जुड़ पाने में अपने को असमर्थ पाता है तो इस वर्ग की भूमिका दोयम दर्जे की होगी। ऐसे वर्ग सर्वथा निष्क्रिय होते हैं, शासक और क्रान्तिकारी वर्ग के बीच लुढ़कते हैं।'' मध्यवर्ग जब तक इस निष्क्रियता से, जिसे लूकॉच ने 'पैसिव कैम्प्चुलेशन' कहा है, नहीं उबरता, तब तक वह क्रान्तिकारी चेतना से पूरी तरह नहीं जुड़ पाता। मुक्तिबोध इसी को 'पश्चात् पद' होना कहते हैं—'बढ़ता हूँ आगे / उतना ही पीछे मैं रहता हूँ अकेला'। और इस तरह यह अँधेरा, तीसरी ओर, अपने सामग्रिक प्रभाव में सार्थक अभिव्यक्ति की असमर्थता का अँधेरा बन जाता है।

अँधेरे को इस तिहरे रूप में विश्लेषित करने का आशय यह नहीं है कि कविता में अँधेरे की कोई क्रमवार अलग-अलग स्थितियाँ हैं। वस्तुतः मुक्तिबोध, व्यापक रूप में अपने भारतीय समाज में और व्यक्तिगत रूप में अपनी अभिव्यक्ति की परिधि में, छाये अँधेरे की आँखों में आँखें डालकर उसकी जटिलता और संश्लिष्टता की पर्त-दर-पर्त उभाड़ते हैं। इसके लिए वे इतनी जद्दोजहद करते हैं कि उनकी कविता की काव्यात्मकता की चमड़ी भी कहीं-कहीं उधड़ जाती है। भाषा अँधेरे में के तथ्यात्मक ढोकों से बार-बार टकराकर, कई बार ऊबड़-खाबड़ और कई बार निहायत सपाट हो जाती है। लेकिन इन सारी चोटों को कविता अपने कवि के दिये बिम्बों के सहारे झेल लेती है। क्योंकि मुक्तिबोध अपने बिम्बों का स्रोत बनाते हैं 'वेदना नदियों' को।

.....वेदना नदियाँ
जिनके कि जल में
सचेत होकर सैकड़ों सदियाँ ज्वलन्त अपने
बिम्ब प्रसारित करती हैं प्रतिपल।

ये 'वेदना-नदियाँ', मानवीय सम्बन्धों की व्यक्तिगत रागात्मकता को भी आत्मसात् किए हुए हैं और समाजगत 'विवेक-पीड़ा की गहराई' को भी। इनमें 'पिताओं की चिन्ता का उद्विग्न रंग' और 'माँओं के आँसू' हैं। ये रंग और ये आँसू सम्बन्धों की व्यक्तिगत संवेदना के संकेतक हैं, लेकिन इस तरह नहीं कि व्यापक समाजगत चिन्ताओं से उस संवेदना को पृथक्कृत करके व्यक्ति को आत्म-केन्द्रितता के गर्त में ढकेल दें। कामायनीकार की रचना-दृष्टि में मुक्तिबोध को एक कमी खटकी थी कि 'विकासमान श्रमिक-वर्गों की बल-बुद्धि और आत्म-विश्वासमयी क्रान्तिकारी प्रवृत्ति को वे न देख सके।' मुक्तिबोध एक ऐसी रचना-दृष्टि का विकास करते हैं जिसमें यह कमी न रह जाय। 'अँधेरे में' कविता में मुक्तिबोध के पाठकों

को जो 'वेदना-नदियाँ' मिलती हैं, उनकी गहराई की थाह मुक्तिबोध केवल मध्यवर्ग की निजी संवेदना से नहीं लेते, बल्कि 'श्रमिक के संताप' से लेते हैं—

विवेक-पीड़ा की गहराई बेचैन,
डूबा है जिसमें श्रमिक का सन्ताप।

ये 'वेदना-नदियाँ' वे नदियाँ नहीं हैं, जो 'द्वीप' गढ़ती हैं और व्यक्ति को 'द्वीप' के बिम्ब में ढालती हैं। ये वेदना-नदियाँ, वे हैं जिनका जल पीकर 'युवकों में व्यक्तित्वांतर' जाता होता है। इनके बहाव में शामिल होते हुए, अपनी व्यक्तिगत स्वतन्त्रता के सन्दर्भ में व्यक्ति को यह आशंका नहीं सताती कि 'हम बहेंगे तो रहेंगे ही नहीं', बल्कि यह दृढ़-विश्वास जागता है कि इन 'वेदना-नदियों' में 'द्रुत-वेग बहती हैं शक्तियाँ निश्चयी।' यह विश्वास मार्क्स के इस विश्वास से ('जर्मन विचारधारा' में व्यक्त) मेल खाता है कि ''हरेक व्यक्ति को समुदाय में दूसरों से मिलकर ही, यह सुयोग प्राप्त होता है कि वह अपनी क्षमताओं का सर्वतोमुखी विकास कर सके। इसीलिए व्यक्तिगत स्वतन्त्रता भी केवल समुदाय में ही सम्भव है।''

●

'जूझना ही तै है—अँधेरे में'

—चन्द्रकला त्रिपाठी

"दार्शनिकों ने विश्व की सिर्फ व्याख्या की है लेकिन सवाल है उसको बदलने का।"—मार्क्स-एंगेल्स

और मुक्तिबोध के लिए—

सत्य को अनुभूत करना सहज है
मुश्किल बहुत
उसके कठिन निष्कर्ष मार्गों पर चले चलना।

मुक्तिबोध अपने समस्त साहित्य में ज्ञान और चिंतन की क्रियागत परिणति की समस्याओं से जूझते रहे हैं। यही उनके मध्यवर्गीय काव्य-नायकों के आत्मसंघर्ष की भी धुरी है। दुनिया को बदलने की चिंता मुक्तिबोध को है क्योंकि उसका प्राप्त परिदृश्य बहुत बेरहम और मनुष्यता के लिए घातक है। मार्क्सवाद मनुष्यता की मुक्ति का दर्शन है। मुक्तिबोध इस दर्शन के साथ युग के बड़े सवालों से जूझते हुए जीवन के सृजनात्मक आयामों की खोज करते हैं, क्योंकि यही वह शक्ति है जो इतिहास के इस अन्तर्विरोध-भरे दौर से निर्णायक संघर्ष का मोर्चा बना सकती है। यानी जनता के श्रम, संबल और विश्वास का दोहन करने वाली पूँजीवादी व्यवस्था को चुनौती देने वाले शक्ति-स्रोत यही हैं। 'अँधेरे में' शीर्षक कविता में जनता की मुक्ति के महान् स्वप्न की यही संघर्ष-भरी प्रक्रिया है जो अपने समय की भयानक पीड़ा-भरी कसौटियों से गुजरती है। इस संघर्ष में उनके काव्य-नायक का उत्पीड़ित जनता के मुक्ति-युद्ध में अपनी ऐतिहासिक भूमिका दृढ़ कर लेने का संघर्ष भी है, जिसमें एक सकर्मक ऊँचाई और व्याप्ति है।

मुक्तिबोध नयी कविता के कवि हैं। नयी कविता का मुख्य स्वर मध्यवर्ग की आकांक्षाओं और संघर्षों पर केन्द्रित रहा है। ज्यादातर कवियों की व्यक्तिवादी रुझान के कारण इस वर्ग की व्यक्तिगत हताशा, मनोदौर्बल्य या असामंजस्य की बात ही उनके लिए मुख्य है किन्तु मुक्तिबोध का चुनाव यह नहीं है। नयी कविता की पतनशीलता और कलावादी पाखण्ड से टकराने वाले वे अकेले कवि और विचारक रहे हैं। उनका प्रयत्न मध्यवर्ग के सक्रिय संवेदनशील और सामाजिक को पहचानने का रहा है। इसलिए उनके काव्य-नायक अपने वर्गीय अन्तर्विरोधों के अलगावों में गर्क नहीं है बल्कि उनमें अपनी अनिवार्य सामाजिक भूमिका के लिए संघर्ष की चेतना है। नामवर सिंहजी के अनुसार 'अँधेरे में' के काव्य-नायक की मुख्य

समस्या 'अस्मिता की खोज' है। उनकी आकांक्षा इस 'अस्मिता की खोज' को वर्गचेतना के रूप में देखने की है। 'अस्मिता की खोज' के इस मार्क्सवादी भाष्य में न उलझते हुए कहा जा सकता है कि 'अँधेरे में' का काव्य-नायक यदि कुछ खोज रहा है तो वह खोज है नये मानवीय इतिहास की रचना करने वाली क्रान्तिकारी शक्तियों की। अतः जनता को गुलाम बनाने वाली शोषक शक्तियों से संघर्ष की बात ही उनके लिए मुख्य है तथा उनकी तमाम कवितायें इस संघर्ष को अधिक प्रभावी बनाने वाली सम्भावनाओं की खोज करती हैं। नामवरजी के अनुसार यदि मुक्तिबोध के काव्य-नायक को 'अस्मिता के लोप' यानी मिथ्या चेतना से आक्रान्त मान भी लिया जाये तो उसके भीतर ऐसा क्या बेचैन और सक्रिय है जिसके कारण वह जिन्दगी के अँधेरे कमरों में उसकी 'अनिवार आहट' सुनता है। 'वह' जो और कोई नहीं, उसकी अपनी चेतना का वह प्रखरतर होता हुआ 'रक्त प्लावित स्वर' है जो उसके आत्मसंघर्ष को क्रान्तिकारी जनसंघर्ष से गहरे एकात्म तक विकसित करता है। इस प्रकार निजी अन्तर्विरोधों से सचेत संघर्ष की यह प्रक्रिया उसे सामाजिक अन्तर्विरोधों से निर्णायक संघर्ष के लिए तैयार करती है। ऐसा नहीं लगता कि मुक्तिबोध के काव्य-नायक की बंद स्थिति का कारण व्यवस्था से भय है। यद्यपि व्यवस्था दमनकारी है और उसके इस राक्षसी रूप की पहचान भी उसे है किन्तु इस व्यवस्था की मरणोन्मुखता से भी वह अपरिचित नहीं है। रात के अँधेरे में निकलने वाले जुलूस को मुक्तिबोध ने इस हिंसक तंत्र के शक्ति-परीक्षण के रूप में चिह्नित किया है। यह अनायास नहीं है कि इसे 'मृत दल की शोभायात्रा' कहते हैं। जनता के शत्रुओं को 'मुक्तिबोध अपराधियों का संयुक्त परिवार' कहते हैं और देखते हैं कि इसमें पूँजीपति, नेता, पत्रकार, कवि और अफसर जैसे सफेदपोशों के साथ नगर का कुख्यात हत्यारा डोमाजी उस्ताद भी शामिल है। रात के भयानक अँधेरे में यह जुलूस जनक्रान्ति के दमन के लिए जा रहा है किन्तु मुक्तिबोध जानते हैं कि—'जनता के शत्रु अपने ही नाखूनों से पागल हो अपना सीना चीर डालते हैं'[1] इनका आतंक तभी तक है जब तक जनता इससे संघर्ष की अपनी भूमिका के प्रति सचेत नहीं है। मुक्तिबोध के काव्य-नायक के लिए वर्ग-विभाजित पूँजीवादी समाज की ये प्रक्रियाएँ और परिणतियाँ पूरी तरह से स्पष्ट हैं। इसलिए व्यवस्था अपने पूरे आतंक के बावजूद उसका भय नहीं है। उसकी प्रधान समस्या अपनी श्रेणी के मनुष्य की वे व्यक्तिवादी अन्तःप्रवृत्तियाँ हैं जो उसे खतरनाक ढंग से व्यवस्था के हितों की ओर ले जाती हैं तथा इस प्रकार उसे शासक वर्गों की विचारधारा और पद्धति के अधीन बनाकर समाज के जीवित संघर्षशील हिस्सों से अलग-थलग कर देती हैं। उसकी समस्त दक्षता या विशेषज्ञता की आकर्षक कीमत लगा दी जाती है। इस प्रकार वह इस जनविरोधी तंत्र का

1. *मुक्तिबोध रचनावली-2*, पृ० 26-27

आज्ञाकारी पुर्जा भर होकर रह जाता है, उतना ही यांत्रिक, उतना ही बेरहम और उतना ही जनविरोधी। इस ठण्डी और बेजान नियति में उसकी गुलामी सर्वहारा की गुलामी से कम नारकीय नहीं। इसलिए उसकी मुक्ति के सवाल भी सर्वहारा की मुक्ति के सवाल से कहीं ज्यादा पेचीदा हैं और ये ही सवाल मुक्तिबोध की चुनौती हैं।

मध्यवर्ग के वर्ग सहयोगी चरित्र के प्रति मुक्तिबोध को गहरी ग्लानि और गुस्सा है। इसे उन्होंने व्यवस्था की उस निर्मम व्यूह-रचना के रूप में पहचाना है जिसके अन्तर्गत उसके दमन और अन्याय के विरोध का कारगर मोर्चा बना सकने वाली शक्तियाँ सामाजिक-सांस्कृतिक प्रक्रियाओं के स्तर पर गलत मूल्य-विधान में डाल दी जाती हैं और विकेन्द्रित होकर मनुष्यता के लिए घातक समझौतों की राह पकड़ लेती हैं। इस प्रकार का मध्यवर्ग जिसमें जीने की स्वाभाविकता और आजादी के लिए चिंतन और संघर्ष की क्षमता है तथा जो उत्पीड़ित मेहनतकश जनता को क्रान्तिकारी ताकतों में बदलने वाला महान् शिक्षक हो सकता है 'चिलचिलाती हुई दूरियों', 'ठण्डे फासलों', 'बियाबानों' या 'अपावन अँधेरों' का शिकार होकर 'अभिशप्त खोहों' या 'निर्जीव चट्टानों' में बदल जाता है। मध्यवर्ग के एक बड़े संभावनापूर्ण तबके के इस हश्र को मुक्तिबोध ने गहरी पीड़ा के साथ देखा है।

नामवरजी ने 'अँधेरे में' कविता के अँधेरे को इस स्वप्न-कथा का ऐसा परिवेश माना है जिसमें चीजों को 'और का और' कर देने की क्षमता है। उनके अनुसार इस अँधेरे के कारण इस जुलूस की भयावहता कहीं और बढ़ जाती है जो दिन के उजाले में भीड़-भाड़ में कहीं दब जाता है। यद्यपि नामवरजी के लिए भी मुक्तिबोध की इस कविता का यथार्थ इतना सरल नहीं है किन्तु 'अँधेरे' की उनकी यह व्याख्या अपर्याप्त है। वैसे भी जुलूस में शामिल तत्त्वों की दिन की दिनचर्या से पाठकों को मुक्तिबोध ने अपरिचित नहीं रखा है—

गहन मृतात्माएँ इसी नगर की
हर रात जुलूस में चलतीं,
परन्तु, दिन में
बैठती हैं मिलकर करती हुई षड्यंत्र
विभिन्न दफ़्तरों, कार्यालयों, केन्द्रों में, घरों में[1]

अत: स्पष्ट है कि अँधेरा इस कविता का परिवेश-भर नहीं है अपितु कविता की समूची अर्थ-प्रक्रिया से गहरे सम्बद्ध है। मुक्तिबोध के काव्य-नायक का संघर्ष इकहरा नहीं है। उसके भीतर कठिन आभ्यन्तर ग्रन्थियों और बाह्य समस्याओं के तनाव हैं। दूसरी तरफ ज्ञान और संवेदना को मानवीय दीप्ति और प्रखरता देने वाले

1. मुक्तिबोध, *चाँद का मुँह टेढ़ा है*, पृ० 240

सकर्मक जीवन से कटाव की यातनायें कम नहीं हैं। इसके अतिरिक्त निस्सन्देह यह अँधेरा इस 'मुनाफाखोर तंत्र' का वह कवच भी है जिसके नीचे उसकी सारी पशुता और स्वार्थ छुप जाते हैं। मुक्तिबोध ने 'अँधेरे' और 'प्रकाश' के पारम्परिक प्रतीकार्थ को ही विकसित किया है। अँधेरा सर्वत्र जड़ता या अज्ञान से अवरुद्ध जीवन की पीड़ादायी स्थितियों को व्यंजित करता है तथा 'प्रकाश' सच्चाई के सुनहरे तेज अक्सों का प्रकाश है। मुक्तिबोध के यहाँ अँधेरा प्रकाश से ज्यादा दुहराया गया है और इसके तमाम शेड्स हैं—'काली स्याह शिलायें', 'तेजाबी काला गटर', 'साँवले गुहान्धकार', 'ठण्डा अँधेरा', 'अँधियारा ताल', 'नीला पल्ला', 'तम श्याम-सलिल' जैसे तमाम प्रतीकाश्रित बिम्ब मिलते हैं। सदैव ये मनुष्य को धुरीहीन बनाने वाली भीतरी-बाहरी स्थितियों या भावों के व्यंजक हैं। मुक्तिबोध के अनुसार जीवन की धुरी—'जीवन का वृहद लक्ष्य'[1] है। यह वृहद लक्ष्य 'मानव की केन्द्रीय प्रक्रियाओं का अविभाज्य अंग बनकर जीना'[2] है। मुक्तिबोध इसी को 'बिजली भरी तड़पदार जिन्दगी'[3] कहते हैं। यह जिन्दगी मेहनत और मुक्ति के काम में लगे हुए सर्वहारा की शानदार जिन्दगी है जिसमें कठिन जीवन-संघर्ष और यातना के बावजूद जीवन का स्वाभाविक रागोल्लास, मानवीय परस्परता और सक्रिय सामूहिक भावना है। मुक्तिबोध में इस वर्ग के लिए गहरी करुणा, प्यार और उम्मीद है। उनके यहाँ जनता की प्राय: लोकयुद्धों में दक्ष छवि उभरती है जिसकी शक्ति से अपने काव्य-नायक के लिए नैतिक चुनौतियों का पक्ष खड़ा करते हैं। उसका संघर्ष जनता के उस अभिन्न मित्र का संघर्ष है जो सच्ची मैत्री की अग्नि परीक्षाओं में तप रहा है और जनता के शत्रुओं की खतरनाक प्रणालियों और पैतरों का जवाबी मोर्चा तैयार कर रहा है। जिन्दगी के गर्म स्पर्श उसकी चेतना को उदार, प्रखर और संकल्पवान बनाते हैं। मुक्तिबोध अपने काव्य-नायक की उस अहंबद्धता के प्रति सर्वाधिक खबरदार हैं जिसके भीतर शासक वर्गों के लिए गुंजाइशें निकल आती हैं। 'व्यक्तित्वान्तरण' की विदीर्णकारी प्रक्रिया में उसे बिना किसी रियायत के उतार देते हैं और खतरों के खिलाफ लड़ने की उसकी क्षमता को चमकाते चलते हैं।

मुक्तिबोध की कविताओं में मध्यवर्ग अपनी समस्त सामाजिक सन्दर्भता और लक्षणों के साथ प्रवेश करता है। मध्यवर्गीय व्यक्तित्व में विभाजन स्वाभाविक है और विभाजित होने की पीड़ा भी उतनी ही स्वाभाविक है किन्तु मुक्तिबोध के इस मध्यवर्ग को दिशा देने की बात महत्त्वपूर्ण है। इस प्रकार उनका सत्य विभाजित व्यक्तित्व के आदर्शीकरण का सत्य नहीं है बल्कि विभाजित व्यक्तित्व से संघर्ष का

1. मुक्तिबोध
2. *मुक्तिबोध रचनावली-4*, पृ० 99
3. वही

सत्य है। मुक्तिबोध के काव्य-नायक में निर्णायक स्थिति उसकी जीवनोन्मुखता की है। अपनी मानवीय बेचैनी के साथ वह मनुष्य की मुक्ति के महान् स्वप्न की उस संघर्ष-भरी प्रक्रिया में प्रवेश करता है जिसका महत्त्वपूर्ण प्रस्थान उसकी गहन आत्म समीक्षा है तथा जिस पर 'सत्-चित्-वेदना' का सजग नियन्त्रण बना हुआ है।

कुछ आलोचकों के लिए मुक्तिबोध जयशंकर प्रसाद से प्रभावित कवि हैं। निस्सन्देह मुक्तिबोध ने प्रसाद की कामायनी को एक चुनौती की तरह लिया है और लगभग दो दशकों तक उसकी समस्याओं से जूझते रहे हैं। इसके अतिरिक्त मुक्तिबोध स्वयं रचने की वैयक्तिक प्रक्रिया के कवि हैं। वस्तुगत यथार्थ में मानव-मन की जटिल प्रक्रियाओं के हस्तक्षेप को उन्होंने गम्भीरता से लिया है। किन्तु मुक्तिबोध निर्जन या अन्तर्मुखी वैयक्तिकता के कवि नहीं हैं। उनके सामने भयानक संकट-काल की भीतरी-बाहरी गुत्थियों को समझने की जिम्मेदारी है। व्यक्ति, चरित्र, घटना या परिस्थिति की सापेक्ष समझ ही उन्हें मान्य है। इस दृष्टि से मुक्तिबोध निराला के ज्यादा करीब हैं। उनकी पक्षधरता और संघर्ष में निराला की यथार्थ चेतना और रचनात्मक जिम्मेदारी का स्पष्ट विकास देखा जा सकता है। वही 'जन-मन करुणा' और 'लोकहित' मुक्तिबोध का भी अभीष्ट है जो निराला को मुख्य आकांक्षा है। मुक्तिबोध के अनुभव में निराला के समय की सारी गुत्थियाँ अपनी बढ़ी-चढ़ी भयानकता के साथ मौजूद हैं। इसलिए अनायास नहीं कि निराला के स्वप्न और संघर्ष का प्रखर और गम्भीर विकास मुक्तिबोध में दिखाई देता है। मुक्तिबोध के 'अँधेरे' को निराला ने 'मारण रजनी' के रूप में पहचाना और लिखा—

"मन्दिर में बन्दी हैं चारण / वन में विचर रहे हैं वारण / रोता है बालक निष्कारण / मारण रजनी है"

ठीक यही रूपक मुक्तिबोध की इस कविता में ज्यादा संश्लिष्ट, सघन और विकसित रूप लेता है। निराला ने भी 'मारण रजनी' के मूल में व्यक्तिगत लाभ और लोभ को ऊपर रखने वाले मध्यवर्गीय बौद्धिकों के वर्ग सहयोग की मुख्य भूमिका देखी है। इन्हें ही वे शासक वर्गों का 'चारण' कहते हैं। निराला का यह 'रोता हुआ बालक' ही भावीजन है जिसे मुक्तिबोध का काव्य-नायक पूरी जिम्मेदारी के साथ गाँधी के कंधे से उठाता है तथा जो क्रमशः ज्ञान और चेतना से लैस समूह की शक्ति में बदल जाता है। मुक्तिबोध इसे 'सूरजमुखी-फूल-गुच्छे'[1] लिखते हैं। यह नया आलोक पैदा करने वाली जनशक्ति है जो क्रमशः अपने हक और भविष्य के लिए मोर्चाबन्द हो रही है। मुक्तिबोध यहाँ बेहिचक 'वजनदार रायफल' लिख रहे हैं। यानी जनता के भविष्य-निर्माण में वर्ग-संघर्ष की अपरिहार्यता समझते हुए

1. *चाँद का मुँह टेढ़ा है*, पृ० 254

'शान्तिपूर्ण संक्रमण के सिद्धान्त' के प्रति अपनी स्पष्ट असहमति जाहिर करते हैं। जबकि ख्रुश्चेव तक आकर समाजवादी सोवियत रूस में भी शान्तिपूर्ण संक्रमण की बात अस्वीकार कर ली गयी थी। भारतीय वामपंथी भी संशोधनवादी रुख अपनाकर किसानों, मजदूरों और छात्रों का दमन करने वाली सरकार के साथ हो रहे हैं। नेहरू के पंचशील में उन्हें अपना सुविधाजनक तर्क मिल गया था। किन्तु मुक्तिबोध को पूँजीवादी जनतंत्र के प्रति कोई भ्रम नहीं था। वे पूरी जिम्मेदारी के साथ 'वजनदार रायफल' लिख रहे थे और समझ रहे थे। जनता के मुक्ति-आन्दोलन से सक्रिय रूप से जुड़े जनकवि नागार्जुन ने भी क्रान्ति के लिए जनता के इसी उभार को कारगर माना है। इस प्रकार सत्ता की अश्लीलता के प्रति निराला की आक्रामकता मुक्तिबोध के मूल्यस्पर्शी चिंतन द्वारा और धारदार हो उठती है।

'अँधेरे में' कविता के पहले बन्द में प्रश्न आता है—'कौन मनु'? मुक्तिबोध का यह मनु कामायनी के मनु की तरह एक सामाजिक व्यवस्था के ध्वंस से निकला है। मुक्तिबोध लिखते हैं—

> इतने में अकस्मात् गिरते हैं भीतर से
> फूले हुए पलिस्तर,
> गिरती है चूने-भरी रेत
> खिसकती हैं पपड़ियाँ इस तरह—
> ख़ुद ब ख़ुद
> कोई बड़ा चेहरा बन जाता है,
> स्वयमपि.....[1]

इस प्रकार कामायनी की ढहती सामंती व्यवस्था की निर्मिति मनु यहाँ पूँजीवादी व्यवस्था के अन्तर्विरोधों से बनी जटिल वैयक्तिकता का प्रतीक बनकर प्रस्तुत होता है। यह मनु जिन्दगी के अँधेरों के बीच खड़ा है किन्तु स्थितियाँ कदापि जड़तापूर्ण यथास्थिति के पक्ष में नहीं हैं। क्रमशः गतिमान होती हुई वैयक्तिकता निजी अन्तर्विरोधों से संघर्ष करती हुई जगत् की जटिल वास्तविकता में प्रवेश करती है और स्वप्न शुरू हो जाता है—स्वप्न, जिस पर बाहर-भीतर के तूफान को व्यक्त करने की जिम्मेदारी है। पूँजीवादी समाज-व्यवस्था के अन्तर्विरोधों के प्रति खबरदार होते हुए काव्य-नायक को किसी भव्य हताशा में डाल देना मुक्तिबोध का चुनाव नहीं है। वे उसे परिवर्तनकामी शक्तियों की पहचान के लिए गहरी यातनापूर्ण प्रक्रिया में डाल देते हैं। इसीलिए प्रत्येक ठहराव के विरुद्ध खड़ी ताकत की समझ उसके लिए संभव हो जाती है। तम श्याम परिदृश्य को चीरकर बाहर आने वाली तमाम तड़पदार शक्तियाँ उठान ले रही हैं जिनके कारण परिवर्तन की गति तेज होती है और

1. *चाँद का मुँह टेढ़ा है*, पृ० 228

बाहर-भीतर के बड़े तूफान से नये मनुष्य का जन्म होता है। 'तिलस्मी खोह' का शिला-द्वार खुलता है, यानी काव्य-नायक के लिए चीजों की अस्पष्टता खत्म होती है। इस प्रकार निजी और बाह्य अन्तर्विरोधों के प्रति उसकी दृष्टि की वस्तुपरकता दृढ़ होती जाती है तथा वह 'रक्तालोक स्नात पुरुष' के रूप में परिवर्तन की प्रखर क्रान्तिकारी चेतना का साक्षात्कार करता है। यद्यपि इस व्यक्तित्व की रहस्यमयता अभी कायम है। सम्भवत: इसलिए भी कि निज की परिपूर्णता के आविर्भाव का संघर्ष प्रक्रिया में है। व्यक्ति और वस्तुजगत् के सत्य की गहरी समझ के कारण ही मुक्तिबोध कविता के निर्णीत स्थितियों के कवि नहीं हैं। किसी भी स्तर पर वे अपने देशकाल के खतरनाक और गम्भीर प्रश्नों से बच निकलने की सुविधा नहीं लेते। यही कारण है कि 'रक्तालोक स्नात पुरुष' को अनुभव करने वाले काव्य-नायक पर दोहरी चेतना का दबाव बना हुआ है। उसमें इस क्रान्ति पुरुष के प्रति आकर्षण भी है और भय भी। संशय और भय मध्यवर्गीय चरित्र के अन्तर्विरोध हैं। मुक्तिबोध मध्यवर्गीय व्यक्तित्व की प्रत्येक उलझन, प्रत्येक गाँठ से टकराते हैं। 'अब तक न पायी गयी मेरी अभिव्यक्ति' कहकर काव्य-नायक अपने अस्तित्व की मूल्यवान् सम्भाव्यता की चिंता करता है। 'है' और 'होने' का द्वन्द्व यहाँ तीखा हो रहा है। इसी के साथ यथास्थिति चाहने वाली शक्तियों की सावधानी खतरनाक मोड़ लेती है— "जंगलों से आती हुई हवा ने / फूँक मारकर एकाएक मशाल ही बुझा दी— "[1] लिखकर मुक्तिबोध अराजक तंत्र का उन्मादी आत्मविश्वास लक्ष्य करते हैं।

दूसरे बन्द में काव्य-नायक के सामने मुक्तिकामी मनुष्य से उसके पूरे अस्तित्व की माँग करने वाली क्रान्ति की चेतना का उठता हुआ कद है जिसको समझने के साथ उसकी आत्म-समीक्षा सजग और दिशावान होती है तथा 'आत्मा में सत्-चित्-वेदना' दहक उठती है। वह अपनी जंग और जकड़न पर निर्णायक प्रहार की शक्ति के साथ उठता है और—'झाँकता है बाहर'। बाहर-'सूनी है राह, अजीब है फैलाव /'[2] जीवन के उत्पादन और ऊष्मापूर्ण पर फैला हुआ सर्द अँधेरा। ढीली आँखों से विश्व देखते हुए गमगीन तारे जीवन की वास्तविक समस्याओं का समाधान न दे सकने वाले चिंतन हैं। यहाँ मुक्तिबोध ने यथास्थिति की निगरानी करने वाले सामंती तत्त्व के रूप में 'अँधियारे पीपल का प्रतीक' दिया है। इस प्रकार वे स्वाधीन भारत की उस विचलन-भरी सांस्कृतिक प्रक्रिया को लक्ष्य करते हैं जिसमें साम्राज्यवादी पूँजी की इच्छाओं के दबाव कायम हैं। भारतीय समाज में पड़े हुए सामंती अवशेषों के आर्थिक-राजनीतिक परिप्रेक्ष्य के प्रति मुक्तिबोध स्पष्ट हैं। अन्यत्र उन्होंने इन्हें शासक वर्गों के वक्त-जरूरत काम आने वाली 'फुर्तियाँ' कहा

1. *चाँद का मुँह टेढ़ा है*, पृ० 230
2. वही, पृ० 233

हैं। इस मोड़ पर अँधेरे की बन्द स्थिति का विरोध बनाये रखने के लिए 'रात का पक्षी' आता है जो वस्तुतः मनुष्य की जड़ताओं के विरोध के प्रति चेतन और अग्रसर बनाने वाले प्रेरक विचार का प्रतीक है। इस प्रकार अँधेरे की सारी दुष्ट इच्छाओं पर भारी पड़ने वाले विरोध का अग्रगामी तेवर निखरता चलता है।

'जुलूस' के रूप में मुक्तिबोध ने पूँजीवादी समाज-व्यवस्था को चलाने वाले तत्त्वों का राक्षसी गठबंधन पहचाना है। इसे 'मृत दल की शोभायात्रा' लिखते हुए वे अपना प्रखर इतिहास-बोध दे रहे हैं। वे जानते हैं कि वर्तमान सामाजिक संरचना को टूटना ही है। भविष्य के इस सत्य को उन्होंने स्वप्न के जरिये देखा है। इस प्रकार मुक्तिबोध कहीं भी यथार्थवादी दृष्टि की कसौटियों की अनदेखी नहीं करते।

'भैरव' मुक्तिबोध के लिए विनाश की शक्ति का आशय देने वाला मिथक है। 'अँधेरे में' कविता में यह इतिहास की गति को रोकने वाली प्रतिगामी शक्ति के रूप में प्रकट होता है। कवि, आलोचक और पत्रकार आदि को भी इस शोभा-यात्रा का भीतरी तत्त्व मानकर वे उनकी अवसरवादिता का भेद खोलते हैं। वे देखते हैं कि सत्ता का पिछलग्गू बनकर ये बौद्धिक जन अपना नया, मौलिक या श्रेष्ठ रचने की क्षमता से हीन हो चुके हैं। व्यवस्था का बाजा ढोने और उसके लिए धुनें निकालने की घिनौनी नियति के अलावा इनके पास कोई विकल्प नहीं बचा है।

यहीं अचानक मुक्तिबोध का काव्य-नायक इस विचित्र प्रोसेशन द्वारा देख लिया जाता है। उसके नंगे जनविरोधी रूप को पहचान कर वह व्यवस्था के लिए खतरनाक हो उठता है। उसके व्यक्तित्व की सुख और सुरक्षा चाहने वाली ग्रन्थियाँ संवेदनशील हो उठती हैं और वह भागता है। इस प्रकार के पलायन, भय या संशय के कारण मुक्तिबोध को सुसंगत मार्क्सवादी मानने में रामविलासजी को कठिनाई हुई है। किन्तु वर्ग-विभाजित समाज के भीतरी-बाहरी तनावों से निरपेक्ष जीवन की स्वीकृति मुक्तिबोध के लिए कठिन है। अपने काव्य-नायक के संघर्ष को वे उसके परिप्रेक्ष्य की जटिलताओं से काटकर नहीं देख सकते और न ही उसकी निजी ग्रन्थियों की अनदेखी कर सकते हैं।

कविता के चौथे बन्द में वास्तविक जीवन के घिरावों और तनावों के ज्यादा स्पष्ट उल्लेख हैं। स्वाधीन भारत की विषमतापूर्ण आर्थिक-राजनीतिक प्रक्रियायें अपनी समस्त निष्फलताओं के साथ सामने आती हैं। सत्ता के जनविरोधी फासिस्ट चरित्र को लोकतंत्र के ऊपरी दिखावे की भी जरूरत नहीं है। चारों तरफ दमन और आतंक। जैसे-जैसे पूँजीवादी जनतंत्र की खूँखारी बढ़ती है, मुक्तिबोध के लिए क्रान्तिकारी चेतना के स्रोत संगठन और शक्तियों का स्वरूप स्पष्ट होता जाता है। इसी रूप में मुक्तिबोध ने यहाँ 'बरगद' का प्रतीक लिया है। यह उनका प्रिय प्रतीक है जो क्रान्तिकारी चेतना का ज्यादा परिपक्व और संभावनापूर्ण आशय देता है। यह

वृक्ष मनुष्य की गहरी आस्था और विश्वास का प्रतीक भी है। इतिहास की सकारात्मकता और परम्परा का जीवित भी इसमें व्यंजित है। यहीं मुक्तिबोध के काव्य-नायक को एक 'सिरफिरा जन' मिलता है। यह अनायास नहीं है कि दुनिया का महान् क्लासिक रचने वाले साहित्यकारों ने भयानक युगीन संकट के विरुद्ध सत्य का निर्भीक पक्ष ले सकने वाले चरित्र के रूप में 'पागल' का सृजन किया है। सामान्य मनुष्य में सत्य की त्वरा के प्रतिकूल पड़ने वाले तमाम दबाव होते हैं। मुक्तिबोध का सिरफिरा भी पूरी निर्ममता के साथ मधयवर्ग की परिजीविता दम्भ और स्वार्थ पर चोट करता है—'अब तक क्या किया? / जीवन क्या जिया!!'[1] ऋषि अजीगर्त के समान छोटी गलती का बड़ा दण्ड पाने वाले मध्यवर्ग की विडम्बना यहाँ और गहराती है। भीतरी-बाहरी दुनिया का द्वन्द्व तीखा हो रहा है। 'प्रज्ज्वलित धी' सुसंगत और विकसित हो रही है। उसमें जीवन के अन्तर्विरोधों व विभिन्न द्वन्द्वात्मक परिस्थितियों के बीच संतुलन रखने का विवेक बना हुआ है। मनुष्य की मुक्ति संघर्ष के प्रश्न का खिंचाव आत्यन्तिक हो उठता है। इसलिए जीवन की स्वाभाविक धारा से अलग जा पड़े अनुभव वेदना और निष्कर्ष भी तेजोद्दीप्त हो उठते हैं। 'जूझना ही तै है'[2] के साहसिक फैसले की भूमिका यही है। इस फैसले के सम्मुख विरुद्ध और आक्रान्त स्थितियों से संघर्ष की अनिवार्यतायें हैं। वहाँ—'साँवली हवाओं में काल टहलता है /'।[3] काल यानी समय को मुक्तिबोध ने गतियों, मतियों, कोणों और प्रक्रियाओं की संक्रान्तता में ही देखा है। 'बूढ़े पक्षी' यहाँ परम्परा के खतरनाक प्रतीक हैं, यानी शोषक-उत्पीड़क शक्तियाँ / चारों तरफ आतंक की चुस्ती और जीवन निरुपाय बिखरता हुआ। तिलक काव्य-नायक के फैसले के लिए अग्निमय धार की तरह आते हैं। इस प्रकार मुक्तिबोध जड़ता या जनविरोध के कठिन पैतरों के प्रति हरदम सावधान हैं। इसके अतिरिक्त जीवन की अनवरत शक्तिमान होती हुई अग्रगामिता को वे उसके विश्वसनीय संघर्ष में देखते हैं। उस मध्यवर्गीय क्रान्तिकारी का करुण हश्र मुक्तिबोध के काव्य-नायक के लिए सबक की तरह है जो 'जरूरत से बहुत-बहुत कम बागी' होने के कारण व्यवस्था के खूनी खेल का शिकार हो जाता है। उसे मुक्तिबोध ने 'कार्य क्षमता से वंचित असंग अस्तित्व' के रूप में पहचाना है। इस प्रकार मुक्ति के लिए संगठित संघर्ष की चुनौतियों के प्रति मुक्तिबोध के काव्य-नायक की एकाग्रता बढ़ती है। व्यवस्था के कपट का उतना ही सतर्क जवाब देने की क्षमता के साथ ही वह अपनी आत्मा को उसकी समस्त विद्रोह-चेतना के साथ व्यवस्था के 'खूनी क्रॉस एक्ज़ामिनेशन' से

1. *चाँद का मुँह टेढ़ा है*, पृ० 242
2. वही, पृ० 247
3. वही

साफ-साफ निकाल ले जाता है। इस प्रकार उसके आत्मसंघर्ष को जनसंघर्ष से गहरी एकरूपता के लिए जरूरी विस्तार प्राप्त होता है—

> गिरता हूँ चुपचाप पत्र के रूप में
> किसी एक जेब में
> वह जेब....
> किसी एक फटे हुए मन की।[1]

और निजता गहरी, भास्कर और अग्निमय हो उठती है। उसमें अपने समस्त जड़ और पतनशील से संघर्ष तीव्र हो उठता है। जीवन के विद्युत् स्पर्शों का आवेश व्यक्तित्व में निर्णायक होता जाता है। इसलिए क्रान्ति की गम्भीर जिम्मेदारी-भरी गुप्त तैयारियाँ उसके लिए अनजानी नहीं रह जातीं और वह परिणत होता है। इस व्यक्तित्वांतरण को मुक्तिबोध ने मनुष्य के मुक्तिरण का अनिवार्य मोर्चा माना है। 'क्रांति' को उन्होंने कहीं भी आसान चीज की तरह नहीं लिया है। वे उसे 'विश्व घटनाक्रम' के जोखिम-भरे अनुभवों के संक्रान्त परिप्रेक्ष्य में ही देख रहे हैं। सशस्त्र संघर्ष को वे लोकयुद्ध का अन्तिम मोर्चा मानते हैं तथा उससे पहले उन तैयारियों की आवश्यकता समझते हैं जिनके द्वारा जनता मूल्यों और प्रणालियों को विकृत करने वाले तत्त्वों के प्रति खबरदार होती है। मुक्तिबोध जनता में जगत् समीक्षा का ज्ञान और साहस अनिवार्य मानते हैं। उसकी तीव्र भावनात्मकता उन्हें आश्वस्त करती है। यह अवश्य है कि जनता के प्रति उनके प्यार और विश्वास में एक आत्यन्तिक आवेश भी है जिसके कारण वहाँ उनकी दृष्टि की द्वन्द्वात्मकता प्रभावित होती है। सम्भवतः ऐसा इसलिए है कि इस जनता को उन्होंने जनान्दोलनों में सक्रिय भागीदारी के जरिये नहीं समझा है। इसलिए उसके अन्तर्विरोधों पर उनकी दृष्टि नहीं गयी है। इसीलिए 'अँधेरे में' कविता में आये जनक्रांति के चित्र भावुक आशावादिता की अतिरंजना से बच नहीं पाये हैं किन्तु यहाँ तर्क स्वप्न का है ज़िसमें चीजों का स्फीत या आत्यन्तिक हो जाना अविश्वसनीय नहीं लगता—

> राह के पत्थर-ढोकों के अन्दर
> पहाड़ों के झरने
> तड़पने लग गये।
> मिट्टी के लोंदे के भीतर
> भक्ति की अग्नि का उद्रेक
> भड़कने लग गया।
> धूल के कण में
> अनहद नाद का कम्पन
> ख़तरनाक!!

---

1. *चाँद का मुँह टेढ़ा है*, पृ० 299

मकानों की छत से
गाडर कूद पड़े धम से।
घूम उठे खम्भे
भयानक वेग से चल पड़े हवा में।
दादा का सोंटा भी करता है दाँव-पेंच
नाचता है हवा में
गगन में नाच रही कक्का की लाठी।[1]

वगैरह में मुक्तिबोध भयानक संकट-काल की उस मूल्यवान् प्रक्रिया को देख रहे हैं जिसमें प्रत्येक वस्तु अपनी सप्राणता, गति और सम्भावना में खड़ी हो रही है। मुक्तिबोध वस्तुओं का 'प्राणाग्नि बम' में बदलना लिख रहे हैं। चारों तरफ सचेत ज्वलंत प्रकाश का गेरुआ मौसम है। सक्रिय आत्माएँ मजबूत संकल्प के साथ रण-क्षेत्र में कूद गयी हैं। सबके भीतर व्यक्तित्वान्तरण घट रहा है और खिल रहा है 'अग्नि का शतदल कोष'। निस्संदेह यह स्वप्न है। मुक्तिबोध के मुक्तिकामी काव्य-नायक की उम्मीद के चटख रंगों में सुलगता हुआ वह स्वप्न जो पूरी शक्ति से स्वप्न की निराकारता से लड़ रहा है। किन्तु स्वप्न तो स्वप्न है। इसलिए टूट जाता है मगर उसकी आत्मा में वह चमकीली प्यास जगा जाता है जिसके कारण इस स्वप्न के सच्चे आशयों की खोज उसका मुहिम बन जाती है। यहीं से उसके लिए वह प्रकाश-पथ प्रशस्त होता है जिसमें जीवन और जगत् का सच्चा अर्थ उद्घाटित है। 'प्रज्ज्वलित धी' का वही परम उत्कर्ष जो अपनी क्षमता से दुःस्वप्नों के कुटिल दबाव से मुक्त हो रहा है। इस प्रकार कविता के इन प्रकाश क्षणों का अनुभव पाठकों के लिए ऐसा ही है जैसे उन्होंने दुष्ट इच्छाओं से भरी किसी गहरी अँधेरी गुफा को लड़ते-भिड़ते पार करते हुए उसका दूसरा आजाद और प्रसन्न किनारा खोज लिया है। मुक्तिबोध के यहाँ अँधेरा जितना अमानवीय और त्रासद है, उजाला उतना ही चमकीला और भव्य। यह ठीक-ठीक आजादी के रंग का है।

मुक्तिबोध अनेक दीर्घ और बेचैन कविताओं के कवि हैं। कविता उनके लिए दुनिया को पुनः रचने वाली गम्भीर चीज है। ऐसा भी लगता है कि वे जिन्दगी-भर एक ही कविता लिखते रहे हैं और अपने स्वप्नों के ही नहीं, कविताओं के भी अधूरेपन से जूझते रहे हैं। 'अँधेरे में' भी वे अपने स्वप्न को एक सम्भावना से बड़ी परिणति नहीं दे पा रहे हैं—

वह जगत की गलियों में घूमता है प्रतिपल
वह फटेहाल रूप
तड़ित्तरंगीय वह गतिमयता
अत्यन्त उद्विग्न ज्ञान-तनाव वह

1. *चाँद का मुँह टेढ़ा है*, पृ० 266

सकर्मक प्रेम की वह अतिशयता
वही फटेहाल रूप!!
परम अभिव्यक्ति
लगातार घूमती है जग में
पता नहीं जाने कहाँ, जाने कहाँ
वह है![1]

क्या यह सच नहीं है कि क्रान्ति के अवसरवादी नेतृत्वों के छल से पिछड़ती हुई, शान्ति, मैत्री, न्याय और उदारता के दोमुँहेपन से आहत मुक्तिकामी विश्व जनता आज भी पूछ रही है—'पता नहीं जाने कहाँ, जाने कहाँ / वह है'।[2] क्या यह सच नहीं है कि पूँजीवादी विश्व के खतरों के सबसे ज्यादा संवेदनशील हिस्से की सबसे साफ समझ मुक्तिबोध को थी। वे हिस्से बेहद गूढ़ और जटिल हैं। इसीलिए मुक्तिबोध कविता के जटिल शिल्प के कवि हैं।

फैंटेसी मुक्तिबोध की काव्य-कला का औजार भर नहीं अपितु उनकी पक्षधरता और भविष्य-दृष्टि का आधार है। इसकी शक्ति से वे अपने कवि के साथ-साथ अपने चिंतक का दायित्व भी पूरा करते हैं। प्रतिबद्धता को उन्होंने सर्जनात्मक चुनौती की तरह लिया है। प्रतीक बिम्ब, मिथक, फैंटेसी या अन्य भाषिक उपकरण उनके 'आगामी के स्वप्नों' के लिए पूरी तरह तड़प के साथ संघर्ष करते हैं। इनके कारण मुक्तिबोध के लिए दुनिया के सारे भेद, उजले-साँवले किस्से और वास्तविकता के तमाम रूप या फैलाव आसमान हो जाते हैं। फैंटेसी जीवित यथार्थ ये सचेत अन्तक्रिया के साथ ही सम्पन्न होती है। यह वस्तुगत यथार्थ की सारी प्रस्तर सतहों को तोड़ती हुई उसके मूल्यवान् आशय में प्रवेश करती है। इसलिए मुक्तिबोध के काव्य-जगत् में जीवन और जगत् के तमाम अनुभव या प्रक्रियाएँ अपनी सारता में प्रकट होती हैं। इस रूपान्तरण के नियम विलक्षण हैं। इसमें तमाम ठोस सन्दर्भ, मान्यतायें, चरित्र या घटनायें आदि ऐसी सूक्ष्मता को प्राप्त करते हैं जिसमें फैलाव और गहराई का अद्‌भुत संयम बराबर बना हुआ है। इसलिए चीजों की वह एकाग्रता भी सुरक्षित है जो मुक्तिबोध को अभीष्ट है। 'गाँधी', 'तिलक', या 'टॉलस्टॉय' मुक्तिबोध के लिए इतिहास-प्रसिद्ध व्यक्तित्व भर नहीं हैं अपितु सामाजिक यथार्थ की गतिमान ऐतिहासिक प्रक्रिया के अंग हैं। उनकी परख तथा स्वीकृति के प्रति मुक्तिबोध की दृष्टि की द्वन्द्वात्मकता कायम है। 'गाँधी' की जनसामान्य को प्रभावित करने वाली भव्यता के संकेत देने के साथ-साथ वे उनके अन्तर्विरोधों को भी लक्ष्य करते हैं। 'टॉलस्टॉय' भी अपने गुणों समेत उपस्थित हैं। टॉलस्टॉय मुक्तिबोध के लिए भी मनुष्य की गहरी पीड़ा के रचनाकार हैं। उत्पीड़ित मनुष्य के लिए एक

---

1. *चाँद का मुँह टेढ़ा है*, पृ० 270
2. वही

समाधान टॉलस्टॉय के पास भी था किन्तु रूमानी और अवास्तविक। टॉलस्टॉय क्रिस्चियेनिटी की आध्यात्मिकता से प्रभावित थे। उनकी करुणा में मानवीय गहराई कम नहीं थी किन्तु उनके 'विज़न' में अमूर्तन था। इसलिए मुक्तिबोध उन्हें दूर सितारों में घूमता हुआ और वहीं से पृथ्वी को देखता हुआ लक्ष्य करते हैं। 'दूर चमकते सितारे' मुक्तिबोध के लिए हरदम क्रियागत परिणति की चुनौतियों से कटे हुए विचार और चिंतन हैं—'ढीली आँखों से देखते हैं विश्व / उदास तारे' जीवन की वास्तविक समस्याओं के समाधान न दे सकने वाले विचार ही 'उदास तारे' हैं। तिलक के 'मस्तक-कोष' के फूट पड़ने में रामविलास शर्मा ने मुक्तिबोध की अपनी अपराध-भावना या मृत्यु-भावना का तिलक जैसे क्रान्तिकारी पर आरोप माना है किन्तु तिलक यहाँ मुक्तिबोध के काव्य-नायक की मुक्ति-चेतना के लिए प्रेरणा का हार्दिक संस्पर्श हैं। वे उसकी निष्ठा और शक्ति में घुल जाते हैं।

कविता की संरचना से जुड़े हुए प्रश्नों को भी मुक्तिबोध ने अपने महान् स्वप्न और संघर्ष की अपेक्षा के अनुरूप ही हल किया है। निस्सन्देह मुक्तिबोध प्राय: दुरूह कविताओं के बीच हैं। अतिशय प्रतीकबद्धता, फैंटेसी या असम्बद्ध बिम्बों की शृंखला आदि के कारण उनकी कविता का शिल्प कठिन हो गया है किन्तु आवश्यकता उनके चिन्तन और आकांक्षा से जुड़ने की है। उनकी कविताओं के लगभग दुर्भेद्य तिलिस्म की कुंजी यही है।

●

अँधेरे में : सामाजिक परिवर्तन की पहल

—सुरेन्द्र प्रताप

'अँधेरे में' मुक्तिबोध की अन्तिम तथा 'चाँद का मुँह टेढ़ा है' की आखिरी कविता है। यह मुक्तिबोध की सबसे लम्बी तथा सशक्त कविता है। आलोचकों ने इस कविता को अलग-अलग ढंग से पहचानने की कोशिश की और यह आज भी जारी है। इसके सम्बन्ध में लिखते समय अधिकांश समीक्षकों ने मुक्तिबोध की रचना के परिप्रेक्ष्य के बजाय राजनीतिक विचारों को उधेड़ने की कोशिश की जिससे इसका कलात्मक तथा केन्द्रीय पक्ष प्रायः अधूरा और अस्पष्ट रह गया। लगभग चालीस पृष्ठों की इस कविता के आठ खण्ड हैं जिनमें सामाजिक-राजनीतिक हालातों और वर्तमान स्थितियों का बेहद तनावपूर्ण जीवंत और रचनात्मक चित्रण हुआ है।

मुक्तिबोध की कविताएँ छायावाद, प्रगतिवाद तथा मार्क्सवाद का समन्वय हैं। यह समन्वय कोई सामान्य बात नहीं बल्कि कवि के व्यापक दृष्टिकोण तथा चिन्तन का परिचायक है। प्रारम्भ में वह 'फ्रैंकफर्ट स्कूल' से प्रभावित थे परन्तु बाद में मार्क्सवादी सौन्दर्यशास्त्र की ओर उनका रुझान बढ़ा। किसी अन्य सौन्दर्यशास्त्री की अपेक्षा मुक्तिबोध का सौन्दर्यशास्त्र नया तथा विचारोत्तेजक है।

मुक्तिबोध के बारे में काफी कुछ लिखा गया है। अलग-अलग लोगों ने अलग-अलग ढंग से 'अँधेरे में' कविता पर अपनी प्रतिक्रिया व्यक्त की है। कवि शमशेर की चुनौती है कि "यह कविता देश के आधुनिक जन इतिहास, स्वतन्त्रता-पूर्व और पश्चात् का एक दहकता इस्पाती दस्तावेज है। इसमें अजब और अद्‌भुत रूप से व्यक्ति और जन का एकीकरण है। देश की धरती, हवा, आकाश, देश की सच्ची मुक्ति इसमें फफक रही है....और भावनाओं के अनेक गुम्फित स्तर पर।" कवि श्रीकान्त वर्मा का कथन है कि "इसे पहचानने में हिन्दी कविता को पचास साल लग गए। अब इस मनु को पहचाना गया जब देश अँधेरे में चला गया।" 'अँधेरे में' की व्याख्या करते हुए आलोचक नामवर सिंह का मत है कि 'अँधेरे में' कविता की ये अन्तिम पंक्तियाँ इस अस्मिता या 'आइडेंटिटी' की खोज की ओर संकेत करती हैं, जो आधुनिक मानव की ज्वलन्त समस्या है। वह मानते हैं कि कविता में दो चरित्र हैं एक काव्य नायक 'मैं' और दूसरा उसका प्रतिरूप 'वह'। 'यह विभाजन वस्तुतः एक नाटकीय कौशल-मात्र नहीं, बल्कि इसका 'आत्म-निर्वासन' (सेल्फ एलिएनेशन) है।' उनका मानना है कि कविता का नायक एक आत्म-निर्वासित व्यक्ति है। नामवर सिंह का विवेचन, 'अस्मिता की खोज' और

'आत्म-निर्वासन' की धुरी पर घूमता है। अस्मिता अस्तित्ववादी दर्शन का शब्द है जो मार्क्सवादी दर्शन के विपरीत है। यही कारण है कि उन्हें 'आत्म-निर्वासन' की मार्क्सवादी व्याख्या करनी पड़ी। काव्य-नायक 'आत्म-निर्वासित' नहीं बल्कि सभी जगह व्याप्त है। वह डीक्लास हो चुका है। वह 'एलीट' नहीं इसलिए उसे आइटेंटिटी की तलाश नहीं है। 'आत्म-निर्वासन' को आलोचकों ने मुक्तिबोध के व्यक्तित्व का विभाजित व्यक्तित्व तक कह डाला।

इस दृष्टि से 'अँधेरे में' कविता का आखिरी हिस्सा महत्त्वपूर्ण है—

इसीलिए मैं हर गली में
और हर सड़क पर
झाँक-झाँक देखता हूँ, हर एक चेहरा,
प्रत्येक गतिविधि
प्रत्येक चरित्र,
व हर एक आत्मा का इतिहास,
हर एक देश व राजनैतिक परिस्थिति
प्रत्येक मानवीय स्वानुभूत आदर्श
विवेक-प्रक्रिया, क्रियागत परिणति!!
खोजता हूँ पठार.... पहाड़.... समुन्दर
जहाँ मिल सके मुझे
मेरी वह खोयी हुई
परम अभिव्यक्ति अनिवार
आत्म-सम्भवा।

यह पूरी कविता का निष्कर्ष है जिसमें अनिवार आत्मसम्भवा परम अभिव्यक्ति की तलाश है। कवि का लक्ष्य परम अभिव्यक्ति की खोज है। वह हर गली हर सड़क पर हर चेहरा, हर गतिविधि, हर चरित्र, हर एक आत्मा का इतिहास, हर एक देश, राजनीतिक परिस्थिति, विवेक-प्रक्रिया आदि का सूक्ष्मता से आकलन कराता है। यह तलाश अँधेरे में हो रही है और जारी है।

कविता का आरम्भ एक तिलस्मी खोह के रहस्यमय दृश्य से होता है जो अत्यन्त नाटकीय है—

ज़िन्दगी के....
कमरों में अँधेरे
लगाता है चक्कर
कोई एक लगातार।

लेकिन रहस्यमय व्यक्ति दिखायी नहीं देता सिर्फ उसके चलने की आहट बार-बार सुनाई पड़ती है। वह कौन है? अकस्मात् भीत के फूले हुए पलस्तर गिरते

हैं, चूने भरी रेत गिरती है। पपड़ियाँ इस प्रकार खिसकती हैं कि स्वयं कोई एक बड़ा चेहरा बना जाता है। नुकीली नाक, भव्य ललाट, दृढ़ हनु। प्रश्न है कि वह कौन मनु ? समीक्षकों को लगा कि मुक्तिबोध के मनु कामायनी के मनु से मिलते-जुलते हैं। लेकिन मुक्तिबोध का मनु प्रसाद के मनु जैसा नहीं है। मनु के बारे में मुक्तिबोध 'कामायनी : एक पुनर्विचार' में लिखते हैं कि ''प्रसाद का मनु उसी वर्ग का मनु है, जिस वर्ग के प्रसादजी हैं।'' आगे कहते हैं कि ''मनु एक टाइप है, वह वर्ग टाइप जिसकी शासन-सत्ता तथा ऐश्वर्य छिन गया हो। उस वर्ग की समस्त प्रवृत्तियाँ मनु में हैं।'' इस प्रश्न के साथ काव्य-नायक प्रकट होता है। उसे याद आता है कि यह वही रहस्य व्यक्ति है जो कभी शहर के बाहर पहाड़ी के उस पार तालाब के सलिल के तम स्याह शीशे में कुहरीली श्वेत आकृति में प्रकट हुआ था और थोड़ी देर बाद लाल-लाल कुहरे से एक रक्तालोक स्नात पुरुष निकलता हुआ दिखाई पड़ा था। रात के अँधियारे में बंद दरवाजे की साँकल खटखटाने वाला शायद यही है। इस काव्य-नायक को लेकर हिन्दी आलोचना में काफी विवाद चला। आलोचक रामविलास शर्मा का कहना है कि यह स्वयं मुक्तिबोध हैं। इसमें फासीवादी व्यवस्था का जुलूस, नगर में मार्शल लॉ का वर्णन है। इस कविता का शीर्षक 'आशंका के द्वीप अँधेरे में' था। मुक्तिबोध ने 'आशंका के द्वीप' शीर्षक को श्रीकांत वर्मा से कहकर हटवा दिया। इस प्रकार कविता का आशय बदल गया। वास्तव में कवि के मन में आशंका थी कि कहीं हमारे देश में फासीवाद न आ जाय। उनकी आशंका सही थी। मुक्तिबोध एक बेहद संवेदनशील, सचेत तथा प्रतिबद्ध कवि थे। उनकी आशंका के पीछे एक जबरदस्त पृष्ठभूमि थी जिसे उन्होंने झेला, भोगा था।

मुक्तिबोध को आशंका थी कि पूँजीवादी साम्प्रदायिक शक्तियाँ अपने अस्तित्व के लिए जनतान्त्रिक व्यवस्था समाप्त कर निरंकुश और बर्बर सत्ता कायम कर सकती हैं। अपने अर्थ-लाभ तथा सत्ता पर नियन्त्रण के लिए वे किसी हद तक जाकर फासिस्ट हुकूमत कायम करेंगी। फिर यह हुकूमत सामाजिक परिवर्तन का दमन करेगी। इस प्रकार सैनिक शासन मार्शल लॉ कायम करता है। काव्य-नायक जो अपने कमरे में चिन्ताकुल पड़ा है, शोर-गुल सुन कर किसी जुलूस के गुजरने का अनुमान लगाता है। वह गैलेरी में आकर देखता है। 'रोमांचकारी और जादुई करामात' वातावरण बहुत भयावह तथा तनावपूर्ण है। 'एक स्वप्न कथा' शीर्षक कविता में इस प्रकार के जुलूस का वर्णन है। जुलूस में शहर के अनेक प्रसिद्ध नेता, शहर का गुण्डा डोमाजी 'उस्ताद' तथा मन्त्री, पत्रकार, प्रकाण्ड आलोचक, कवि, उद्योगपति अनेक शामिल हैं। जुलूस अत्यन्त रोमांचक तथा अर्थगर्भित है। उसमें पंक्तिबद्ध गैसलाइट है। जुलूस की भयावहता तथा रहस्यमयता सैनिक है, अधिकारी हैं, टैंक, मोर्टार और आर्टिलरी हैं। जुलूस की भयावहता तथा रहस्यमयता बैंड पार्टी के बाजों की गम्भीर तरंग ध्वनियों से पता चलता है। कवि, जुलूस के माध्यम से

भ्रष्ट, बर्बर, आततायी और निरंकुश सत्ता को पूरी बेबाकी से बेनकाब करता है। पूँजीवादी व्यवस्था के पक्षधर सिर्फ व्यापारी, मन्त्री या अपराधी ही नहीं बल्कि प्रकाण्ड आलोचक, कवि, पत्रकार तथा विद्वान् भी हैं। ये सभी अवसरवादी, क्रांति-विरोधी तथा फासिज्म समर्थक हैं। पूँजीवाद के पक्षधर आलोचक, कवि, विचारक व पत्रकार, मन्त्री, उद्योगपति, विद्वान् और अपराधकर्मी सभी दिन में विभिन्न दफ्तरों, केन्द्रों और घरों में मिल-बैठ कर षड्यंत्र करते हैं। कवि ने जुलूस में उनका चेहरा दिखला कर उन्हें पूरी तरह नंगा कर दिया है।

सहसा जुलूस में शामिल कुछ लोग वाचक को देख लेते हैं। अपनी शिनाख्त हो जाने के बाद षड्यंत्रकारी हत्यारे वाचक को जान से मारने के लिए उतावले हो उठते हैं—'मारो गोली, दागो स्साले को एकदम।'

काव्य-नायक कहता है : हाय, हाय। मैंने उन्हें देख लिया नंगा। इसकी मुझे और सजा मिलेगी। यह डर और खौफ काव्य-नायक के मन में समाया हुआ है।

काव्य-नायक का स्वप्न एकाएक टूटता है। चार का गजर खड़कता है। उसके शरीर में शक्ति नहीं। वह सम्भावित घटनाओं से सतर्क है। अकस्मात् सेना सड़कों को घेर लेती है। जब कभी जनक्रान्ति की स्थितियाँ अनुकूल होती हैं और आम जनता विद्रोह कर उठती है, उसे कुचलने और नेस्तनाबूद करने के लिए सत्ता बराबर 'मार्शल लॉ' का प्रयोग करती है। यह हर उस आदमी का पीछा करती है जो व्यवस्था के विरुद्ध जनक्रान्ति या विद्रोह में कहीं न कहीं शामिल है।

मॉर्शल लॉ है!
दम छोड़ रहे हैं भाग गलियों में मरे पैर,
साँस लगी हुई है,
ज़माने की जीभ निकली पड़ी है,
कोई मेरा पीछा कर रहा है लगातार।

कविता के उत्तरार्द्ध में 'भागता मैं दम छोड़ घूम गया कई मोड़' की अनेक चार आवृत्ति की गई है। दरअसल मुक्तिबोध जिस बात को अधिक फोकस करना चाहते हैं, उसे कई बार दोहराते हैं। ये पंक्तियाँ कवि की मानसिकता के साथ-साथ व्यवस्था के दमन-चक्र को पूरी तरह उजागर करती हैं। कवि पुनः बरगद की छाँव में पहुँचता है।

'बरगद' मुक्तिबोध का प्रिय प्रतीक है। डॉ० राममनोहर लोहिया का भी प्रिय प्रतीक रहा है। बरगद कवि की कई कविताओं 'कल जो हमने चचाई की थी', 'पता नहीं', 'चाँद का मुँह टेढ़ा है' आदि में बार-बार दिखाई देता है। यह सभी उपेक्षितों, वंचितों, गरीबों का घर है। छत है। वहीं रहता है एक सिरफिरा आदमी। वह अचानक पागल होकर 'आत्मोद्बोधन' के गीत गाता है। इस आदमी के बारे में आलोचकों ने अलग-अलग मत व्यक्त किया है। डॉ० रामविलास शर्मा इसे

मुक्तिबोध का स्वर मानते हैं। पागल सिरफिरा पागल नहीं, पागल क्रान्तिकारी है। परिवर्तन-विरोधियों ने इसे पागल करार दिया है। वह कवि को सामाजिक परिवर्तन के लिए प्रेरित करता है। स्वप्न के साथ-साथ कवि आत्म-निरीक्षण भी करता है : 'अब तक क्या किया? जीवन क्या जिया।' यह अपराध-भावना से ग्रस्त हो उठता है। 'बहुत-बहुत ज्यादा लिया, दिया बहुत-बहुत कम मर गया देश, अरे, जीवित रह गये हम।' यह अतीत की निरर्थकता की अभिव्यक्ति है। बहुत हद तक आदर्शों-सिद्धान्तों को क्रियान्वित न कर पाने की स्वीकारोक्ति है। यह 'स्वीकारोक्ति तथा आत्म-भर्त्सना', 'भूल-गलती', 'अंत:करण का आयतन', आदि कविताओं में भी देखा जा सकता है।

आत्म का ऐसा प्रखर स्वर निराला के सिवा किसी दूसरे कवि की रचनाओं में सुनाई नहीं देता। कवि पूरी ईमानदारी से यह प्रश्न स्वयं से पूछता है। वह अत्यधिक बेचैन हो जाता है। 'क्या करूँ किससे कहूँ, कहाँ जाऊँ दिल्ली या उज्जैन?' कवि की बेचैनी सही है। वह चिन्तित तथा उद्विग्न है। यह तय नहीं कर पा रहा है कि अपनी बात किससे कहूँ? दिल्ली या उज्जैन कहाँ जाऊँ? जहाँ मेरी बात सुनी जाय? यह कवि की ही बेचैनी नहीं, पूरे प्रगतिशील समाज की भी है।

एकाएक कवि की चेतना उसे जागृत करती है। वह चौंक उठता है। एकाएक सिर पर थरथरी दौड़ जाती है : 'बन्दूक धाँय-धाँय मकानों के ऊपर प्रकाश-सा छा रहा गेरुआ' गोली की आवाज सुनते ही वह पूरे दम से भागता है। कई मोड़ घूमता है। बन्दूक छूटने से मकानों के ऊपर गेरुआ रंग छा गया।

भय और आंतक की मन:स्थिति में उसका दिमाग चक्कर खाकर एक मुँदे हुए मकान की सीढ़ी पर सिर पकड़ कर बैठ जाता है। सम्भावित 'केयास' और 'आतंक' की स्थिति से कवि आतंकित और भयभीत है।

'आतंक' और 'दहशत' की स्थिति कवि की अन्य कविताओं 'चंबल की घाटी में', 'इस चौड़े ऊँचे टीले में' भी देखी जा सकती है। मुक्तिबोध की कविताओं में बीच-बीच में विशेष स्थितियों में प्रतीकों, बिम्बों के माध्यम से 'हॉरर' और 'टेरर' को सृजित किया गया है। यह 'हॉरर' और 'टेरर' रात के अँधेरे में वातावरण को भयावह और कौतूहलपूर्ण बनाने के साथ-साथ मूर्त भी बनाता है। मुक्तिबोध ने कविताओं में आर्केटाइपल बिम्बों का प्रयोग किया है। प्रसिद्ध मनोवैज्ञानिक सी०जी० जुंग का कथन है "यह एक प्रकार का आदिम बिम्ब है। मानव के सामूहिक अवचेतन का आर्केटाइपल अंग है। वह मानव के मन में विशेष रूप से हमेशा तथा हर समय विद्यमान रहता है।" आर्केटाइपल बिम्ब कवि के सामूहिक अवचेतन से ही सम्बन्धित नहीं रहता बल्कि जब वह अपनी काव्य-प्रतिक्रिया से गुजरने लगता है, आदिम बिम्ब स्वत: आने लगते हैं। कवि ने 'अँधेरे में' इसी प्रकार के आदिम बिम्बों को प्रयुक्त कर कविता को एक नया आयाम, नयी अर्थवेत्ता प्रदान की है।

कवि अपने समकालीन सामाजिक-राजनीतिक स्थितियों-विकासों का मूल्यांकन करता हुआ मानव की बौद्धिकता के विकास में जाता है। वह समूची मानव बौद्धिकता की विकास-परम्परा समसामयिक सन्दर्भों में आँकता है। कविता मानव-विकास की निधियाँ, जो 'विस्तृत खोह के साँवले तल में निहित है और तिमिर को भेद कर चमकते हैं पत्थर मणियाँ और रेडियो ऐक्टिव रत्न इन पर झरता है प्रबल प्रपात।' वास्तव में ये रत्न और मणियाँ मानव-विकास की मणियाँ हैं। मुक्तिबोध की कुछ अन्य कविताओं में भी इसी प्रकार के 'चमकते रत्न' मिलते हैं, जो सिर्फ चमकीले नहीं अपितु वे अनुभव, वेदना, विवेक के यथार्थ हैं। कवि पाता है कि यह ज्ञान मानव के अनुभव, वेदना और विवेक का ज्ञान है। कवि भीतर से बाहर की ओर आता है। आन्तरिक और बाह्य विचारों में टकराहट तीव्र हो जाती है।

दृश्य बदलता है। वह देखती है, सुनसान चौराहा फैला है, उसके बीच घण्टा घर जो गेरुए रंग का और वीरान है। इसी प्रकार के 'घण्टा घर' का चित्रण 'चाँद का मुँह टेढ़ा है' में भी है लेकिन यहाँ समय रुका हुआ है। इसमें कोई गति नहीं। यह 'गगन में चुपचाप अनाकार खड़ा है।' यहाँ रात की हवाओं में काल टहलता है। 'गुम्बद विवर में बैठे बूढ़े असम्भव पक्षी बहुत तेज नजरों से देखते हैं सब ओर' वे भयानक इरादों का संकेत करते हैं।

काव्य-नायक सुनसान चौराहे पर खड़ा है। चौक के बीच 'बन्दूक जत्था' और टैंकों का दस्ता, देखते ही भाग वह खड़ा होता है। कविता में कई दृश्यों में तिलक की मूर्ति दिखाई पड़ती है और महात्मा गाँधी की छवि उभरती है। तिलक की मूर्ति हिलती है। 'अतिशय चिन्ता के कारण मस्तक कोष ही फूट पड़े सहसा।' इस सन्दर्भ में डॉ० रामविलास शर्मा का कथन है, "जैसी दशा मुक्तिबोध की होने वाली थी, उसकी कल्पना मानो तिलक की मूर्ति में करते हैं।" आलोचक बच्चन सिंह का मत है, "तिलक का प्रतीक एक क्रान्तिकारी का प्रतीक है किन्तु वह प्रभावशाली नहीं बन सका है।" परन्तु कवि का संकेत कुछ और है और वह मत है कि तिलक की राजनीति आज नहीं है। आमूल-चूल परिवर्तन के लिए 'जनक्रान्ति' के अतिरिक्त दूसरा विकल्प नहीं है।

विवेक के रंदे से छीलकर मुक्तिबोध अपना नया व्यक्तित्व गढ़ने का प्रयत्न करते हैं। आतंकपूर्ण यथार्थ के सन्दर्भ में कवि विवेक के माध्यम से आत्म (सेल्फ) को पहचानने की कोशिश करता है। 'ब्रह्मराक्षस' में वही मैल धोता है, देह घिसता है फिर भी मैल नहीं छूटती है। यह बुद्धिजीवी की अपराध-भावना है।

तिलक के बाद गाँधी दिखाई देते हैं, सर्दी में बोरा ओढ़े हुए। वे ठंढ से काँप रहे हैं। पास आने पर बिजली का झटका लगता है और गाँधी कहते हैं—

भाग जा, हट जा, हम हैं गुजर गये
जमाने के चेहरे, आगे तू बढ़ जा।

कवि परम्परा से जुड़कर आगे बढ़ना चाहता है। वह नई पीढ़ी को आगे आने की बात करता है। गाँधी और तिलक के विचारों से आगे निकलने का प्रश्न है। 'चाँद का मुँह टेढ़ा है' में भी गाँधी आते हैं। गाँधी के प्रति कवि की अटूट श्रद्धा है, परन्तु कवि नई पीढ़ी को जनक्रान्ति के लिए गाँधीवादी सिद्धान्तों से आगे निकलने की बात करता है। गाँधी के कथन से वह सहमत है। 'मिट्टी के लोंदे में किरगीले कण-कण गुण हैं, जनता के गुणों से ही सम्भव भावी का उद्भव.... ?'

गाँधी ने सामाजिक-राजनीतिक परिवर्तन की जो कल्पना की थी उसे जनता ही पूरी कर सकती है। जनता द्वारा ही क्रान्ति सम्भव है। गाँधीजी अपनी परम्परा को आगे बढ़ाने के लिए काव्य-नायक को अपनी विरासत के रूप में 'शिशु' को सौंपते हैं : 'मेरे पास चुपचाप सोया हुआ था संभालना इसको, सुरक्षित रखना।' गाँधी इसे सिर्फ सम्भालने और सुरक्षित रखने को कहते हैं। शिशु 'नन्हा-सा आकाश' है, 'भावी की गंध है।' काव्य-नायक शिशु के प्रति गम्भीर दायित्व का अहसास करता है। शिशु सूरजमुखी के गुच्छे में बदल जाता है। गुच्छे रायफल में। जल्दी-जल्दी दृश्य-परिवर्तन एक निष्कर्षात्मक अभियान का संकेत देता है। परिवर्तन या क्रान्ति अहिंसा से सम्भव नहीं है, इसलिए अहिंसा के स्थान पर बन्दूक को ही यह कारगर हथियार मानता है। कवि की दृष्टि साफ है। फासिस्ट व्यवस्था को हटाने या उसके ध्वंस के लिए रायफल ही एकमात्र हथियार हो सकता है।

दृश्य बदल गया है—गली के एक मकान, मकान की अँधियारी सीढ़ियों को चढ़कर काव्य-नायक कमरे में दाखिल होता है। टॉर्च की रोशनी में देखता है 'भौंहों के बीच गोली का सुराख।' वह संदेहास्पद समझ कर मारा गया क्योंकि वह क्रान्तिकारी था। 'मर गया एक युग, मर गया एक जीवनादर्श। जो निहत्था होगा मारा जायेगा इसलिए हथियार या रायफल जरूरी है।' कवि का मत है कि सिर्फ 'जीवनादर्श' से कुछ नहीं होगा, उसे समाज में लागू करने के लिए वैज्ञानिक पद्धति तथा व्यावहारिक ज्ञान चाहिए जिसका 'ब्रह्मराक्षस' और 'कलाकार' दोनों में अभाव रहा। फासिस्ट आततायी क्रूर और निर्मम होता है। उसके स्वार्थों के विपरीत काम करने वाले को वह किसी कीमत पर बर्दाश्त नहीं कर सकता। फासिस्ट आततइयों से 'जीवनादर्श' तथा निहत्थे या अकेले नहीं निपटा जा सकता अत: सामूहिक प्रतिरोध करना होगा। काव्य-नायक महसूस करता है दोस्तो (कॉमरेडों) की खोज और 'नये-नये सहचर / सकर्मक सत्‌चित् भास्कर।' क्योंकि वह जानता है कि 'अकेले में मुक्ति नहीं मिलती, वह है तो सबके साथ ही।' उसकी मुक्ति की अवधारणा व्यापक तथा सार्वजनिक है। काव्य-नायक नये-नये साथियों को एकजुट करना आवश्यक मानता है। यह उसकी अनिवार्यता भी है।

लेकिन जीने से उतरते ही काव्य-नायक सहसा विद्रूपों द्वारा पकड़ लिया जाता है। दमन-चक्र चलाने वाले आततायी खतरनाक मान कर उसे प्रताड़ित करते

हैं। उसकी स्क्रिनिंग करते हैं। 'भूल गलती', 'इस चौड़े ऊँचे टीले' के अंश 'अँधेरे में' से काफी मेल खाते हैं। दमनकारी सिर की हड्डी तोड़ते हैं ढूँढ़ते हैं, 'मस्तक यंत्र में कौन विचारों की कौन-सी ऊर्जा' कहाँ प्रेस है? कहाँ से पर्चे छपते हैं? 'इस संस्था के सेक्रेटरी को खोज निकालो', शायद उसका ही नाम हो आस्था। 'कहाँ है सरगना इस टुकड़ी का?' उसकी थॉरोली स्क्रिनिंग की जाती है। आपात्कालीन संक्रमण की स्थिति में सत्ता समाज पर सेंसर लागू करती है। यह सेंसर प्रेस, संस्था के सेक्रेटरी तथा बुद्धिजीवी पर लागू है। बुद्धिजीवी अपने को सेंसर की यातना से मुक्त करने की कोशिश करता है। वह मुक्ति की राह निकाल लेता है। कठोर यातनाओं को झेलने के बाद काव्य-नायक रिहा कर दिया जाता है। लेकिन फासिस्ट हुकूमत के गुप्तचर उसका पीछा नहीं छोड़ते। अब साथियों को एकजुट कर क्रान्तिकारी संघर्ष की तैयारी होती है। कवि का काम रंगीन पत्थर-फूलों से नहीं चलता। सारी यन्त्रणा, यातना के सम्भावित खतरे उठाकर पुराने मूल्यों को तोड़ना होगा। उसे अभिव्यक्ति का संकट नजर आता है 'तोड़ने ही होंगे मठ और गढ़ सब।' बिना मठों और गढ़ों को तोड़े अपने लक्ष्य तक नहीं पहुँचा जा सकता है। जहाँ 'झील के हिमशीत सुनील जल में', 'अरुण कमल' का पता रहता है। काव्य-नायक उस तक पहुँचने के लिए 'दुर्गम पहाड़ों' और झील के जल में धँसने का जोखिम उठाने को तैयार है। कमल क्रान्ति का प्रतीक है। अत: अपने लक्ष्य तक पहुँचने के लिए काव्य-नायक किसी भी प्रकार का जोखिम उठाने को तैयार है। लेकिन विचित्र अनुभव—

> जितना मैं लोगों की पाँतों को पारकर
> बढ़ता हूँ आगे,
> उतना ही पीछे मैं रहता हूँ, अकेला।

डॉ० रामविलास शर्मा का कथन है कि "निम्नमध्य वर्ग के औसत बुद्धिजीवी की यही स्थिति है। यह स्थिति सिर्फ निम्न वर्ग के बुद्धिजीवी की ही नहीं, पूरे बुद्धिजीवी वर्ग की है। जनता उसके विचार 'विक्षोभ-मणियों, विवेक रत्नों को लेकर अँधेरे में बढ़ती है।' जनता उसके विचारों को कार्यरूप में लाना चाहती है। लेकिन उसके साथ बुद्धिजीवी आगे बढ़ नहीं पाता—

> किन्तु मैं अकेला।
> बौद्धिक जुगाली में अपने में दुकेला।

पूँजीवादी व्यवस्था जनता को अधिक दिन गुमराह नहीं कर सकती। पूँजी से जुड़ा हुआ हृदय नहीं बदल सकता : 'स्वतन्त्र व्यक्ति का वादी, छल नहीं सकता मुक्ति के मन को, जन को। गाँधीजी के हृदय-परिवर्तन के सिद्धान्त के प्रति जनता का मोहभंग होता है क्योंकि उससे पूँजी से जुड़े हुए हृदय को बदल पाना सम्भव

नहीं। जनता में जागृति आ रही है। वह जानती है कि 'संशोधनवादी' तरीके से पूँजी से जुड़े हुए हृदय को बदला नहीं जा सकता। जनता समाज परिवर्तन की हामीदार है। क्रान्ति भी जनता ही करेगी। 'मेरे लोग' कविता में मुक्तिबोध ने लिखा है कि 'किसी की खोज है उनको / किसी नेतृत्व की।' यह नेतृत्व क्रान्तिकारी ही कर सकता है, बुद्धिजीवी नहीं। नामवर सिंह का कहना है कि "परम्परा से बुद्धिजीवी वर्ग के लोग ही यह नेतृत्व करते आये हैं" परन्तु मुक्तिबोध को तथाकथित बिके हुए बुद्धिजीवियों पर भरोसा नहीं है। 'बौद्धिक वर्ग है क्रीतदास' के उत्तर में नामवर सिंह सफाई देते हैं, "निस्सन्देह कुछ लोग ऐसे हैं जो एकदम क्रीत दास नहीं हैं, लेकिन वे सबसे असंग रहकर अपने निजत्व की रक्षा में तल्लीन रहते हैं।" नामवरजी के कथन से स्पष्ट है एकदम क्रीतदास नहीं, पर हैं क्रीतदास ही। यही कारण है कि 'ब्रह्मराक्षस' सामाजिक परिवर्तन कर पाने में विफल हो जाता है। क्योंकि वह ज्ञान को कार्यरूप में परिणत नहीं कर पाता। यही बुद्धिजीवी की ट्रेजेडी है। इससे स्पष्ट है कि वे क्रान्ति का नेतृत्व नहीं कर सकते। मुकित्बोध की चिन्ता सही है इसलिए वह दोस्तों तथा नए-नए लोगों की तलाश करते हैं। वे सर्वहारा क्रान्ति के लिए सर्वहारा की तलाश करते हैं।

कविता का अन्तिम तथा आठवाँ खण्ड पुनः भयावहता 'हॉरर', 'तनाव' और 'कौतूहल' के नाटकीय स्तर से प्रारम्भ होता है। नगर में भयानक धुँआ उठ रहा है। काव्य-नायक देखता है 'नगर से भयानक धुँआ उठ रहा है। कहीं आग लग गई कहीं गोली चल गई।' इसे छः बार दोहराया गया है। डॉ० इन्द्रनाथ मदान का मानना है "इसका बार-बार दुहराया जाना अलग-अलग स्थितियों के चित्रण में है। इसलिए यह संरचना का अभिन्न अंग है।" दरअसल मुक्तिबोध जिस बात को महत्त्व देते हैं उसके सन्दर्भ में अपनी बात पूरी ताकत से कहते हैं। पंक्तियों का दुहराया जाना एक विशेष अर्थ-प्रक्रिया को पुष्ट करता है। कविता हर बार अर्थ की नई परत खोलती है। कवि क्रान्ति के चित्र को व्यापक धरातल तथा नई अर्थवत्ता प्रदान करने के लिए इस तकनीक का सहारा लेता है। कविता की यह 'सुसंबद्धता' और ध्वनि नगर के वातावरण के आतंक 'केयास' को और प्रभावशाली ढंग से प्रस्तुत करती है।

सड़कों पर सुनसान फैला है। हवाओं में अदृश्य गर्मी है। यह गर्मी ज्वालामुखी की गर्मी है। ज्वालामुखी की गर्मी में वह उग्र क्रान्ति के जन संगठन की कार्यवाही देखता है—

> साथ-साथ घूमते हैं, साथ-साथ रहते हैं
> साथ-साथ सोते हैं, खाते हैं, पीते हैं,
> जन-मन उद्देश्य!!

क्रान्तिकारी एक साथ घूमते, रहते, सोते और खाते हैं। उनका और जनता का उद्देश्य एक है। वे अपने लक्ष्य तक पहुँचने के लिए सतत संघर्षरत हैं। लेकिन चुप हैं—

सब चुप, साहित्यिक चुप और कवि मन निर्वाक्
चिन्तक, शिल्पकार, नर्तक चुप हैं
उनके ख़याल से सब गप है
मात्र किंवदन्ती।

अधिकांश बुद्धिजीवी किताबी और रोमांटिक होते हैं। ये संशोधनवादी हैं। इसलिए क्रान्ति की सच्चाई स्वीकार नहीं कर पाते। बुद्धिजीवियों की नपुंसकता को बेनकाब करते हुए कवि कहता है—

बौद्धिक वर्ग है क्रीतदास,
किराये के विचारों का उद्‌भास।

आग लगने और गोली चलने पर बुद्धिजीवी की प्रतिक्रिया स्वार्थपरक तथा क्रान्ति-विरोधी है। बुद्धिजीवी आत्म-केन्द्रित, आत्मग्रस्त तथा स्वार्थी है। इसलिए क्रान्तिकारियों के साथ नहीं हो पाता। बुद्धिजीवी से निराश होकर कवि जनता की ओर मुखातिब होता है—

राह के पत्थर-ढोकों के अन्दर
पहाड़ों के झरने
तड़पने लग गये।
मिट्टी के लोंदे के भीतर
भक्ति की अग्नि का उद्रेक
भड़कने लग गया।
धूल के कण में
अनहद नाद का कम्पन
ख़तरनाक!!
क्रान्ति में दद्दा का सोटा भी दाँव-पेंच करता
गगन में नाच रही है कक्का की लाठी।
एक-एक वस्तु प्राणाग्नि-बम है।
ये परमास्त्र हैं, प्रक्षेपास्त्र हैं, यम हैं।

काव्य-नायक क्रान्ति के अनेक मोहक दृश्य देखता है। वास्तव में यह स्वप्न नहीं, सच्चाई है। फैण्टेसी के माध्यम से कवि सच को उजागर करता है। जनक्रान्ति का यह दृश्य रोमांटिक नहीं, यथार्थ परक है। ये सभी क्रिया व्यापार क्रान्ति के सिर्फ सहायक नहीं, क्रान्ति के हिस्से हैं। इस उद्धरण से साफ है कि परिवर्तन की शक्ति जनता में निहित है। 'चकमक की चिनगारियाँ' कविता में भी क्रान्ति का उल्लेख है।

इस कविता में आग भभकने का सन्दर्भ लेते हुए नामवर सिंह का कहना है, ''यह आग क्रान्ति है और ये पंक्तियाँ क्रान्ति का आह्वान हैं'' (पृ० 247)। डॉ० रामविलास शर्मा नामवर सिंह के कथन पर प्रश्न उठाते हैं कि ''नामवर सिंह ने स्पष्ट नहीं किया है कि यह किस तरह की क्रान्ति है, एकदम सशस्त्र या एकदम असशस्त्र, या दोनों के बीच की।'' डॉ० शर्मा कविता के केन्द्रीय भाव से हट कर इस प्रकार के प्रश्न करते हैं। इसे कुछ स्पष्ट करने का प्रश्न ही नहीं उठता। नामवर सिंह ने कविता के मुख्य भाव को स्पष्ट करने का प्रयास किया है। कविता में काफी कुछ संकेत से कहा-लिखा जाता है।

डॉ० रामविलास शर्मा क्रान्ति के सन्दर्भ में कई प्रश्न उठाते हैं। अपनी पुस्तक 'नयी कविता और अस्तित्ववाद' में लिखते हैं—''मुक्तिबोध सन् '43 से क्रान्ति का सशस्त्र रूप ही देखते आये थे, इसमें सन्देह नहीं कि इस क्रान्ति का संगठन करने वाली कोई क्रान्तिकारी पार्टी नहीं है। अनेक कविताओं में जनक्रान्ति का उल्लेख है। कहीं भी पार्टी के रूप में क्रान्तिकारियों के संगठन का उल्लेख नहीं है। हर जगह क्रान्ति करने वाला, क्रान्ति की प्रेरणा देने वाला, क्रान्ति का संगठन करने वाला एक ही व्यक्ति है, वह है कविता का नायक। उसे आप मुक्तिबोध मानें चाहे उनसे भिन्न कोई और व्यक्ति। यह क्रान्ति पार्टी संगठन के बिना स्वत:स्फूर्त ढंग से होती है और कविता का नायक उसका स्रष्टा या द्रष्टा।'' डॉ० शर्मा एक वरिष्ठ तथा समझदार आलोचक हैं परन्तु वह कविता में पार्टी की तलाश करते हैं। उन्हें क्रान्तिकारियों के संगठन की चिन्ता है। उनका मानना है कि क्रान्ति करने वाला, प्रेरणा देने वाला तथा क्रान्ति संगठन करने वाला एक ही व्यक्ति है वह कविता का नायक है। इसमें सन्देह नहीं की क्या बात है लेकिन वह अकेला नहीं।

जनता उसके साथ है। कविता कविता होती है इतिहास नहीं कि उसमें व्यापक स्तर पर हर चीज का ब्यौरा प्रस्तुत किया जाना सम्भव हो। इसलिए शर्मा का प्रश्न तार्किक नहीं है। उनका मत है कि क्रान्ति चाहे सशस्त्र हो और चाहे नि:शस्त्र, चाहे दोनों का मिला-जुला रूप हो, मार्क्सवादी धारणा के अनुसार वह एक क्रान्तिकारी पार्टी संगठित किए बिना सम्भव नहीं हो सकती। डॉ० शर्मा काव्य-कला या सर्जनात्मकता पर गौर किए बिना मार्क्सवादी धारणा का उद्धरण देने लगते हैं। इसी प्रकार के जड़ विचारों के कारण प्रगतिवादी कविता के विरुद्ध आन्दोलन खड़ा हुआ तथा कवियों की सैद्धान्तिक प्रतिबद्धता के फ्रेम से कविता को बाहर निकालने का मौका मिला। डॉ० शर्मा आगे कहते हैं—'मुक्तिबोध के चिंतन का केन्द्र है व्यक्ति' जो सर्वथा अनुचित तथा भ्रामक है जबकि मुक्तिबोध के चिन्तन का केन्द्र व्यक्ति-विरोधी है। वह व्यक्ति का निषेद्य कर सामाजिकता के पक्षधर हैं। मुक्तिबोध एक प्रतिबद्ध मार्क्सवादी कवि एवं विचारक हैं। उनके चिंतन का केन्द्र व्यापक तथा मानवीय है। इसलिए डॉ० शर्मा का कथन अनुचित तथा असंगत है।

''नयी कविता का आत्मसंघर्ष तथा अन्य निबन्ध काव्य एक सांस्कृतिक प्रक्रिया है और फिर भी वह एक आत्मिक प्रयास है। उसमें जो सांस्कृतिक मूल्य परिलक्षित होते हैं, वे व्यक्ति की अपनी देन नहीं, समाज की या वर्ग की देन हैं'' इस उद्धरण से मुक्तिबोध का विचार स्पष्ट होता है। मुक्तिबोध का मत है कि ''यदि लेखक आज ईमानदार है, तो उसे अपने प्रति और अपने युग के प्रति अधिक उत्तरदायी होना होगा। उसे अपनी सौन्दर्याभिरुचि के सेन्सर्स जरा ढीले करने होंगे, विषय-संकलन को स्वानुभूत विवेक के विश्वचेतस हाथों में सौंपना होगा, अभिव्यक्ति-क्षमता बढ़ाने के लिए अथक प्रयास करना होगा।'' उद्धरण से स्पष्ट है कि मुक्तिबोध का चिंतन वैयक्तिक न होकर व्यापक तथा सार्वजनिक है। सिर्फ 'अँधेरे में' ही नहीं, अन्य कविताओं में कवि की दृष्टि वैयक्तिक न होकर निर्वैयक्तिक है। प्रगतिशील कविता यदि प्रतिबद्ध है तो वह वैयक्तिक हो नहीं सकती फिर मुक्तिबोध की कविताएँ सामाजिक सन्दर्भों की कविताएँ हैं जिसमें समाज में परिवर्तन की ललक एवं बेचैनी के साथ जोखिम की हद तक जाने का संकल्प है।

'अँधेरे में' कविता पर प्रारम्भ में तो नहीं, बाद में काफी कुछ लिखा गया। मुक्तिबोध के सन्दर्भ में आलोचकों के अलग-अलग मत हैं। कुछ ने इन्हें मार्क्सवादी, कुछ ने प्रयोगवादी, कुछ ने नयी कविता का कवि कहा है। एक वर्गविशेष के लोगों ने काव्य के समूचे कथ्य के बगैर उन्हें महान् कवि की संज्ञा दी और भावुकतापरक विशेषणों की झड़ी लगा दी। वास्तव में मुक्तिबोध सिर्फ कवि ही नहीं, निबन्धकार, आलोचक, कथाकार तथा विचारक भी हैं। उनके विचारों को समझे बगैर उन्हें तथा उनके काव्य को समझ पाना सम्भव नहीं होगा। उन्हें समझने के लिए उनके विचारों की तह में जाना होगा।

हिन्दी में निराला के बाद निश्चित ही मुक्तिबोध सर्वाधिक शक्तिशाली कवि के रूप में उभर कर आते हैं। उन्होंने नयी कविता को छायावादी वैयक्तिकता के कुहासे से ही नहीं निकाला, उसे एक मजबूत प्लैटफॉर्म दिया। उन्होंने कवि को नई दृष्टि, नये विचार, नई भाषा तथा नई अर्थवत्ता प्रदान की।

'अँधेरे में' कविता निश्चित ही छायावादोत्तर कविता का श्रेष्ठ रूप है। इस कविता का सृजन व्यापक मानवीय तथा सामाजिक धरातल पर खींचा गया है। मुक्तिबोध की कविता किसी समाज, देश एवं उसकी आर्थिक संस्कृतियों के हालात का ही चित्र नहीं प्रस्तुत करती बल्कि दबे, कुचले, निर्बल सर्वहारा का पक्षधर है। मुक्तिबोध की कविताएँ अन्य कवियों की रचनाओं की तरह किसी सीमित व्यक्ति, समाज या प्रकृति का चित्रण नहीं करतीं बल्कि मानव-मुक्ति के लिए सामाजिक परिवर्तन का प्रयास करती हैं। मुक्तिबोध की कविताएँ किसी घर के आँगन, ड्राइंगरूम, पशु-पक्षी, स्त्री-देह या प्राकृतिक विहार की कविताएँ नहीं हैं। उनकी कविताएँ एक्शन (क्रिया) की कविताएँ हैं जो मानव-मुक्ति के लिए अनेक खतरे

उठाती, सामाजिक व्यवस्था को तोड़ती-जूझती समतामूलक समाज का निर्माण करती हैं। नि:सन्देह 'अँधेरे में' कविता हिन्दी की विशिष्ट ही नहीं, अति-विशिष्ट कविता है। यह कविता भारतीय भाषा और साहित्यशास्त्र के लिए चुनौती है।

मुक्तिबोध आज पहले से अधिक प्रासंगिक बन गये हैं। वर्तमान सामाजिक, राजनीतिक तथा आर्थिक परिप्रेक्ष्य में जिस घुटन, जड़ता तथा असहायता का अहसास बना हुआ है, मुक्तिबोध इस जड़ता को तोड़ते हैं। मुक्तिबोध का रास्ता व्यापक सन्दर्भों में सामाजिक मानवीय मुक्ति का रास्ता है। इसलिए मुक्तिबोध का समाज-परिवर्तन का आह्वान एवं इतिहास की माँग है या यूँ कहूँ कि इक्कीसवीं सदी की माँग है। मुक्तिबोध की कविता इक्कीसवीं सदी में भी साहित्य-समाज के लिए चुनौती बनी रहेगी।

●

'अँधेरे में' : एक क्रान्तिकारी व्यक्तित्व की तलाश

—वशिष्ठ अनूप

'अँधेरे में' शीर्षक कविता मुक्तिबोध के जीवन के आखिरी दिनों में लिखी गयी थी। यह उनकी सबसे महत्त्वपूर्ण और सर्वाधिक लम्बी कविता है। इस कविता का केन्द्रीय कथ्य अभिव्यक्ति की पूर्णता और पूर्ण क्रान्तिकारी व्यक्तित्व की तलाश है। मुक्तिबोध का चिंतन गहन और विराट् था। उन्होंने समाज की दुर्दशा, पीड़ा, हाहाकार और व्यवस्था की तानाशाही एवं बर्बरता को देखा ही नहीं, भोगा भी था। इन समस्त अनुभवों को उन्होंने कविता ही नहीं, अन्य विधाओं में भी व्यक्त किया है, लेकिन उन्हें यह लगातार महसूस होता रहा कि बहुत-कुछ कह लेने के बाद भी बहुत-कुछ कहना शेष रह गया है। इसी अभिव्यक्ति की तड़प-भरी कोशिश में उनकी कविताएँ लम्बी हो जाती थीं, लेकिन उन्हें वह लम्बी कविताएँ भी अधूरी लगती थीं। इस बात को उन्होंने अपने लेखों, कहानियों और कविताओं में बार-बार कहा है। 'एक लम्बी कविता का अन्त' शीर्षक लेख में उन्होंने लिखा है—"कल ही मैंने एक लम्बी कविता खत्म की। उसका अन्त मुझे शिथिल-सा जान पड़ा। मुझे उसकी लम्बाई-चौड़ाई को देखकर भय लगता है" (मुक्तिबोध ग्रन्थावली-4, पृ० 151)। इसी क्रम में वह लिखते हैं कि—"यही कारण है कि मैं छोटी कविताएँ लिख नहीं पाता और जो छोटी होती हैं वे वस्तुतः छोटी न होकर, अधूरी होती हैं" (वही, पृ० 151)। इस बात को वह अपनी कविताओं में भी कहते हैं। यहाँ 'चकमक की चिनगारियाँ' के कुछ अंश देखें—

मैं अपनी अधूरी दीर्घ कविता में
सभी प्रश्नोत्तरी की तुंग प्रतिमाएँ
गिराकर तोड़ देता हूँ हथौड़े से
कि ये सब प्रश्न कृत्रिम और
उत्तर और भी छलमय....
कि मैं अपनी अधूरी दीर्घ कविता में
उमगकर,
जन्म लेना चाहता फिर से,
कि व्यक्तित्वान्तरित होकर,
नए सिरे से समझना और जीना
चाहता हूँ, सच!!
× × × ×

नहीं होती, कहीं भी ख़तम कविता नहीं होती
कि वह आवेग-त्वरित काल-यात्री है।

यह अभिव्यक्ति की पूर्णता की तलाश मुक्तिबोध की रचना-यात्रा में अनवरत जारी रहती है और यही अधूरापन उन्हें पुनः और पुनः रचना के लिए प्रेरित करता रहता है। इसी प्रकार की पूर्णता की तलाश 'अज्ञेय' की 'कन्हाई ने प्यार किया' में दिखायी पड़ती है।

'अँधेरे में' कविता का नायक अपनी कहानी पूरी कविता में आत्मकथात्मक शैली में सुनाता है। पूरी कविता एक स्वप्न-कथा के रूप में चलती है। यह स्वप्न-कथा हवाई नहीं है। इसमें यथार्थ और विचार भी हैं। इसलिए यह फैंटेसी अत्यधिक जटिल है। इस जटिलता का कारण यह भी है कि इसमें स्वप्न के भीतर स्वप्न चलते हैं, यहाँ तक कि जब स्वप्न भंग हो जाता है, तब भी रचनाकार स्वप्न में ही रहता है। एक स्वप्न से निकलकर वह दूसरे स्वप्न में चला जाता है। कविता का आरम्भ भी एक फैंटास्टिक चिंतन से ही होता है। इसमें रहस्यमय दृश्य, जादुई कल्पना, दृश्यात्मक बिम्ब, श्रव्य-ध्वनियाँ भरी हुई हैं। कविता एक तिलिस्मी खोह से शुरू होती है—

ज़िन्दगी के....
कमरों में अँधेरे
लगाता है चक्कर
कोई लगातार;

उस चक्कर लगाने वाले के पैरों की आवाज बार-बार सुनाई पड़ती है, उसके होने का अनुभव लगातार होता रहता है, लेकिन वह कहीं दिखायी नहीं पड़ता। तभी दीवार से फूले हुए पलस्तर गिरते हैं, चूने-भरी रेत गिरती है और स्वयमेव एक चेहरा बन जाता है—

नुकीली नाक और
भव्य ललाट है,
दृढ़ हनु,
कोई अनजानी अन-पहचानी आकृति।
कौन वह दिखाई जो देता, पर
नहीं जाना जाता है!
कौन मनु?

फिर तिलिस्मी खोह का शिलाद्वार धड़ से खुल जाता है और उसमें से बाहर आता है रक्तालोक स्नात एक पुरुष जिसका ललाट तेजो प्रभामय है। उस रहस्यमय व्यक्ति को देखकर कवि को लगता है कि वह अब तक न पायी गयी मेरी अभिव्यक्ति है। वह मेरी सम्भावनाओं का परिपूर्ण आविर्भाव है, वह आत्मा की

प्रतिमा है। किन्तु मन में यह प्रश्न उठता है कि वह फटे हुए वस्त्र क्यों पहने है? उसके वक्ष पर इतना बड़ा घाव कैसे हो गया? उसने कारावास-दु:ख क्यों झेला? उसे रोटी कौन पहुँचाता है? पानी कौन देता है? फिर भी उसके मुख पर मुस्कान क्यों है और वह प्रचण्ड शक्तिमान क्यों दिखाई देता है? इसी के बाद कवि को लगता है कि मैं किसी शून्य बिन्दु के अँधियारे खड्‌डे में अचेतन स्थिति में गिरा दिया गया। ऊपर आने वाले मनु को डॉ० रामविलास शर्मा कामायनी के मनु से जोड़ते हैं और डॉ० नामवर सिंह उसे जगत् की गलियों में फटेहाल घूमता सामान्य मनुज मानते हैं। डॉ० विश्वनाथ त्रिपाठी इन मनु को मुक्तिबोध की पूर्ण अभिव्यक्ति मानते हैं। वह इसे 'कामायनी' के मनु से अलगाते हुए लिखते हैं कि—"मुक्तिबोध का यह मनु 'कामायनी' के मनु से कितना भिन्न है। यद्यपि 'अवयव की दृढ़ मांसपेशियाँ' वाला व्यक्तित्व यहाँ भी है। 'तेजो प्रभामय उसका ललाट देख / गौरवर्ण, दीप्त दृग, सौम्य मुख / भव्य आजानुभुज।' ....हमारे अपने देशकाल को देखते हुए यह संस्कृति-पुरुष मध्यवर्ग के आदर्शवादी, दृढ़ चरित्र और जीवन की सुविधाओं से समझौता न करने वाले व्यक्ति का प्रतीक है। 'कामायनी' का मनु देव-संस्कृति से आकर पुनः आनन्दलोक में चला जाता है। इस लोक में भी वह स्वच्छंद विहार करता है। 'अँधेरे में' का मनु मन के कारावास, तिलस्मी खोह से बाहर निकलकर जनता में घुल-मिल जाता है। बाहर से आकर कमज़ोरियों से लगाव रखने वाले व्यक्ति को दुर्गम पर्वत-संधि पार करने का आमंत्रण देता है।.... उसे अपने कमजोर घुटनों को सहलाकर पैरों से धरती का फैलाव महसूस करने पर विवश करता है।"

कविता के दूसरे चरण में काव्य-नायक आधी रात में द्वार पर साँकल बजने की आवाज़ सुनता है। उसे लगता है कि कुहरे में द्युतिमय प्रेमभरा जो चेहरा है उसे मैं पहचानता हूँ। यह वही व्यक्ति है, जो मुझे तिलिस्मी खोह में दिखा था। उसके चेहरे पर खिलती हैं सुबहें और गालों पर पठार की चट्टानी चमक है—

> उसे देख, प्यार उमड़ता है अनायास!
> लगता है—दरवाज़ा खोलकर
> बाँहों में कस लूँ
> हृदय में रख लूँ
> घुल जाऊँ, मिल जाऊँ लिपटकर उससे।

लेकिन उसे लगता है कि मैं तो भयानक खड्‌डे के अँधेरे में क्षत-विक्षत पड़ा हुआ हूँ। इस मध्यवर्गीय काव्य-नायक को अपनी कमज़ोरियों से मोह है। इसलिए उस प्रिय से मिलने से वह कतराता और डरता है। उसे लगता है कि वह प्रिय पर्वत-संधि के गह्वरों को पार करके शिखर पर पहुँचने की प्रेरणा दे रहा है। यहाँ यह संशय-ग्रस्त हो जाता है। वह उठकर दरवाज़ा खोलता है और पैरों में धरती का

फैलाव, हाथों में दिशाएँ, साँसों में दुनिया और मस्तक में आकाश को अनुभव करता है। उसकी आत्मा में भीषण सत्-चित्-वेदना जलकर दहकने लगती है। विचार सहचर हो जाते हैं। रात का पक्षी जैसे कहता है—

वह चला गया है,
वह नहीं आएगा, आएगा ही नहीं
अब तेरे द्वार पर।
वह निकल गया है गाँव में शहर में
उसको तू खोज अब
उसका तू शोध कर!
वह तेरी पूर्णतम परम अभिव्यक्ति,
उसका तू शिष्य है,
वह तेरी गुरु है,
गुरु है....

तीसरे खण्ड काव्य में काव्य-नायक कहता है कि यह स्वप्न है या जागृति। वह सोचता है कि 'अपने सिविल लाइंस के कमरे में जिस भूत जैसी आकृति को मैं देख रहा हूँ क्या वह मैं हूँ?' यह गहन मानसिक द्वन्द्व और आत्मनिरीक्षण का क्षण है। रात के दो बजे हैं। जंगल से सियारों की हो-हो सुनाई पड़ती है। किसी असंभव घटना का भयानक संदेह होता है। इसी बीच तॉल्स्तॉय दीख जाते हैं। घटना में मोड़ आता है। सामाजिक संघर्ष का आरम्भ होता है। निस्तब्ध नगर में प्रोसेशन? मध्यरात्रि के अँधेरे में एक बैंड-दल आता है। संगीनधारी फौजी चल रहे हैं। गैसलाइट की पंक्तियाँ हैं। कोई जुलूस है जिसमें अपार्थिव चेहरे हैं। कवि सोचता है कि क्या शोभा-यात्रा किसी मृत्यु-दल की है? इस जुलूस में टैंक-दल, मोर्टार, आदि के साथ कर्नल, ब्रिगेडियर, जनरल, मार्शल और कई सेनापति-सेनाध्यक्ष हैं। उनके साथ कई प्रतिष्ठित पत्रकार हैं। उनमें कई प्रकाण्ड आलोचक, विचारक, कविगण, मंत्री, उद्योगपति, विद्वान्, शहर का कुख्यात हत्यारा डोमाजी उस्ताद सब शामिल हैं।

तात्पर्य यह है कि इनके चरित्र में कोई फर्क नहीं है। अंधकार के वास्तविक कारण यही लोग हैं जो दिन में प्रच्छन्न और रात में खुलेआम अँधेरी शक्तियों अर्थात् पूँजीवाद और फ़ासिज़्म के साथ होते हैं। ये अन्याय का कभी मौन और कभी मुखर समर्थन करते हैं—द्रौपदी के चीरहरण की तरह। बुद्धिजीवी वर्ग द्वारा अन्याय के मौन समर्थन और प्रकारान्तर से उसमें शामिल होने की समस्या 'भूल ग़लती' में भी उठायी गयी है जहाँ सत्ताधारी वर्ग से नाभिनालबद्ध दरबारी सुल्तान के इरादों को समझते हुए एकदम ख़ामोश हैं। इनमें शायर, सूफ़ी, मनसबदार, दार्शनिक, विद्वान्, इतिहासकार, सरदार और सेनापति सभी चुप हैं—'ख़ामोश / सब ख़ामोश /

मनसबदार / शायर और सूफी / अलगज़ाली, इब्ने सिन्ना, अलबरुनी /आलिमो-फ़ाज़िल सिपहसालार, सब सरदार हैं ख़ामोश!!'

'भूल ग़लती' और 'अँधेरे में' के बुद्धिजीवियों में फ़र्क़ इतना है कि 'भूल ग़लती' में वे ख़ामोश हैं और अन्याय का समर्थन कर रहे हैं और 'अँधेरे में' में उनकी अन्याय में सक्रिय भागीदारी है। इतने में उनमें से कुछ लोगों ने काव्य-नायक को देख लिया और उनकी आँखें रोष से भर उठीं। सड़क पर एक शोर उठा—

मारो गोली, दाग़ो स्साले को एकदम
दुनिया की नज़रों से हटकर
छुपे तरीके से
हम जा रहे थे कि
आधीरात—अँधेरे में उसने
देख लिया हमको
व जान गया वह सब
मार डालो, उसको ख़तम करो एकदम।

उसका गुनाह यह है कि पुलिस से लेकर पत्रकार, विद्वान् और अपराधी सभी एक-दूसरे से जुड़े हुए हैं, इस सच्चाई को वह जान गया। इसलिए—

हाय-हाय! मैंने उन्हें देख लिया नंगा,
इसकी मुझे और सज़ा मिलेगी।

अपराधी को अपराध करते देख लेना गुनाह है। इसीलिए तमाम प्रत्यक्षदर्शियों की हत्या हो जाती है। बुद्धिजीवियों का स्वार्थी और दोग़ला चरित्र यहाँ बहुत साफ़ प्रकट होता है।

आगे उसे लगता है कि सेना ने सब ओर से सड़कें घेर ली हैं। यह सब किसी जन-क्रान्ति के दमन के लिए मार्शल लॉ है। कोई लगातार उसका पीछा कर रहा है और वह भाग रहा है। फिर वह उस भयंकर बरगद के पास पहुँच जाता है जहाँ तमाम गरीब-वंचित रहते हैं। आज वहाँ रहने वाले पागल की बुद्धि जाग्रत् हो गई है और वह ऊँचे गले से कोई पद या गान आत्मबोधमय ढंग से गा रहा है—

ओ मेरे आदर्शवादी मन,
ओ मेरे सिद्धान्तवादी मन,
अब तक क्या किया
जीवन क्या जिया!!
बहुत-बहुत ज़्यादा लिया,
दिया बहुत-बहुत कम,
मर गया देश, अरे, जीवित रह गये तुम!!

अब तक केवल पेट भरते रहे, व्यभिचारी के सहयोगी बनते रहे, लोकहित पिता को घर से निकाल दिया, जन-मन-करुणा-सी माँ को भी घर से निकाल दिया,

स्वार्थों के कुत्ते पाल लिए, बुद्धि का भाल ही फोड़ दिया, आदर्श खा गए। यहाँ कवि इस विडम्बना की ओर संकेत करता है कि जो सच बोलता है, वह चालाक, घाघ और स्वार्थी लोगों की दृष्टि में पागल कहलाता है।

फिर उसे लगता है कि अचानक पीछे से किसी ने उसके कंधे पर हाथ रख दिया है। बरगद का एक पत्ता उसके कंधे पर गिरता है। वह सोचता है कि यह क्या किसी की चिट्ठी है? उसमें क्या संकेत है? वह दम छोड़कर भागता है और धाँय-धाँय बंदूक चलती है। इस क्रम में वह भागता हुआ अँधेरी गुफ़ा में पहुँच जाता है। वहाँ खोह के साँवले जल में चमकते पत्थर, जलप्रपात और चमकती किरणें हैं। उसे लगता है कि ये मेरे ही अनुभव, वेदना, विवेक-निष्कर्ष यहाँ भरे पड़े हैं। ये विचारों के रक्तिम अग्नि के मणि हैं, किन्तु मैंने इन्हें गुहा-वास, एकांत पीड़ा देकर लोक-हित और जनोपयोग से वर्जित कर दिया है। वह इस निष्कर्ष पर पहुँचता है कि अब जूझना ही तय है।

छठें खण्ड में पुनः दृश्य बदलता है। सुनसान चौराहे पर घंटाघर दिखाई पड़ता है जहाँ काल टहलता है। भयानक सिपाही हैं। टैकों का ऊँघता दस्ता है। वह दम छोड़कर भागता है और जादुई प्रभाव से खिंचा हुआ तिलक की मूर्ति के पास पहुँच जाता है और फिर वह मूर्ति जीवंत हो हिलती-सी लगती है। उसके होठों पर मुस्कान और आँखों में बिजली के फूल सुलगने लगते हैं। लेकिन यह क्या? भव्य ललाट की नासिका से लाल-लाल रक्त टपकने लगता है। मानो अतिशय चिंता के कारण मस्तिष्क-कोश ही फूट पड़ा हो। वह सहसा चिल्ला उठता है—

हाय, हाय, पितः पितः ओ,
चिन्ता में इतने न उलझो
हम अभी ज़िन्दा हैं ज़िन्दा,
चिन्ता क्या है!!

वह मूर्ति के पैरों से चिपककर रुआँसा हो जाता है। आत्मा में खून का तालाब बहता-सा लगता है। छाती के भीतर विवेक तीखा-सा रंदा चलाने लगता है। बसूले से लगता है कोई उसका निजत्व ही छीले जा रहा है। फिर उसके भीतर एक भारी भयानक हठ, भारी ज़िद उठ खड़ी होती है। फिर बन्दूक चलती है। वह थककर बैठ जाता है। तभी वह देखता है कि सर्दी में बोरे को ओढ़कर कोई काँप रहा है, अरे वह गाँधीजी हैं!! इतने पंगु! तभी गाँधीजी कहते हैं—

दुनिया न कचरे का ढेर कि जिस पर
दानों को चुगने चढ़ा हुआ कोई भी कुक्कुट
कोई भी मुरग़ा
यदि बाँग दे उठे ज़ोरदार
बन जाए मसीहा!

वे कह रहे हैं—

मिट्टी के लोंदे में
किरणीले कण-कण
गुण हैं,
जनता के गुणों से ही सम्भव
भावी का उद्‌भव!

तभी लगता है कि उस आत्मा के पिंजर और मूर्ति की ठठरी के कंधे पर बोरा और बाँह में बच्चा है। आश्चर्य होता है कि यह शिशु कैसे? उस द्युति-पुरुष ने मुस्करा कर कहा—

मेरे पास चुपचाप सोया हुआ यह था।
सँभालना इसको, सुरक्षित रखना।

वह कुछ कहने को होता है तभी देखता है कि वहाँ कोई नहीं है। बालक चुपचाप गले से लिपटा हुआ है। उसका स्पर्श कोमल और प्यार-भरा है। सहसा वह रोने लगता है। वह बच्चे को चुप करने के लिए लोरी गाता है, किन्तु वह चुप नहीं होता। फिर भी कवि का मन बहुत प्रसन्न होता है। उसका मन उत्साह से भर जाता है। कुछ देर बाद बच्चा सहसा गायब हो जाता है और कन्धे पर वज़नदार बन्दूक आ जाती है। यह शिशु भविष्य और आगामी पीढ़ी तथा जन-संघर्ष का प्रतीक है।

वह आगे बढ़ता है और वहाँ ज़मीन पर ख़ून में लथपथ एक आदमी मिलता है जो एक कलाकार था जिसे संदेहास्पद समझकर मार दिया गया था। उसके मरने से एक युग मर गया। वह सम्भवत: गाँधीजी थे। उसे लगता है कि मुझे भागना छोड़कर नए-नए सहचर तलाशना चाहिए। यह सोचकर वह जीने से उतरा और एकाएक विद्रूप रूपों से घिर गया। भयानक आकार उसे घेर लेते हैं जिनकी पकड़ मशीन-सी है। वे उसे आततायी सत्ता के सामने पेश करते हैं जहाँ उसे प्रताड़ित किया जाता है। चाँटे से कनपटी टूट जाती है। गाल की त्वचा उखड़ जाती है। हर तरफ भगदड़ मच जाती है। उसे अँधेरे कमरे में स्टूल पर बैठाया जाता है जहाँ शीश की हड्डी तोड़ी जा रही है। शीश का मोटा अस्थि-कवच निकालकर देखा जा रहा है कि मस्तक-यंत्र में कौन-से विचारों की कौन-सी ऊर्जा, कौन-सी शिरा में कौन-सी धकधक और कहाँ विस्फोटक सामान हैं। वे कहते हैं कि इस संस्था के मन्त्री को खोजो, शायद उसका ही नाम आस्था हो। इस टुकड़ी के सरगना की आत्मा कहाँ है? स्क्रीनिंग करो....मिस्टर गुप्ता क्रॉस एक्ज़ामिन हिम थॉरोली!! पीठ पर चाबुक की मार के बावजूद उसकी आत्मा बहुत कुशल है। सारे बंधनों के बावजूद उसका मन बहुत दूर निकल जाता है और पत्र के रूप में चुपचाप एक फटे हुए मन की जेब में गिरता है। उसे लगता है कि उसका यह आत्म-विस्तार बेकार नहीं

जाएगा। उसे सहानुभूतिपूर्ण कोमल समस्वर सुनाई पड़ते हैं—'हम कहाँ नहीं हैं, सभी जगह हैं हम।'

वह रिहा कर दिया गया, लेकिन कई छायामुख उसका पीछा करते रहते हैं। उसे लगता है कि मुझे अब साथी खोजने होंगे। इतने में सहसा दूर क्षितिज पर उसे बिजली की नंगी लताओं से झरते सफेद नीले मोतिया चंपई गुलाबी फूल दिखते हैं। वह ज़मीन पर पड़े उन चमकीले पत्थरों को चुनकर बिजली के फूल बनाने की कोशिश करने लगता है। ये मणि रत्न-स्वरूप हैं। यहाँ बिजली के फूल क्रान्ति के प्रतीक हैं। वह अनुभव करता है कि मेरा असंतोष गहरा है और शब्दाभिव्यक्ति का अभाव है। काव्य-चमत्कार रंगीन तो है, लेकिन ठंडा। इससे काम नहीं चलेगा। मेरे मस्तक में गहरा तनाव है। उस मस्तक-कुण्ड में सत्-चित्-वेदना जल रही है। इसलिए उसे लगता है कि—

अब अभिव्यक्ति के सारे ख़तरे
उठाने ही होंगे।
तोड़ने ही होंगे मठ और गढ़ सब।
पहुँचना होगा दुर्गम पहाड़ों के उस पार
तब कहीं देखने मिलेंगी हमको
नीली झील की लहरीली थाहें
जिसमें कि प्रतिपल काँपता रहता
अरुण कमल एक
उसको धँसना ही होगा
झील के हिम-शीत सुनील जल में

यहाँ अभिव्यक्ति के खतरे उठाकर मठों और गढ़ों को तोड़ने का भाव सिर्फ शब्दाभिव्यक्ति या काव्याभिव्यक्ति तक सीमित न होकर अभिव्यक्ति-योग्य विचार को कर्म में रूपायित करने से है। ख़तरे विचारों को व्यवहार में बदलने पर ही उपस्थित होते हैं। दुर्गम पहाड़ों के पार जाकर रचनाकार शोषित समुदाय को संगठित करना चाहता है। यहाँ अरुण कमल क्रान्ति का प्रतीक है और जादुई झील जन-समूह का।

इस संकल्प के बाद सातवें खण्ड में वह देखता है कि आकाश में चाँद उग आया है। फिर वह दम छोड़कर भागता है और देखता है कि टूटी हुई भीतों के उस पार कहीं बहस गरम है। दिमाग़ में जान और दिलों में दम है। सत्य से सत्ता का युद्ध जारी है। लेकिन मेरी सारी कमज़ोरियाँ मेरे साथ हैं। आगे चलने पर जन-समूह मिलता है जिसमें बालक, युवा, हर उम्र के लोग हैं। जिनके भीतर आक्रोश की आग जल रही है। उनकी मुट्ठियाँ बँधी हैं। उसे लगता है कि यह जन-समूह उसी के विवेक-रत्नों को लेकर सोत्साह बढ़ रहा है। उसे लगता है कि—'किन्तु मैं अकेला, बौद्धिक जुगाली में अपने से दुकेला।' यह बुद्धिजीवी-वर्ग की विसंगति है कि वह अपने विचारों पर अमल नहीं कर पाता। उसे व्यवहार-रूप में जनता ही उतारती है।

वह गलियों में भागता है, तभी उसे कोई एक पर्चा देता है जिसमें उसी के विचार और अनुभव जगमगा रहे हैं। हर तरफ उसे जन-समूह दिखाई पड़ता है। उसमें एक दृढ़ता है। वह एक निर्णायक क्रान्तिकारी स्वर में कहता है—

कविता में कहने की आदत नहीं, पर कह दूँ
वर्तमान समाज चल नहीं सकता।
पूँजी से जुड़ा हुआ हृदय बदल नहीं सकता,
स्वातन्त्र्य व्यक्ति का वादी
छल नहीं सकता मुक्ति के मन को,
जन को।

कविता के आठवें खण्ड में भीषण दृश्य उपस्थित होते हैं और पूँजीवादी व्यवस्था का दमनकारी और आतंककारी रूप नग्न रूप में दिखाई पड़ने लगता है—'नगर से भयानक धुआँ उठ रहा है, कहीं आग लग गई, कहीं गोली चल गई।' ये पंक्तियाँ बार-बार दुहराई जाती हैं। जितना दमन है, उससे उग्र जनाक्रोश और क्रान्ति। लेकिन आश्चर्य यह है कि—

सब चुप, साहित्यिक चुप और कविजन निर्वाक्
चिन्तक, शिल्पकार, नर्तक चुप हैं
उनके ख़्याल से यह सब गप है
मात्र किंवदन्ती।
रक्तपायी वर्ग से नाभिनाल-बद्ध ये सब लोग
नपुंसक भोग-शिरा-जालों में उलझे
प्रश्न की उथली-सी पहचान
राह से अनजान
वाक्रुदन्ती।

समाचार-पत्रों के स्वामियों के स्थूल मुख भव्याकार भवनों के विवरों में छिप गए हैं। बौद्धिक-वर्ग क्रीतदास हो गया है और उसकी श्रद्धा नपुंसक हो गई है। बच्चों-बूढ़ों सबमें क्रान्तिकारी-चेतना आ गई है। एक-एक वस्तु एक-एक प्राणाग्नि बम और प्रक्षेपास्त्र बन गई है। सबमें इतना उत्साह है कि वे शून्याकाश से होते हुए दुश्मन पर टूट पड़ने के लिए तत्पर हैं। लकड़ी के चक्कों पर लोहे की लाल-लाल पट्टियाँ चढ़ाई जा रही हैं। आत्मा के चक्के पर भी संकल्प-शक्ति के लोहे के ज्वलंत टायर चढ़ाए जा रहे हैं। हर तरफ भीषण युद्ध जारी है। फिर स्वप्न-भंग होता है और वह अपने आपको अकेला पाता है। तभी किसी सुन्दर प्रेमिका की तस्वीर उभर आती है और उसके चुंबन की याद आ जाती है। वह स्फूर्ति से भर जाता है। यहाँ मुक्तिबोध की यह प्रेमिका क्रान्ति का ही प्रतिरूप है। इस सन्दर्भ में डॉ० रामस्वरूप चतुर्वेदी ने लिखा है कि—"विद्रोह और कविता का ऐसा संश्लिष्ट, सुकुमार रूप

अपने में विशिष्ट है। कबीर में जैसे सामाजिक विद्रोह का तीखापन और प्रणयानुभूति की कोमलता एक साथ मिलती है, कुछ वैसा ही रचाव मुक्तिबोध में है'' (हिन्दी साहित्य और संवेदना का विकास, पृ० 240)।

वह सोचता है कि क्या सचमुच कोई प्रेमिका मिलेगी? उस अज्ञात प्रेमिका की याद से ही कमरे में सुबह की धूप आ जाती है। प्रेम के इसी जादुई प्रभाव को महसूस करते हुए कृष्ण बिहारी 'नूर' ने लिखा था—

मैं तो अपने कमरे में उसके ध्यान में गुम था
घर के लोग कहते हैं सारा घर महकता था।

इस कविता की अज्ञात प्रेमिका का नाम डॉ० रामविलास शर्मा ने 'आग्नेष्का' बताया है किन्तु डॉ० नन्दकिशोर नवल ने उस प्रेमिका का नाम 'नातालिया' बताया है और प्रमाण देकर बताया है कि 'आग्नेष्का' मुक्तिबोध को पिता मानती थी जिनका उन्होंने कन्यादान किया था, और यह कविता 'आग्नेष्का' के भारत आने से पहले लिखी जा चुकी थी। हर तरफ एक चुम्बकीय आकर्षण महसूस होता है। वह आकर गैलरी में खड़ा हो जाता है। तभी देखता है कि सामने भीड़ में वही व्यक्ति चला आ रहा है जिसे मैंने गुहा में देखा था। धड़कते दिल से वह उसे पुकारने के लिए मुँह खोलता है, तभी वह भीड़ में खो जाता है। वह कोई और नहीं वह—

अनखोजी निज-समृद्धि का परम-उत्कर्ष,
परम अभिव्यक्ति....
मैं उसका शिष्य हूँ
वह मेरी गुरु है, गुरु है!!

काव्य-नायक का कहना है कि वह क्रान्ति-पुरुष कभी मेरे पास बैठा नहीं था। वह मेरे पास कभी आया ही नहीं था। तिलिस्मी खोह में उसे एक बार देखा था। वह जगत् की गलियों में फटेहाल घूमता है। उसमें विद्युत्-सी लहरें हैं, गतिशीलता है। वह ज्ञान के तनाव से उद्विग्न है। लोगों को क्रियाशील बनाने के लिए उसके पास अतिशय प्रेम है। वह जो फटेहाल रूप में है, वह कोई और नहीं, परम अभिव्यक्ति है। वह कहता है कि मैं हर गली, हर सड़क, हर चेहरे में उसकी तलाश करता हूँ—

खोजता हूँ पठार....पहाड़....समुन्दर
जहाँ मिल सके मुझे
मेरी वह खोयी हुई
परम अभिव्यक्ति अनिवार
आत्म-सम्भवा।

मुक्तिबोध यहाँ उस प्रबल और अनिवार्य अभिव्यक्ति की तलाश कर रहे हैं, जो आत्म-संभवा है। अंतर्मन या आत्म की उत्पत्ति है। डॉ० बच्चन सिंह ने लिखा है

कि—"यह आत्म-संभवा परम अभिव्यक्ति क्या है? आत्म-संभवा—आत्मा से उत्पन्न। 'आत्म-संभवा' मुक्तिबोध की ईमानदारी को रेखांकित करती है। जनक्रांति की पक्षधरता भीतर से उत्पन्न होती है। 'कुकुरमुत्ता उगाए नहीं उगता।' मुक्तिबोध न तो सौन्दर्यशास्त्र पर राजनीति का रंग चढ़ाते हैं, न राजनीति पर सौन्दर्यशास्त्र का। इस कविता में दोनों का अद्‌भुत सामंजस्य है" (आधुनिक हिन्दी साहित्य का इतिहास, पृ० 318)।

डॉ० (श्रीमती) गिरीश रस्तोगी का यह कथन महत्त्वपूर्ण है कि—"यहाँ मुक्तिबोध की बेचैनी और रचनात्मक ईमानदारी उल्लेखनीय है। जीवन के गहरे अनुभवों और संघर्षों से गुजरते हुए वह अंतहीन रचनात्मक कोशिश अर्थात् 'परम अभिव्यक्ति' उसकी तलाश और जीवन एवं समाज में क्रांति की चुनौती को एक प्रकार से कवि-कर्म के रूप में स्थापित करते हैं। यह रचनात्मक खोज सहज नहीं है, न यह किसी औपचारिक प्रयत्न से प्राप्त हो सकती है, न गैलरी से झाँककर।.... 'अँधेरे में' में आरम्भ से अंत तक तलाश जारी रहना ही सबसे महत्त्वपूर्ण है। तलाश पूर्णता की है और उसके लिए ज्ञान को संवेदन और कर्म में बदलने की अपेक्षा है। यहाँ आकर मुक्तिबोध ने कवि के अस्तित्व को, उसकी पहचान को, सामाजिक आइडेंटिटी में मिला दिया है" (मुक्तिबोध और अँधेरे में, पृ० 32–33)।

'अँधेरे में' के विषय में श्रीकांत वर्मा का मानना है कि—"मुक्तिबोध की प्रतिनिधि कविता 'अँधेरे में' अपने युग की घटनाओं से नहीं, बल्कि उसकी बनावट से सामना करती है। इस कविता में वे सभी खतरे हैं जो कि उसे कविता की जगह उपन्यास में परिणत कर सकते थे। 'अँधेरे में' के अनुभव की समग्रता चरित्रों और घटनाओं में बिखरकर स्थूल अर्थों में एक यथार्थवादी उपन्यास बन सकती थी। मुक्तिबोध ने इस खतरे को पहचानते हुए अपने अनुभव को और भी गुमनाम होने दिया। वास्तव में 'अँधेरे में' इस युग के यथार्थ की काव्य-परिणति है" (मुक्तिबोध, सं० डॉ० विश्वनाथप्रसाद तिवारी, पृ० 61)। 'अँधेरे में कविता' के काव्य-नायक के रूप में आलोचकों ने स्वयं मुक्तिबोध को देखा है। किन्तु श्रीकांत वर्मा की दृष्टि में—"वह काव्य-नायक बैचेन, खंडित, जर्जर और व्यग्र हिन्दुस्तान है। यह स्वाधीनता के बाद का भारतवर्ष है जिसका शरीर और मन क्षत-विक्षत है। उसके चेहरे पर इतिहास की झुर्रियाँ, सीने पर गोली के घाव और अंतरात्मा में बेचैनी है। हिन्दुस्तान केवल नक्शे में नहीं, कविता में भी है। और शायद कविता का हिन्दुस्तान ज्यादा सच है। इस हिन्दुस्तान को पहचानने में हिन्दी कविता को लगभग पचास वर्ष लग गये। और जब इस प्रश्नाहत 'मनु' को पहचाना गया तब तक देश सचमुच ही अँधेरे में जा चुका था। मुक्तिबोध की सार्थकता इसमें है कि उन्होंने इतिहास के प्रश्नों को केवल 'इतिहास के प्रश्न' कहकर नहीं छोड़ दिया, बल्कि उन्हें कविता के प्रश्नों में बदल दिया" (वही, पृ० 61)।

इस कविता में मुक्तिबोध का आत्मसंघर्ष भी प्रकट हुआ है, किन्तु इस आत्मसंघर्ष के साथ सामाजिक संघर्ष भी जुड़ा है। इस विषय में डॉ० नामवर सिंह ने लिखा है कि—"जाहिर है कि सामाजिक संघर्ष में भाग लेकर ही इस आत्मसंघर्ष को निर्णायक दिशा की ओर उन्मुख किया जा सकता है। इसीलिए मुक्तिबोध की अधिकांश कविताओं का अंत किसी हड़ताल या जन-आन्दोलन अथवा किसी जनक्रांति के आरम्भ से होता है और काव्य-नायक कभी तो इस आन्दोलन या क्रान्ति का द्रष्टा-मात्र होता है और कभी उसका प्रेरक।.... इस तरह आत्मसंघर्ष की परिणति अन्ततः सामाजिक संघर्ष में होती है" (कविता के नए प्रतिमान, अँधेरे में : पुनश्च, पृ० 226)। वैसे इस कविता का मूल कथ्य उन्होंने 'अस्मिता की खोज' माना है। इस कविता में जो अँधेरा है, वह वातावरण की भयावहता को तो ध्वनित करता ही है, वह अँधेरी शक्तियों का भी प्रतीक है।

कई लेखकों ने इस बात की ओर संकेत किया है कि 'अँधेरे में' की रचना-प्रेरणा के रूप में मुक्तिबोध का अपना जीवनानुभव रहा है। इसमें जो हिंसा और दमन के दृश्य हैं वे उन्होंने नागपुर में देखे थे। शमशेरबहादुर सिंह ने इस बात की चर्चा की है कि नागपुर में एंप्रिस मिल में जब मजदूरों पर गोलीकाण्ड हुआ था, उस समय उन्होंने अपनी आँखों से घटना-स्थल पर मजूदरों का सिर फूटना और रक्त बहना देखा था। शमशेरजी इसीलिए 'अँधेरे में' जैसी सशक्त और मार्मिक रचना के पीछे नागपुर-निवास के बहुत सारे सन्दर्भों की तीखी प्रत्यक्षानुभूति को मानते हैं। विष्णुचंद्र शर्मा ने भी कहा है कि 'नया खून' के रिपोर्टर के रूप में मुक्तिबोध उस घटना-स्थल पर मौजूद थे।

'अँधेरे में' के पीछे एक अन्य घटना भी थी जिसका उल्लेख हरिशंकर परसाई ने किया है। मुक्तिबोध ने माध्यमिक विद्यालयों के लिए एक पुस्तक लिखी थी—'भारत इतिहास और संस्कृति', जिसपर मध्य प्रदेश सरकार ने प्रतिबंध लगा दिया था। उस पुस्तक को ज़ब्त कराने के आन्दोलन में असन्तुष्ट प्रकाशक, बिके हुए पत्रकार और जनसंघ के लोग भी शामिल थे। शायद वही कारण 'अँधेरे में' के प्रोसेशन दृश्य के पीछे रहा है। इस घटना से वह अत्यधिक उपेक्षित और अपमानित महसूस कर रहे थे। इस सन्दर्भ में उन्होंने मुख्यमंत्री और राज्यपाल से भी मिलने का प्रयास किया था। उन्हें इस बात की चिंता थी कि 'देश में फ़ासिस्ट ताकतें बहुत बढ़ गई हैं।' वह कहते थे कि "पार्टनर, यह मेरी या तुम्हारी पुस्तक का मामला नहीं है।.... वे आपकी कलम छीन लेंगी आपके गले को दबाकर आपको बोलने नहीं देंगी।" 'अँधेरे में' कविता उन्हीं दिनों पूरी हुई थी। परसाईजी ने लिखा है कि—"वह आदमी चट्टान जैसा था, लेकिन इस घटना ने उसके भीतर भय और असुरक्षा की भावना भर दी थी।.....इस पूरे कांड को व्यापक राजनीतिक सन्दर्भ में देखकर

वह बेहद त्रस्त थे। कहते थे—लेखक को लोग घेरें, शारीरिक क्षति की धमकी दें....अभिव्यक्ति की स्वतन्त्रता जा रही है। गला दबाकर आवाज घोंटी जा रही है।''

मुक्तिबोध के समकालीन कवि शमशेरबहादुर सिंह ने इस कविता के महत्त्व को रेखांकित करते हुए लिखा है कि—''यह कविता देश के आधुनिक जन-इतिहास का, स्वतन्त्रता-पूर्व और पश्चात् का एक दहकता इस्पाती दस्तावेज़ है। इसमें अजब और अद्‌भुत रूप से व्यक्ति और जन का एकीकरण है। देश की धरती, हवा, आकाश, देश की सच्ची मुक्ति-आकांक्षी नस-नस इसमें फड़क रही है और भावनाओं के अनेक गुंफित स्तरों पर।...इसके बहुत से अंश पिकासो के विश्व-प्रसिद्ध चित्र जैसा ही प्रभाव डालते हैं।....उसके बिम्ब और प्रतीक और संकेत और सन्दर्भ शब्द और ध्वनि चित्र, बड़ी गहरी और विविध गूँजें हमारी भावनाओं में भर जाते हैं। इसमें मुक्तिबोध का कवि-व्यक्तित्व वाल्ट व्हिटमैन और मायकोवस्की के शिल्प और शक्ति से टक्कर लेता है और अपनी ज़मीन पर अप्रतिहत और अद्वितीय रहता है।''

'अँधेरे में' कविता में जो अभिव्यक्ति की तलाश है, वह सिर्फ अनुभूति की काव्यात्मक अभिव्यक्ति की तलाश न होकर एक सम्पूर्ण ईमानदार, जनपक्षधर और क्रान्तिकारी व्यक्तित्व की भी तलाश है। काव्य-नायक अपनी मध्यवर्गीय सीमाओं, द्वन्द्वों और कमजोरियों के कारण जो नहीं बन सका और जिसका आकांक्षी था; वैसे पूर्ण क्रान्तिदर्शी व्यक्तित्व की तलाश इस कविता में लगातार चलती है जो शुरू से अन्त तक बार-बार उपस्थित होता रहता है और जिसके व्यक्तित्व का निरन्तर विस्तार होता जाता है। जो निकलता तो खोह से है किन्तु समाहित विशाल जनसमुदाय में होता है। भारत भूषण अग्रवाल के शब्दों में वह कवि का 'आदर्श स्व' है।

मुक्तिबोध ने अपनी कविता में भावाभिव्यक्ति के लिए अभिव्यक्ति की नई प्रणाली तलाशी और विकसित की है। उन्होंने इस कविता में फैंटेसी की शैली अपनाई है। 'कला के तीन क्षण' की चर्चा के क्रम में उन्होंने फैंटेसी पर विस्तार से विचार किया है। 'अँधेरे में' जो स्वप्न-कथा है, वह फैंटेसी का ही एक रूप है। डॉ० नामवर सिंह ने लिखा है कि—''मुक्तिबोध की दृष्टि में कविता के अन्तर्गत फैंटेसी के प्रयोग की सबसे बड़ी सुविधा यह है कि लेखक वास्तविकता के प्रदीर्घ चित्रण से बच जाता है। कहना न होगा कि स्वप्न-शैली में कथा कहने के कारण 'अँधेरे में' कविता में काफी मितव्ययिता आ गई है तथा वर्णन के अनावश्यक विस्तार से अपने आप ही निजात मिल गई है'' (कविता के नये प्रतिमान, पृ० 214-215)। जबकि नंदकिशोर नवल का मानना है कि—''इस तरह फैंटेसी का इस्तेमाल इस कविता में किसी काव्य-कौशल के रूप में नहीं हुआ है, बल्कि वह स्थितियों से उत्पन्न कवि की मनोदशा का स्वाभाविक परिणाम है'' (अँधेरे में : एक विश्लेषण, पृ० 48)।

मुक्तिबोध की काव्य-भाषा भी उनके अनुभव की भाँति ही नवीनता लिये हैं। उनकी भाषा प्रचलित भाषा नहीं है। वह अपनी भाषा का लगातार संस्कार करते चलते हैं। कभी-कभी उनकी भाषा अपरिचित और भयावह शब्दों से भरी दिखाई पड़ती है जो कथ्यगत भयावहता के कारण है। मुक्तिबोध पितृपक्ष से मराठी और मातृपक्ष से हिन्दी-भाषी थे। इस भाषिक द्वन्द्व के कारण उनका कवि-कर्म काफी चुनौतीपूर्ण हो गया था। डॉ० बच्चन सिंह ने मुक्तिबोध की काव्य-भाषा के बारे में दो बातें की हैं—"एक, मुक्तिबोध की कविता जनवादी कविता है, लेकिन कविता की भाषा जनवादी नहीं है। यह ज़रूरी नहीं है कि जनवादी भाषा में लिखी गई कविता जनवादी हो ही।.... कवि अपनी भाषा की तलाश स्वयं करता है। दूसरी, मुक्तिबोध की भाषा में अजीब खुरदरापन है जो अपना अनुकर्ता नहीं पैदा करता, पर मसृणता की रूमानियत से बचाता भी है। इसकी बहुत-कुछ ज़िम्मेदारी उनकी अपनी मातृभाषा मराठी पर भी है। इसलिए इसे हिन्दी और मराठी का हाइब्रिड भी कहा जा सकता है। सम्भवतः ऐसी भाषा में जन-क्रान्ति की कर्कशता को रूपायित करना सम्भव है" (आधुनिक हिन्दी साहित्य का इतिहास, पृ० 321)।

इस कविता की भाषा सामान्य पाठक की समझ से परे है। संस्कृतनिष्ठ समास बहुल जटिल शब्दावलियों, विजातीय शब्दों के संयोजन, दुरूह और अपरिचित शब्द-प्रतीकों, अनेक असम्बद्ध वर्णनों एवं फैंटेसी के अतिशय प्रयोगों के कारण इस कविता को समझना किसी तिलिस्म का रहस्य जानना है। इसीलिए प्रत्येक आलोचक इस कविता का एक अलग निष्कर्ष निकालता है। वैसे मुक्तिबोध ने 'साहित्य किसके लिए?' का जवाब देते हुए 'जनता का साहित्य' और 'जनता के लिए साहित्य' का अन्तर पहले ही स्पष्ट कर दिया था। मुक्तिबोध की तमाम कविताएँ प्रबुद्ध पाठकों के लिए हैं। यह भी।

●

मुक्ति का स्वप्न

—कृष्णमोहन

ज्ञान और कर्म के साथ-साथ परम्परा और आधुनिकता, अतीत और वर्तमान तथा आन्तरिक और वाह्य के द्वन्द्व भी मुक्तिबोध की कविताओं की मूलभूत संरचना में निहित हैं। ब्रह्माण्ड की पृष्ठभूमि में इतिहास के रंगमंच पर चलने वाले इस नाटक में इन तत्त्वों की परस्पर अन्तःक्रिया को न समझ पाने के कारण कई बार इन कविताओं को समझने में बाधा पड़ती है।

'अँधेरे में' के आरम्भिक अंशों में ही कविता के उपरोक्त तीनों मूलभूत द्वन्द्व सामने आ जाते हैं। कविता में आगे उनका विकास होता है। कविता का नायक 'मैं' निर्विवाद रूप से एक मध्यवर्गीय बौद्धिक व्यक्ति है। कविता का दूसरा चरित्र एक भव्य और रहस्यमय व्यक्ति-आकृति है जो गुफा से लेकर जनान्दोलन तक में दिखाई पड़ती है। नामवर सिंह ने उसे काव्य-नायक की खोयी हुई अस्मिता कहा है, जिसकी तलाश में वह भटकता है। काव्य-नायक की इस व्यक्ति-आकृति के साथ क्रिया-प्रतिक्रिया के माध्यम से कविता का विकास होता है और अन्त तक दोनों का द्वन्द्वात्मक सम्बन्ध ही कविता की दिशा को निर्धारित करता है। इसलिए इस दूसरे चरित्र की वास्तविक भूमिका का निरूपण कविता को समझने के लिए सबसे पहले ज़रूरी है। कविता की आरम्भिक पंक्तियाँ देखें—

ज़िन्दगी के....
    कमरों में अँधेरे
    लगाता है चक्कर
    कोई एक लगातार;
    आवाज़ पैरों की देती है सुनाई
बार-बार ....बार-बार,
वह नहीं दीखता.... नहीं ही दीखता,
किन्तु, वह रहा घूम
तिलस्मी खोह में गिरफ़्तार कोई एक,
भीत-पार आती हुई पास से,
गहन रहस्यमय अन्धकार-ध्वनि-सा
    अस्तित्व जनाता
    अनिवार कोई एक,

मुक्तिबोध की कविताओं में रात जैसे किसी कारण की अनुपस्थिति में अँधेरे का प्रयोग प्रायः वाह्य के आभ्यन्तरीकृत रूप के लिए हुआ है। उनकी कविता में अँधेरे की व्यापक भूमिका इसीलिए है। पहली पंक्ति में 'ज़िन्दगी के' के बाद आया हुआ अवकाश इसी आन्तरिकता का सूचक है। अँधेरा ही नहीं, कमरे और गुफाएँ तथा भीत भी अन्तर्मन के विभिन्न कोनों को इंगित करने के लिए प्रायः मुक्तिबोध की कविताओं में आती हैं। जैसा कि 'गुँथे तुमसे बिंधे तुमसे' कविता में 'अन्तर्गुहाओं' के मुँह खोल के चिल्लाने तथा 'दिमागी गुहान्धकार का ओराँग-उटाँग' कविता में—'मस्तिष्क के भीतर एक मस्तिष्क / उसके भी अन्दर एक और कक्ष / कक्ष के भीतर / एक गुप्त प्रकोष्ठ और / कोठे के साँवले गुहान्धकार में' स्थित सन्दूक के वर्णन से पता चलता है। इसीलिए 'भीत-पार' ध्वनि 'पास से' आती है और उस ध्वनि से बचा भी नहीं जा सकता, क्योंकि वह 'अनिवार' है। इसके बाद की पंक्तियाँ हैं—

> और, मेरे हृदय की धक्-धक्
> पूछती है—वह कौन
> सुनाई जो देता, पर नहीं देता दिखाई!
> इतने में अकस्मात् गिरते हैं भीतर से
> फूले हुए पलस्तर,
> खिरती है चूने-भरी रेत
> खिसकती हैं पपड़ियाँ इस तरह—
> ख़ुद-ब-ख़ुद
> कोई बड़ा चेहरा बन जाता है,
> स्वयमपि
> मुख बन जाता है दिवाल पर,
> नुकीली नाक और
> भव्य ललाट है,
> दृढ़ हनु,
> कोई अनजानी अन-पहचानी आकृति।
> कौन वह दिखाई जो देता, पर
> नहीं जाना जाता है!
> कौन मनु?

मुक्तिबोध अतीत के किसी विशिष्ट प्रसंग को लाने के लिए जड़ और चेतन के संयोजन की इस प्रविधि का इस्तेमाल करते हैं। 'एक भूतपूर्व विद्रोही का आत्मकथन' कविता में चित्रित इसकी प्रक्रिया देखें—

पृथ्वी के पेट में घुसकर जब
पृथ्वी के हृदय की गरमी के द्वारा सब
मिट्टी के ढेर ये चट्टान बन जायेंगे
तो उन चट्टानों की
आन्तरिक परतों की सतहों में
चित्र उभर आयेंगे
हमारे चेहरे के, तन-बदन के, शरीर के,
अन्तर की तसवीरें उभर आयेंगी, सम्भवतः,

(मुक्तिबोध रचनावली, भाग दो, पृ० 134)

ग़ौरतलब है कि इस दृश्यमान लेकिन अज्ञात आकृति की पहचान करने के लिए काव्य-नायक प्रश्न करता है—'कौन मनु?' इसी प्रश्न के सहारे रामविलास शर्मा ने इस आकृति को 'कामायनी' के मनु का मुक्तिबोधकृत नया संस्करण मान लिया है। उनका प्रतिवाद करते हुए नामवर सिंह ने इस प्रश्न को 'अस्मिता की खोज' का एक रूप कहा है। हम केवल इतना कहेंगे कि 'मनु' को मनुष्य का संक्षिप्त रूप मानना ही तर्कसंगत है और समूची कविता में महज़ एक बार आए दो शब्दों के इस प्रश्न से इससे अधिक अर्थ नहीं ग्रहण करना चाहिए कि उस आकृति के संघटक तत्त्वों में आदिकालीन मनुष्य के भी कुछ आशय और सरोकार शामिल हैं।

दरअसल, 'अँधेरे में' की इस आकृति में ब्रह्मराक्षस एक बार फिर प्रकट हुआ है। परम्परा और आधुनिकता के द्वन्द्व की परिणति 'ब्रह्मराक्षस' कविता में, रूपान्तरण में न होकर विध्वंस में हुई थी। कवि ने इसी द्वन्द्व का समाधान एक बार फिर, इस बार अधिक बड़े फ़लक पर करने की कोशिश की। इसका परिणाम यह हुआ कि मुक्तिबोध की सभी मूलभूत समस्याओं ने अपना कलात्मक विस्तार पाया और आधुनिक हिन्दी साहित्य की विलक्षण कविता 'अँधेरे में' की सृष्टि हुई। यहाँ यह कह देना आवश्यक है कि परम्परा और आधुनिकता का द्वन्द्व इस कविता में दूर तक नहीं चलता और परम्परा बहुत जल्द आन्तरिक आधुनिकता में रूपान्तरित हो जाती है। फ़िलहाल, काव्य-नायक 'अन्तराल-विवर के तम में', 'लाल-लाल मशालों' की रोशनी में उस आकृति की जो पहचान करता है, वह उल्लेखनीय है—

वह रहस्यमय व्यक्ति
अब तक न पायी गयी मेरी अभिव्यक्ति है,
पूर्ण अवस्था वह
निज-सम्भावनाओं, निहित प्रभावों, प्रतिभाओं की,
मेरे परिपूर्ण का आविर्भाव,
हृदय में रिस रहे ज्ञान का तनाव वह,
आत्मा की प्रतिमा।

इन पंक्तियों में ज्ञान और कर्म की मूल समस्या सामने आयी है। यह आकृति अथवा व्यक्ति ज्ञान और अभिव्यक्ति की अब तक न पायी गयी एकता का प्रतीक बनकर आता है। इस कविता में अभिव्यक्ति को कर्म के उस विशिष्ट रूप की भूमिका मिली है जिसे शासन-सत्ता हर क़ीमत पर दबाने की कोशिश करती है। इस रहस्यमय व्यक्ति के रूप में परम्परा से प्राप्त ज्ञान तो मौजूद है, लेकिन अभिव्यक्ति के अभाव में वह मन और आत्मा को वेदना से भर देता है। ध्यान दें कि इस अंश में जो है तथा जो हो सकता है, इन दोनों ही अवस्थाओं में उस 'व्यक्ति' को चित्रित किया गया है।

> किन्तु, वह फटे हुए वस्त्र क्यों पहने है?
> उसका स्वर्ण-वर्ण मुख मैला क्यों?
> वक्ष पर इतना बड़ा घाव कैसे हो गया?
> उसने कारावास-दुःख झेला क्यों?
> उसकी इतनी भयानक स्थिति क्यों है?
> रोटी उसे कौन पहुँचाता है?
> कौन पानी देता है?
> फिर भी, उसके मुख पर स्मित क्यों है?
> प्रचण्ड शक्तिमान क्यों दिखायी देता है?

यह चित्र भारतीय परम्परा का है जो 19वीं शताब्दी में औपनिवेशिक साज़िश का शिकार होकर दृष्टि से ओझल हो गई। ख़ासतौर से 1857 की जीत के बाद अंग्रेज़ों ने भारतीय परम्परा के अग्रगामी तत्त्वों को कुचलकर, मैकाले और विलियम जोंस की योजना के अनुसार, भारत में एक नये मध्यवर्ग का सृजन किया और उसे औपनिवेशिक और ब्राह्मणवादी मूल्यों के गठजोड़ की व्यवस्था प्रदान की। लेकिन कोई परम्परा महज़ दमन या विकृतीकरण का शिकार होने के चलते नहीं मर जाती। इतिहास में थोड़ी-भी भूमिका शेष रहने पर वह सतह के अन्दर दबी प्रतीक्षारत रहती है और अनुकूल परिस्थिति पाकर अपना कार्यभार पूरा करने के लिए लौट आती है। यही वजह है कि कविता में भारतीय परम्परा के प्रतीक चरित्र को 'रोटी-पानी' मिल रहा है। उसके चेहरे पर मुस्कान है, क्योंकि उसे पता है कि औपनिवेशिक-ब्राह्मणवादी व्यवस्था के ख़िलाफ़ भारतीय जनता का विद्रोह, जो शीघ्र अवश्यम्भावी है, अपनी परम्परा की खोज में उस तक ज़रूर पहुँचेगा। सच्ची भारतीयता को निर्मित करने वाली इस परम्परा को खोकर हमने अपनी राष्ट्रीय पहचान भी खो दी है। इसी मायने में इस 'रहस्यमय' व्यक्ति-चरित्र को हमारे काव्य-नायक की 'खोयी हुई अस्मिता' का प्रतीक मानना उचित है। शमशेर जब इस कविता को 'अमर राष्ट्रीय कविता' कहते हैं तो गहरे अर्थों में उनका आशय भी यही है।

कविता में परम्परा का चित्रण बस इतना ही है। इसके आगे इसका आधुनिक रूप सामने आता है। यह रूप वास्तविक जगत् में कर्म का आह्वान करता हुआ प्रकट

होता है। काव्य-नायक उसके पारम्परिक रंग-रूप को तो पहचान लेता है, लेकिन उसकी नयी अन्तर्वस्तु से परेशान भी होता है, क्योंकि वह उसी औपनिवेशिक मूल्य-व्यवस्था की पैदाइश है जिसके ख़िलाफ़ अपनी मुक्ति और सच्ची आधुनिकता की स्थापना के लिए उसे लड़ना है।

अरे, हाँ, साँकल ही रह-रह
बजती है द्वार पर।
कोई मेरी बात मुझे बताने के लिए ही
बुलाता है—बुलाता है
× × × × ×
आधी रात, इतने अँधेरे में, कौन आया मिलने ?
विमन प्रतीक्षातुर, कुहरे में घिरा हुआ
द्युतिमय मुख—वह प्रेम-भरा चेहरा—
भोला-भाला भाव—
पहचानता हूँ बाहर जो खड़ा है
यह वही व्यक्ति है, जी हाँ!
जो मुझे तिलिस्मी खोह में दिखा था।

परम्परा से आधुनिकता तथा अतीत से वर्तमान तक की दूरी तय करने का साक्ष्य इस 'व्यक्ति' की बहिर्जगत् में उपस्थिति के रूप में मौजूद है। वह कमरे के अन्दर नहीं, उसके बाहर खड़ा दस्तक दे रहा है। वह काव्य-नायक का आन्तरिक सत्य ('मेरी बात') नहीं है, बल्कि उसका ज्ञान देने वाला है। अँधेरा यहाँ भी है लेकिन आधी रात होने के कारण, जबकि पहले वह स्वभावतः था। इसी प्रकार कुहरे से पहले अर्धविराम के न होने से प्रतीक्षा का असमंजस कुहरे के लिए तर्क प्रदान कर रहा है। उसके चेहरे की चमक, उसका प्रेम और भोला-भाला भाव, ये सब मिलकर उसकी बदली हुई अवस्थिति तथा अर्थवत्ता की सूचना दे रहे हैं। उसके पूर्वरूप से वाक़िफ़ काव्य-नायक उसे उसी रूप में पहचानने की भूल करता है। आगे हम देखेंगे कि काव्य-नायक से उसकी अन्तःक्रिया भी वर्तमान के बदले हुए सन्दर्भों में ही होगी। रहस्यमय 'व्यक्ति' से उसका आरम्भिक साक्षात्कार अपने आन्तरिक, ऐतिहासिक सत्य से साक्षात्कार के रूप में होता है। वर्तमान के आधुनिक सन्दर्भ में आते ही उसका रहस्य ग़ायब हो जाता है और अन्तर्जगत् के कैदी की जगह वह जनक्रान्ति का प्रेरक बन जाता है।

वह बिठा देता है तुंग शिखर के
ख़तरनाक, खुरदरे कगार-तट पर
शोचनीय स्थिति में ही छोड़ देता मुझको।
कहता है—"पार करो पर्वत-सन्धि के गह्वर,
रस्सी के पुल पर चलकर

दूर उस शिखर-कगार पर स्वयं ही पहुँचो!"
अरे भाई, मुझे नहीं चाहिए शिखरों की यात्रा
मुझे डर लगता है ऊँचाइयों से
बजने दो साँकल

कविता के इस अंश से पर्याप्त स्पष्ट है कि वह 'व्यक्ति' अपने युग के किन्हीं बड़े और ख़तरनाक कार्यभारों को स्वीकार करने का आह्वान बनकर आता है, जिसे अपनी मध्यवर्गीय सीमाओं के कारण वाचक स्वीकार नहीं कर पाता। वाचक इस आमन्त्रण को ठुकरा भी नहीं पाता—

नहीं, नहीं, उसको मैं छोड़ नहीं सकूँगा
सहना पड़े मुझे चाहे जो भले ही।

आख़िरकार, अपनी दुविधा और अनिर्णय पर क़ाबू पाकर जब वह दरवाज़ा खोलता है तो वहाँ उसे कोई नहीं मिलता। मुक्तिबोध की कविताओं में कई बार अन्तरात्मा की आवाज़ की तरह पक्षी आते हैं, जो कवि के दृष्टिकोण को व्यक्त करते हैं। इस बिन्दु पर कविता में 'कोई रात का पक्षी' आता है और काव्य-नायक से कहता है—

"वह चला गया है,
वह नहीं आएगा, आएगा ही नहीं
अब तेरे द्वार पर।
वह निकल गया है गाँव में, शहर में!
उसको तू खोज अब
उसका तू शोध कर!
वह तेरी पूर्णतम परम अभिव्यक्ति,
उसका तू शिष्य है

'ब्रह्मराक्षस' कविता की अन्तिम पंक्तियों में व्यक्त कामना से इन पंक्तियों का साम्य उल्लेखनीय है। परम्परा की संघर्ष-चेतना का प्रेरक-प्रतीक वह 'व्यक्ति' मध्यवर्ग के प्रतिनिधि के मन में गहरी हलचल पैदा करके जनसमुदाय के दूसरे तबकों के बीच चला गया है। अब यह निश्चित है कि काव्य-नायक अपनी सीमाओं को तोड़कर आगे बढ़ने की कोशिश करेगा, लेकिन उसे सफलता कितनी मिलेगी, यह तय नहीं।

इसके बाद काव्य-नायक को स्वप्न में फ़ासिस्ट 'प्रोसेशन' दिखाई पड़ता है, जिसमें कर्नल, ब्रिगेडियर, जनरल, मार्शल, मन्त्री, उद्योगपति, विद्वान् और कुख्यात हत्यारे डोमाजी उस्ताद के साथ कई 'प्रकाण्ड आलोचक, विचारक, और जगमगाते कविगण' भी दिखाई पड़ते हैं। इसी बीच 'प्रोसेशन' में शामिल कुछ लोग उसे देख लेते हैं और यह शोर उठ खड़ा होता है—

मारो गोली, दाग़ो स्साले को एकदम।

सपना एकाएक टूट जाने पर उसे प्रतीत होता है—

गहन मृतात्माएँ इसी नगर की
हर रात जुलूस में चलतीं,
परन्तु, दिन में
बैठती हैं मिलकर करती हुई षड्यन्त्र
विभिन्न दफ़्तरों-कार्यालयों, केन्द्रों में, घरों में।
हाय, हाय! मैंने उन्हें देख लिया नंगा,
इसकी मुझे और सज़ा मिलेगी।

काव्य-नायक को इसके बाद आभास होता है कि सेना सड़कों पर उतर आई है और यह सब किसी 'जनक्रान्ति' के दमन के लिए लगा हुआ 'मार्शल लॉ' है। वह गलियों में भाग निकलता है। कविता में टेक की तरह पंक्ति आती है—

भागता मैं दम छोड़,
घूम गया कई मोड़

इसी भागदौड़ के बीच सभी ग़रीबों, वंचितों और उपेक्षितों के आश्रय-स्थल बरगद की छाया में रहनेवाला कोई सिरफिरा उसे दीखता है जिसकी बुद्धि इस समय 'जागरित' है और वह 'आत्मोद्‌बोधमय' गीत गाता है। गीत के 'गद्यानुवाद' की आरम्भिक पंक्तियाँ हैं—

ओ मेरे आदर्शवादी मन,
ओ मेरे सिद्धान्तवादी मन,
अब तक क्या किया?
जीवन क्या जिया!!

उदरम्भरि बन अनात्म बन गये,
भूतों की शादी में क़नात से तन गये,
किसी व्यभिचारी के बन गये बिस्तर,

दुःखों के दाग़ों को तमग़ों-सा पहना,
अपने ही ख़यालों में दिन-रात रहना,
असंग बुद्धि व अकेले में सहना,
ज़िन्दगी निष्क्रिय बन गयी तलघर,

यह 'पागल' भी 'अँधेरे में' की एक गुत्थी है। नामवर सिंह उसे कविता की दो पंक्तियों—'व्यक्तित्व अपना ही, अपने से खोया हुआ / वही उसे अकस्मात् मिलता था रात में'—के आधार पर वही रहस्यमय व्यक्ति मान लेते हैं जो काव्य-नायक का प्रतिरूप है तथा जिसके गीत का प्रभाव उस पर यह पड़ता है—'प्रत्यक्ष / मैं खड़ा हो गया / किसी छाया-मूर्ति-सा समक्ष स्वयं के'। आशय यह है कि 'मैं' अपने प्रतिरूप 'पागल' के समक्ष स्वयं को खड़ा हो गया पाता है। रामविलास शर्मा इस तजवीज़ को

झट मान लेते हैं क्योंकि इससे मुक्तिबोध के काव्य को विक्षिप्त मस्तिष्क की देन सिद्ध करना आसान होता है। लेकिन अगर कविता पर ग़ौर करें तो पागल की पहचान कुछ दूसरी ही ठहरती है। उपरोक्त पंक्तियों को, बाद की दो पंक्तियों के साथ देखें—

व्यक्तित्व अपना ही, अपने से खोया हुआ
वही उसे अकस्मात् मिलता था रात में,
पागल था दिन में
सिर-फिरा विक्षिप्त मस्तिष्क।

यहाँ दूसरी पंक्ति में आए हुए 'उसे' पर यह बात निर्भर करती है कि ये बात किसके लिए कही जा रही है। नामवर सिंह मानकर चलते हैं कि 'उसे' काव्य-नायक के लिए आया है। इससे पहले दिया गया, पागल का परिचय देखें—

किन्तु, आज इस रात बात अजीब है।
वही जो सिर-फिरा पागल क़तई था
आज एकाएक वह
जागरित-बुद्धि है,

दिन और रात के अन्तर से ज़ाहिर होता है कि उस रात पागल को ही अपना खोया हुआ व्यक्तित्व मिलता है जिससे उसके मन-बुद्धि की फाँक भर जाती है। बाद की पंक्तियों में 'छाया-मूर्ति-सा स्वयं के समक्ष' खड़े होने की क्रिया भी 'पागल' के गीत से पैदा हुई आत्मालोचना के प्रभाव को ही इंगित करती है; जैसे—किसी ने दर्पण दिखा दिया हो। वह 'पागल' ग़रीबों, वंचितों की तरफ से मध्यवर्ग की मलामत अवश्य करता है, लेकिन वह पूर्वोक्त प्रेरक-व्यक्ति कदापि नहीं है।

'पागल' का गीत काव्य-नायक की आत्मा को झकझोर देता है और उसका द्वन्द्व तीखा हो जाता है। उसे लगता है कि अपने खोल में सिमटे रहने की उसके वर्ग की प्रवृत्ति के कारण ही जनक्रान्ति के दमन के निमित्त यह मार्शल लॉ लगा है—

मानो मेरे कारण ही लग गया
मॉर्शल-लॉ वह,
मानो मेरी निष्क्रिय संज्ञा ने संकट बुलाया,
मानो मेरे कारण ही दुर्घट
हुई यह घटना।

अपने वर्ग की इस ऐतिहासिक असफलता के चलते काव्य-नायक को अपने चारों ओर व्याप्त सुगन्ध में 'कोई छिपी वेदना, कोई गुप्त चिन्ता' छटपटाती हुई मिलती है, लेकिन शासक वर्ग का दबाव इतना प्रबल है कि वंचितों के आश्रय-स्थल बरगद के एक पत्ते के कंधे पर गिरने में वह किसी संकेत की कल्पना करके डर जाता है और घबराकर भाग खड़ा होता है। कविता के इस अंश में 'भागता मैं दम छोड़, / घूम गया कई मोड़' की बारम्बार आवृत्ति जनक्रान्ति और उसके दमन

के दौर में मध्यवर्गीय पलायनवृत्ति का प्रदर्शन करती है। यहाँ 'निष्क्रिय संज्ञा' का प्रयोग भी महत्त्वपूर्ण है। संज्ञाहीन, अचेत स्थिति में पड़े किसी व्यक्ति या वर्ग को संकट का ज़िम्मेदार नहीं ठहराया जा सकता, लेकिन संज्ञावान का निष्क्रिय बने रहना निश्चय ही आपत्तिजनक है। आगे चलकर उसका सामना अपने जीवनानुभव से उपलब्ध सत्यों से होता है जो मणियों के रूप में किसी 'प्राकृत गुहा' यानी अन्तर्मन के किसी कोने में परित्यक्त पड़े हुए थे, क्योंकि वे ख़तरनाक थे—

हाय, हाय! मैंने उन्हें गुहा-वास दे दिया
लोक-हित क्षेत्र से कर दिया वंचित
जनोपयोग से वर्जित किया और
निषिद्ध कर दिया
खोह में डाल दिया!!
वे ख़तरनाक थे,
(बच्चे भीख माँगते) ख़ैर....
यह न समय है,
जूझना ही तै है।

काव्य-नायक अपने 'विवेक-निष्कर्षों' का सामना होने पर 'जूझना ही तय है' सोचने के बावजूद भटकता है और विषम स्थिति का सामना होते ही 'दम छोड़कर' भाग खड़ा होता है। इस यात्रा में उसकी मुलाकात तिलक की प्रतिमा से होती है, जो उसके निकट आने पर हिलने लगती है और 'मानो कि अतिशय चिन्ता के कारण' उसका 'मस्तष्क-कोष' फूट जाता है और नाक से खून बहने लगता है। वह तिलक को पिता कहते हुए आश्वासन देता है। इसी क्रम में आगे उसकी मुलाकात गाँधी से होती है जो सर्दी में बोरा ओढ़े कँपकँपा रहे हैं। वे उसे भावी पीढ़ी का प्रतीक, एक शिशु देते हैं। शिशु के रोने पर काव्य-नायक भयभीत होता है कि कहीं अगर किसी ने सुन लिया तो 'वे दोनों कहीं रह न सकेंगे।' चुप होने के लिए पुचकारे जाने पर वह शिशु और अधिक क्रोध से चीख पड़ता है, जिस पर नायक टिप्पणी करता है—

किन्तु, न जाने क्यों ख़ुश बहुत हूँ।
जिसको न मैं इस जीवन में कर पाया,
वह कर रहा है।

यहाँ नायक की खुशी का कारण ध्यान देने योग्य है। भावी पीढ़ी को निर्भय होकर अपने 'स्फोटक क्षोभ का आवेग' व्यक्त करते देख वह न केवल खुश होता है, बल्कि इस प्रक्रिया में उसका अपना भय भी टूटता है। उसके कन्धे पर से शिशु ग़ायब हो जाता है और उसकी जगह पहले फूल का गुच्छा मिलता है, फिर वह एक राइफल में बदल जाता है। इस प्रकार भावी पीढ़ी के सन्दर्भ में गाँधीजी की प्रासंगिकता स्थापित होती है। इसके तुरन्त बाद आततायी सत्ता द्वारा एक कोमल,

स्वप्नदर्शी कलाकार की सन्देह के कारण हत्या होती है। इससे प्रेरित होकर नायक नये दोस्तों की तलाश में निकलता है कि ख़ुद भी गिरफ़्तार हो जाता है। गिरफ़्तारी और टॉर्चर के दौरान उसे लगता है कि उसके 'अन्तर्तत्त्वों का पुनर्प्रबन्धन और पुनर्व्यवस्था / पुनर्गठन-सा होता जा रहा' है।

रूपान्तरण की यह प्रक्रिया चलती रहती है और रिहा होने के बाद वह फिर साथियों की तलाश करने का निश्चय करता है। इन साथियों के गुण विभिन्न फूलों की शक्ल में पहले से ही अन्तर्मन के प्रतीक 'खोहों के जल' और 'पाताल तल' से सन्देश भेजते रहे हैं। आशय यह है कि मन में उठने वाले विचार वाह्य परिवेश की ही देन होते हैं, बस ज़रूरत उनके वस्तुगत आधारों को ढूँढ़ निकालने की है, लेकिन ये गुण नाकाफ़ी हैं। इसके बाद भविष्य के प्रतीक 'दूर क्षितिज' पर उसे बिजली और अग्नि, जो कर्म और ज्ञान के प्रतीक हैं, के फूल और उन्हें समेटते हुए हाथ दिखाई पड़ते हैं। ये हाथ भविष्य के साथियों के हैं। भविष्य से प्रेरित होकर वह वर्तमान में कर्म की ओर उन्मुख होता है और ज़मीन पर पड़े चमकीले पत्थरों को चुनकर उनसे बिजली के फूल बनाने की कोशिश करता है। यह जनजीवन में बिखरे सत्य को सूत्रबद्ध करके उन्हें वापस व्यवहार में लाने की प्रक्रिया है, लेकिन कर्म के अभाव में वे ज्ञान के फूल ठण्डे पड़े रहते हैं—

मेरे भी फूल हैं तेजस्क्रिय, पर
अतिशय शीतल।
मुझको तो बेचैन बिजली की नीली
ज्वलन्त बाँहों में बाँहों को उलझा
करनी है उतनी ही प्रदीप्त लीला
आकाश-भर में साथ-साथ उसके घूमना है मुझको
मेरे पास न रंग है बिजली का गौर कि
भीमाकार हूँ मेघ मैं काला
परन्तु, मुझमें है गम्भीर आवेश
अथाह प्रेरणा-स्रोत का संयम।

ग़ौर करें कि इन ठण्डे फूलों को खिलाने वाला अपने को मेघ मानता है और 'वैसी ही प्रदीप्त लीला' करना चाहता है जैसी आकाश में सचमुच का मेघ बिजली के साथ करता है। ग़ालिब ने भी तस्वीर की कुछ ऐसी ही सूरत देखी थी—

अब्र रोता है के बज़्मे तरब आमादा करो
बर्क़ हँसती है के फ़ुर्सत कोई दम है हमको

यह कर्म का आह्वान है। ऊर्जा का अक्षयस्रोत जनता है जिससे उसे आवेश और संयम दोनों मिलता है। ज़रूरत है तो केवल इस बात की कि वह जनता के साथ एकाकार हो जाए और उसकी राह में आने वाली सारी बाधाओं को नष्ट करने में अपना योग दे। वह उसका ठोस संकल्प करता है—

अब अभिव्यक्ति के सारे ख़तरे
उठाने ही होंगे।
तोड़ने ही होंगे मठ और गढ़ सब।

यहाँ यह ध्यान रखना होगा कि 'अँधेरे में' का नायक एक बुद्धिजीवी है जिसकी प्रमुख समस्या है अभिव्यक्ति के ख़तरों का भय। उसके लिए कर्म का ठोस अर्थ है जनता के हित में सत्य को अभिव्यक्त करना और इस प्रक्रिया में विचारों पर बन्दिश लगाने वाले 'गढ़ों और मठों' को ध्वस्त कर देना। तभी उसका रूपान्तरण क्रान्तिकारी बुद्धिजावी में हो सकेगा।

कविता का नायक बार-बार अपने भय को झटक कर संघर्ष का निश्चय करता है, लेकिन हर बार उसके हाथ निराशा लगती है। इसकी वजह उसका अकेलापन और जनता से अलगाव है। सत्ता का चरित्र उसके सामने अनावृत है, लेकिन वह उसके खिलाफ खड़ा होने की शक्ति नहीं जुटा पाता। कविता में इस मुक़ाम पर पहुँचकर उसे अपने अकेलेपन का तीखा एहसास होता है।

विचित्र अनुभव!!
जितना मैं लोगों की पाँतों को पार कर
बढ़ता हूँ आगे,
उतना ही पीछे मैं रहता हूँ अकेला,
पश्चात्-पद हूँ।
पर, एक रेला और
पीछे से चला और
अब मेरे साथ है!
आश्चर्य! अद्भुत!!
लोगों की मुट्ठियाँ बँधी हैं।
अँगुली-सन्धि से फूट रहीं किरनें
लाल-लाल
यह क्या!!
मेरे ही विक्षोभ-मणियों को लिये वे,
मेरे ही विवेक-रत्नों को लेकर,
बढ़ रहे लोग अँधेरे में सोत्साह।
किन्तु मैं अकेला
बौद्धिक जुगाली में अपने से दुकेला।

मध्यवर्ग अपनी विशिष्टता के बोध से ग्रस्त होकर शेष जनता से आगे निकलने के प्रयास में उससे अलग-थलग होकर पीछे छूट जाता है। लेकिन जनसमुदाय का साथ मिलते ही उसे उनके विक्षोभ के कारणों और विवेक-निष्कर्षों

का पता चलता है। तभी उसे यह भी एहसास होता है कि निष्कर्ष उसके भी यही हैं, लेकिन उनके अनुकूल कार्रवाई करने का साहस न जुटा पाने के कारण वह आगा-पीछा करता रह जाता है। उसका अकेलापन अत्यन्त विडम्बनात्मक ढंग से टूटता है जब उसका एक मन अभी दृढ़ निश्चय करता ही है कि दूसरा मन प्रकट होकर आत्मसमर्पण कर देता है, और वह 'दुकेला' हो जाता है। अन्यत्र मुक्तिबोध ने इसी अवस्था को 'आत्मा की एकता में दुई है' कहा है। यह कवियों की बेहद परिचित, द्वन्द्वात्मक मनःस्थिति है। ग़ालिब ने इसे 'ईमाँ मुझे रोके है तो खेंचे है मुझे कुफ्र' कहकर व्यक्त किया था। लेकिन मुक्तिबोध के मामले में आलोचकों ने इसे 'सिजोफ्रेनिया' के सबूत के बतौर इस्तेमाल किया।

आख़िरकार. हमारे काव्य-नायक को क्षितिज पर बिजली के अग्निमय फूल खिलाने वाले साथी मिलते हैं। जनसंघर्ष के दौर में जनता से निकटता बढ़ती है, और जैसे-जैसे आन्दोलन बढ़ता है, हमारे मध्यवर्गीय नायक के भय और पलायन को बारम्बार व्यक्त करने वाली पंक्ति—'भागता मैं दम छोड़, घूम गया कई मोड़' के बजाय टेक की तरह दूसरी पंक्ति की आवृत्ति होने लगती है—'कहीं आग लग गयी, कहीं गोली चल गयी।' निकट आने की इस प्रक्रिया का आरम्भ होता है कि जब गलियों में भागते समय वाचक को कोई चुपचाप एक पर्चा दे देता है और बहुत ध्यान से पढ़ने पर उसे लगता है—

उसमें तो मेरे ही गुप्त विचार व
दबी हुई संवेदनाएँ व अनुभव
पीड़ाएँ जगमगा रही हैं।
यह सब क्या है!

आगे वह इसका जवाब भी देता है—

ये सब दृढ़ीभूत कर्म-शिलाएँ हैं
जिनसे कि स्वप्नों की मूर्ति बनेगी
सस्मित सुखकर
जिसकी कि किरनें,
ब्रह्माण्ड-भर में नापेंगी सब कुछ!

स्पष्ट है कि यही विचार और संवेदनाएँ, जब तक सिर्फ़ नायक के मस्तिष्क में पड़ी रहती हैं, अपनी अभिव्यक्ति के लिए तरसती हैं, लेकिन जनमानस की वस्तु बनने के बाद उन्हें साकार करना भी सम्भव हो जाता है।

इसके बाद कविता के अन्तिम अंश में जनक्रान्ति का चित्रण है, जिसका सूत्रवाक्य है—

कहीं आग लग गयी, कहीं गोली चल गयी।

क्रान्तिकारी परिस्थिति में व्यक्तित्व के रूपान्तरण का सन्दर्भ देखें—

कुछ बलवान जन साँवले मुख के
चढ़ा रहे लकड़ी के चक्के पर जबरन
लाल-लाल लोहे की गोल-गोल पट्टी
घन मार घन मार,
उसी प्रकार अब
आत्मा के चक्के पर चढ़ाया जा रहा
संकल्प-शक्ति के लोहे का मज़बूत
ज्वलन्त टायर!!

हथौड़ा चलाने वाले ये 'बलवान जन' निश्चय ही सर्वहारा वर्ग के सदस्य हैं जो अपने साथ-साथ मध्यवर्ग की आत्मा को भी संकल्प-शक्ति प्रदान कर रहे हैं। इसकी पुष्टि बाद की पंक्तियों से होती है जब मध्यवर्गीय काव्य-नायक जिन कारणों से 'अपने' युवकों का व्यक्तित्वान्तरण होते देख रहा है उनमें 'युगानुयुग' से चली आ रही परम्परा के प्रतीक 'पिताओं' तथा 'माँओ' के साथ आधुनिक युग के प्रतिनिधि के बतौर 'श्रमिक वर्ग' ही शामिल है—

जिनमें कि डूबे हैं, युगानुयुग से
पिताओं की चिन्ता का उद्विग्न रंग भी
विवेक-पीड़ा की गहराई बेचैन,
डूबा है जिसमें श्रमिक का सन्ताप।
माँओं के आँसू।
वह जल पीकर,
मेरे युवकों में व्यक्तित्वान्तर,
विभिन्न क्षेत्रों में कई तरह से करते हैं संगर,

कविता के इस अन्तिम अंश तक पहुँचते-पहुँचते ऐसा लगता है कि नायक का भटकाव ख़त्म हुआ और उसे मंज़िल मिल गयी। लेकिन अभी इसमें एक पेच और है जिसमें मुक्तिबोध की रचनात्मकता की मूलवृत्ति का पता चलता है। यह प्रवृत्ति है प्रेम और संघर्ष के प्रतीकों का एक-दूसरे में घुलमिल कर प्रकट होना। एकाएक फिर स्वप्न-भंग होता है और नायक को लगता है कि उसके मस्तिष्क-हृदय के छेदों के दुःखों में 'प्रदीप्त ज्योति' का रस बस गया है। यहाँ बिजली की बाँहों में बाँहें डालकर की गयी 'प्रदीप्त लीला' का स्मरण अनायास हो आता है। नायक 'उन सपनों का आशय' खोजता है और उसके मन में 'अर्थों की वेदना' घिर आती है।

मानो कि कल रात किसी अनपेक्षित क्षण में ही सहसा
प्रेम कर लिया हो मनोहर मुख से
जीवन भर के लिए!!

मानो कि उस क्षण
अतिशय मृदु किन्हीं बाँहों ने आकर
कस लिया था मुझको
उस स्वप्न-स्पर्श की, चुम्बन-घटना की याद आ रही है,
याद आ रही है!!
अज्ञात प्रणयिनी कौन थी, कौन थी?

कमरे में सुबह की धूप आ गयी है,
गैलरी में फैला है सुनहला रवि-छोर
क्या कोई प्रेमिका सचमुच मिलेगी?
हाय! यह वेदना स्नेह की गहरी
जाग गयी क्योंकर?

उस 'अज्ञात प्रणयिनी' को पहचानने और पाने की इस उत्कंठा के बाद कविता में इसकी कोई अनुगूँज नहीं मिलती। अन्तिम दृश्य से ठीक पहले आए इस प्रसंग को, आमतौर पर, मुक्तिबोध की काव्य-संवेदना के अनुकूल नहीं पाया गया। उपरोक्त पंक्तियों के बाद वातावरण को चित्रित करता एक स्टैंज़ा आता है जिसमें एक पंक्ति है, 'प्रत्येक अर्थ की छाया में दूसरा, आशय झिलमिला रहा-सा।' कुमार विकल अपनी कविता 'रंग ख़तरे में हैं' में कलाकार के उस रंग का ज़िक्र करते हैं जिससे वह दूसरे सभी रंगों की पहचान करता है। सत्य का ज्ञान, असल में, वस्तुओं की एक-दूसरे से संलग्नता का ज्ञान है। एक भावना दूसरी भावना से और एक घटना दूसरी घटना से जुड़ी हुई है। चीज़ों को उनकी समग्रता में समझने का संघर्ष न कर पाने वाले या तो एकांगी सोच के शिकार होते हैं, या फिर रहस्यवादी पद्धति में शरण लेकर अंश में सम्पूर्ण का दर्शन करते हैं। मुक्तिबोध जब प्रत्येक अर्थ में दूसरे आशयों को भी पाते हैं तब वे चीज़ों की आपसी संलग्नता का ही संकेत कर रहे होते हैं। पिछली रात के सपनों का आशय खोजने में अर्थों की वेदना घिरने की चर्चा कवि पहले ही कर चुका है। आइए देखें कि उन सपनों का इस वेदना से कविता में क्या सम्बन्ध है?

पिछली रात के स्वप्न जनक्रान्ति और उसके दौरान होने वाले व्यक्तित्वान्तरण के थे। सुबह उठने पर होने वाले प्रणय के स्मरण में एक बात ध्यान देने की है कि यह प्रेम ऐसा था मानो जीवनभर के लिए लिया गया हो। यहाँ आशय निश्चय ही आगामी जीवन से है क्योंकि अगर जीवनभर का मतलब अगला-पिछला सब होता तो पिछली रात किसी नयी अनुभूति का प्रश्न ही नहीं उठता था। आगामी जीवन के लिए एक बड़ा बदलाव सर्वहारा वर्ग के साथ उसकी एकजुटता के रूप में पिछली रात घटित भी हुआ है। अब सवाल यह है कि मुक्तिबोध सीधे उसी अनुभूति की बात न करके उसे प्रेम की अनुभूति के रूप में क्यों व्यक्त करते हैं। भारतीय समाज और कविता की परम्परा में प्रेम की भूमिका को बार-बार महत्त्वपूर्ण तरीके से

रेखांकित करना मुक्तिबोध ज़रूरी समझते थे। कबीर, जायसी, मीरा और ग़ालिब का अन्यथाकरण देखने के बावजूद उन्हें यकीन था कि आने वाली पीढ़ियाँ उन्हें सही सन्दर्भों में ग्रहण करेंगी।

कविता में 'क्या कोई प्रेमिका सचमुच मिलेगी?' इस प्रश्न के माध्यम से व्यक्त हुई वेदना और आकांक्षा जनसमुदाय के बीच उसी भव्य व्यक्ति को देखकर उसे पुकारने के लिए खुलने वाले मुँह और बुलाने के लिए उठने वाली बाँह में विस्तार पाती है, हालाँकि वह जनसाधारण में खो जाता है। उससे सम्पर्क नहीं हो पाता, लेकिन कविता में निराशा का रत्ती भर भी आभास नहीं है। काव्य-नायक के रवैये में यह एक महत्त्वपूर्ण अन्तर है। इसकी वजह उसका अपना रूपान्तरण है। आम जनता से अपने को विशिष्ट मानने वाला मध्यवर्गीय बुद्धिजीवी जनता की जुझारू परम्परा से 'रूमानी' रिश्ता बनाता है। लेकिन इसी प्रक्रिया में रूपान्तरित होने के बाद वह नायक-पूजा छोड़कर 'अँधेरे में' के नायक की तरह साधारण लोगों में स्थित उस शक्ति को पहचानता है—

वह मेरे पास कभी बैठा ही नहीं था,
वह मेरे पास कभी आया ही नहीं था,
तिलस्मी खोह में देखा था एक बार,
आख़िरी बार ही।
पर, वह जगत् की गलियों में घूमता है प्रतिपल
वह फटेहाल रूप।
तडित्तरंगीय वही गतिमयता,
अत्यन्त उद्विग्न ज्ञान-तनाव वह
सकर्मक प्रेम की वह अतिशयता
वही फटेहाल रूप!!

कविता के अन्त में आकर जनता के उद्देश्य के साथ एकाकार हो जाने के बाद काव्य-नायक को यह एहसास होता है कि जनता की शक्ति और विद्रोह-परम्परा की स्मृति उसके अन्तर्मन यानी 'तिलिस्मी खोह' में ज़रूर थी। लेकिन उसके वर्तमान जन-स्वरूप से वह अपने मध्यवर्गीय चरित्र के कारण दूर ही रहा था। जन-शक्ति का प्रतीक वह पुरुष उसका द्वार खटखटाने नहीं आता था, बल्कि अपनी मुक्ति की छटपटाहट और इसके लिए रूपान्तरण की वेदना सहने की अनिवार्यता के कारण उसे इसका आभास होता था। गति, ज्ञान और सकर्मक प्रेम का मिला-जुला रूप, ऊर्जा का अक्षय स्रोत, यह हमारी जनता ही है जो गलियों में फटेहाल घूमती है। कविता की अन्तिम पंक्तियाँ हैं—

परम अभिव्यक्ति
लगातार घूमती है जग में

पता नहीं जाने कहाँ, जाने कहाँ
वह है।
इसीलिए मैं हर गली में
और हर सड़क पर
झाँक-झाँक देखता हूँ हर एक चेहरा,
प्रत्येक गतिविधि,
प्रत्येक चरित्र,
व हर एक आत्मा का इतिहास,
हर एक देश व राजनीतिक परिस्थिति
प्रत्येक मानवीय स्वानुभूत आदर्श
विवेक-प्रक्रिया, क्रियागत परिणति!!
खोजता हूँ पठार....पहाड़..... समुन्दर
जहाँ मिल सके मुझे
मेरी वह खोयी हुई
परम अभिव्यक्ति अनिवार
आत्म-सम्भवा।

'परम-अभिव्यक्ति' को प्राप्त करने की काव्य-नायक की आकांक्षा कविता में आरम्भ से अन्त तक व्यक्त हुई है। बीच में उसने 'अभिव्यक्ति' के ख़तरे उठाने की बात की थी। अभिव्यक्ति का ठोस सन्दर्भ, कविता में, वर्तमान आततायी व्यवस्था के ख़िलाफ़ जारी जनसंघर्ष में शामिल होकर इसे बदलने का था ताकि एक बेहतर, मानवीय व्यवस्था का निर्माण किया जा सके। 'अभिव्यक्ति' का संघर्ष वर्तमान के ठोस सन्दर्भों से जुड़ा हुआ है जबकि 'परम अभिव्यक्ति' अमूर्त रूप में 'अन-खोजी निज समृद्धि का परम उत्कर्ष' बनकर आती है। असल में, दोनों के बीच कार्यनीति और रणनीति का अन्तर है। अभिव्यक्ति वर्तमान व्यवस्था के ख़िलाफ़ लड़ने का तात्कालिक कार्यभार है, जबकि 'परम-अभिव्यक्ति' वह दूरगामी लक्ष्य जिसमें मानव-जीवन साम्य की आदिम आकांक्षा की पूर्ति सभ्यता की सारी उपलब्धियों के साथ करके अपनी चरितार्थता, अपने चरम प्रतिफलन को प्राप्त कर सकेगा। काव्य-नायक ने जब से मध्यवर्गीय विश्व दृष्टिकोण छोड़कर सर्वहारा का दृष्टिकोण अपनाया तब से उसे इन दोनों लक्ष्यों की एकता और उसकी वाहक, जनता की भूमिका का ज्ञान हुआ। इसीलिए कविता के अन्त में उसने भविष्य के चरम उद्देश्यों की खोज जनसमुदाय के वर्तमान सदस्यों और उनकी संघर्षशील परम्पराओं, ख़ासतौर पर मानवीय आदर्शों और उनकी क्रियागत परिणतियों के सन्दर्भ में की।

अन्त में, एक बात ध्यान देने की और है कि कविता के आरम्भ में 'परम अभिव्यक्ति' को 'अब तक न पायी गयी' कहा गया है जबकि अन्तिम पंक्तियों में

'खोयी हुई' बताया गया है। यह फ़र्क़ मानव-सभ्यता के विकास के रहस्य को समझने में काव्य-नायक को मिलने वाली कामयाबी की वजह से पड़ा है। पहले जब वह चरम मानवीय लक्ष्य को जनता के वर्तमान संघर्ष से अलग किसी रहस्यमय उपलब्धि के रूप में पाना चाहता था, इस बात से अनभिज्ञ था कि अपने आदिम रूप में ही सही लेकिन साम्य और सामंजस्य कभी उसकी धरोहर थे, जो विकास के एक निश्चित चरण में वर्ग-लिंग-विभेद जैसे कुछ कारणों के पैदा हो जाने से तिरोहित हो गये थे। जनसमुदाय की स्मृति, परम्परा और ज्ञान के साथ एकाकार हो जाने के बाद उसने यह भी समझा कि वर्तमान की कार्रवाइयों में ही भविष्य के बीज छुपे हैं, और जनता ही इतिहास का निर्माण करती है। कविता के अन्त में 'खोने' की बात मानो आरम्भ में पूछे गए सवाल 'कौन मनु?' का ही सकारात्मक जवाब है।

●

अँधेरे में

* *

गजानन माधव मुक्तिबोध

अँधेरे में

(मुक्तिबोध के 'अँधेरे में' कविता के कई पाठ प्रकाशित हुए। इसी कारण मुक्तिबोध के अध्येता विद्वानों के आलेखों में उद्धृत काव्यांशों में भी कहीं-कहीं अन्तर है। यहाँ इस कविता का जो पाठ प्रस्तुत है वह 'कल्पना' तथा 'चाँद का मुँह टेढ़ा है' में प्रकाशित पाठों से भिन्न है और कवि द्वारा इन दोनों पाठों में किए गए संशोधनों पर आधारित पाण्डुलिपि के अनुसार है।)

ज़िन्दगी के....
कमरों में अँधेरे
लगाता है चक्कर
कोई एक लगातार
आवाज़ पैरों की देती है सुनाई
बार-बार....बार-बार,
वह नहीं दीखता....नहीं ही दीखता,
किन्तु, वह रहा घूम
तिलस्मी खोह में गिरफ़्तार कोई एक,
भीत-पार आती हुई पास से,
गहन रहस्यमय अन्धकार ध्वनि-सा
अस्तित्व जनाता
अनिवार कोई एक,
और मेरे हृदय की धक्-धक्
पूछती है—वह कौन
सुनाई जो देता, पर नहीं देता दिखाई!
इतने में अकस्मात् गिरते हैं भीतर से
फूले हुए पलस्तर,
खिरती है चूने-भरी रेत
खिसकती हैं पपड़ियाँ इस तरह—
ख़ुद-ब-ख़ुद
कोई बड़ा चेहरा बन जाता है,
स्वयमपि
मुख बन जाता है दिवाल पर,

नुकीली नाक और
भव्य ललाट है,
दृढ़ हनु,
कोई अनजानी अन-पहचानी आकृति।
कौन वह दिखाई जो देता, पर
नहीं जाना जाता है!
कौन मनु?

बाहर शहर के, पहाड़ी के उस पार, तालाब....
अँधेरा सब तरफ,
प्रशांत जल,
पर, भीतर से उभरती है सहसा
सलिल के तम-श्याम शीशे में कोई श्वेत आकृति
कुहरीला कोई बड़ा चेहरा फैल जाता है
और मुसकाता है,
पहचान बताता है,
किन्तु, मैं हतप्रभ,
नहीं वह समझ में आता।

अरे! अरे!!
तालाब के आस-पास अँधेरे में वन-वृक्ष
चमक-चमक उठते हैं हरे-हरे अचानक
वृक्षों के शीश पर नाच-नाच उठती हैं बिजलियाँ,
शाखाएँ, डालियाँ झूमकर झपटकर
चीख़, एक दूसरे पर पटकती हैं सिर कि अकस्मात्—
वृक्षों के अँधेरे में छिपी हुई किसी एक
तिलस्मी खोह का शिला-द्वार
खुलता है धड़् से

....

घुसती है लाल-लाल मशाल अजीब-सी,
अन्तराल-विवर के तम में
लाल-लाल कुहरा,
कुहरे में, सामने, रक्तालोक-स्नात पुरुष एक,
रहस्य साक्षात्!

तेजो प्रभावमय उसका ललाट देख,
मेरे अंग-अंग में अजीब एक थरथर।
गौरवर्ण, दीप्त-दृग, सौम्य-मुख
सम्भावित स्नेह-सा प्रिय-रूप देखकर
विलक्षण शंका,
भव्य आजानुभुज देखते ही साक्षात्
गहन एक सन्देह।

वह रहस्यमय व्यक्ति
अब तक न पायी गयी मेरी अभिव्यक्ति है,
पूर्ण अवस्था वह
निज-सम्भावनाओं, निहित प्रभावों, प्रतिभाओं की,
मेरे परिपूर्ण का आविर्भाव,
हृदय में रिस रहे ज्ञान का तनाव वह,
आत्मा की प्रतिमा।

किन्तु, वह फटे हुए वस्त्र क्यों पहने है?
उसका स्वर्ण-वर्ण मुख मैला क्यों?
वक्ष पर इतना बड़ा घाव कैसे हो गया?
उसे कारावास-दुःख झेला क्यों?
उसकी इतनी भयानक स्थिति क्यों है?
रोटी उसे कौन पहुँचाता है?
कौन पानी देता है?
फिर भी, उसके मुख पर स्मित क्यों है?
प्रचंड शक्तिमान क्यों दिखाई देता है?

प्रश्न थे गम्भीर, शायद ख़तरनाक भी,
इसीलिए बाहर के गुंजान
जंगलों से आती हुई हवा ने
फूँक मार एकाएक मशाल ही बुझा दी—
कि मुझको यों अँधेरे में पकड़कर
मौत की सज़ा दी!
किसी काले डैश की घनी काली पट्टी ही
आँखों पर बँध गयी,

किसी खड़ी पाई की सूली पर मैं टाँग दिया गया,
किसी शून्य बिन्दु के अँधियारे खड्डे में
गिरा दिया गया मैं
अचेतन स्थिति में!

2

सूनापन सिहरा,
अँधेरे में ध्वनियों के बुलबुले उभरे,
शून्य के मुख पर सलवटें स्वर की,
मेरे ही उर पर, धँसाती हुई सिर,
छटपटा रही हैं शब्दों की लहरें
मीठी हैं दुःसह!!
अरे, हाँ, साँकल ही रह-रह
बजती है द्वार पर।
कोई मेरी बात मुझे बताने के लिए ही
बुलाता है—बुलाता है
(हृदय को सहला मानो किसी जटिल
प्रसंग में सहसा होठों पर
होठ रख, कोई सच-सच बात
सीधे-सीधे कहने को तड़प जाय, और फिर
वही बात सुनकर धँस जाय मेरा जी—
इस तरह, साँकल ही रह-रह बजती है द्वार पर)

आधी रात, इतने अँधेरे में, कौन आया मिलने?
विमन प्रतीक्षातुर, कुहरे में घिरा हुआ
द्युतिमय मुख—वह प्रेम-भरा चेहरा—
भोला-भाला भाव—
पहचानता हूँ बाहर जो खड़ा है!!
यह वही व्यक्ति है, जी हाँ!
जो मुझे तिलिस्मी खोह में दिखा था।
अवसर-अनवसर
प्रकट जो होता ही रहता,
मेरी सुविधाओं का न तनिक ख़याल कर।

चाहे जहाँ, चाहे जिस समय उपस्थित,
चाहे जिस रूप में
चाहे जिन प्रतीकों में प्रस्तुत,
इशारे से बताता है, समझाता रहता,
हृदय को देता है बिजली के झटके
अरे, उसके चेहरे पर खिलती हैं सुबहें,
गालों पर चट्टानी चमक पठार की
आँखों में किरणीली शान्ति की लहरें,
उसे देख, प्यार उमड़ता है अनायास!
लगता है—दरवाज़ा खोलकर
बाँहों में कस लूँ
हृदय में रख लूँ
घुल जाऊँ, मिल जाऊँ लिपटकर उससे।
परन्तु, भयानक खड्डे के अँधेरे में आहत
और क्षत-विक्षत, मैं पड़ा हुआ हूँ,
शक्ति ही नहीं है कि उठ सकूँ ज़रा भी
(यह भी तो सही है कि
 कमज़ोरियों से ही लगाव है मुझको)
इसीलिए टालता हूँ उस मेरे प्रिय को
कतराता रहता,
डरता हूँ उससे।
वह बिठा देता है तुंग शिखर के
ख़तरनाक, खुरदरे कगार-तट पर;
शोचनीय स्थिति में ही छोड़ देता मुझको।
कहता है—"पार करो, पर्वत-सन्धि के गह्वर,
रस्सी के पुल पर चलकर
दूर उस शिखर-कगार पर स्वयं ही पहुँचो।"
अरे भाई, मुझे नहीं चाहिए शिखरों की यात्रा
मुझे डर लगता है ऊँचाइयों से;
बजने दो साँकल!!
उठने दो अँधेरे में ध्वनियों के बुलबुले,
वह जन—वैसे ही

आप चला जाएगा आया था जैसे।
खड्डे के अँधेरे में मैं पड़ा रहूँगा
पीड़ाएँ समेटे!!

क्या करूँ, क्या नहीं करूँ मुझे बताओ,
इन तम-शून्य में तैरती है जगत्-समीक्षा
की हुई उसकी
(सह नहीं सकता)
विवेक-विक्षोभ महान् उसका
तम-अन्तराल में (सह नहीं सकता)
अँधियारे मुझमें द्युति-आकृति-सा
भविष्य का नक़्शा दिया हुआ उसका
सह नहीं सकता!!
नहीं, नहीं उसको मैं छोड़ नहीं सकूँगा,
सहना पड़े—मुझे चाहे जो भले ही।

कमज़ोर घुटनों को बार-बार मसल,
लड़खड़ाता हुआ मैं
उठता हूँ दरवाज़ा खोलने,
चेहरे के रक्त-हीन विचित्र शून्य को गहरे
पोंछता हूँ हाथ से,
अँधेरे के ओर-छोर टटोल-टटोलकर
बढ़ता हूँ आगे,
पैरों से महसूस करता हूँ धरती का फैलाव,
हाथों से महसूस करता हूँ दिशाएँ,
मस्तक अनुभव करता है, आकाश,
दिल में तड़पता है अँधेरे का अन्दाज़,
आँखें ये तथ्य को सूँघती-सी लगतीं,
केवल शक्ति है स्पर्श की गहरी।
आत्मा में, भीषण
सत्-चित्-वेदना जल उठी, दहकी।
विचार हो गये विचरण-सहचर।
बढ़ता हूँ आगे,

चलता हूँ सँभल-सँभलकर,
द्वार टटोलता,
ज़ंग-खायी, जमी हुई, जबरन
सिटकनी हिलाकर
ज़ोर लगा, दरवाज़ा खोलता
झाँकता हूँ बाहर....

सुनी है राह, अजीब है फैलाव,
सर्द अँधेरा।
ढीली आँखों से देखते हैं विश्व
उदास तारे।
हर बार सोच और हर बार अफ़सोस
हर बार फ़िक्र
के कारण बढ़े हुए दर्द का मानो कि दूर वहाँ, दूर वहाँ
अँधियारा पीपल देता है पहरा।
हवाओं की निःसंग लहरों में काँपती
कुत्तों की दूर-दूर अलग-अलग आवाज़,
टकराती रहती सियारों की ध्वनि से।
काँपती हैं दूरियाँ, गूँजते हैं फ़ासले
(बाहर कोई नहीं, कोई नहीं बाहर)

इतने में अँधियारे सूने में कोई चीख़ गया है
रात का पक्षी
कहता है—
"वह चला गया है,
वह नहीं आएगा, आएगा ही नहीं
अब तेरे द्वार पर।
वह निकल गया है गाँव में शहर में!
उसको तू खोज अब
उसका तू शोध कर!
वह तेरी पूर्णतम परम अभिव्यक्ति,
उसका तू शिष्य है (यद्यपि पलातक....)
वह तेरी गुरु है,
गुरु है....

3

समझ न पाया कि चल रहा स्वप्न या
जागृति शुरू है।
दिया जल रहा है,
पीतालोक-प्रसार में काल गल रहा है
आस-पास फैली हुई जग-आकृतियाँ
लगती हैं छपी हुई जड़ चित्राकृतियों-सी
अलग वह दूर-दूर
निर्जीव!!
यह सिविल लाइन्स है। मैं अपने कमरे में
यहाँ पड़ा हुआ हूँ।
आँखें खुली हुई हैं,
पीटे गये बालक-सा मार खाया चेहरा
उदास इकहरा,
स्लेट-पट्टी पर खींची गयी तस्वीर
भूत-जैसी आकृति—
क्या वह मैं हूँ?
मैं हूँ?

रात के दो हैं,
दूर-दूर जंगल में सियारों का हो-हो,
पास-पास आती हुई घहराती गूँजती
किसी रेल-गाड़ी के पहियों की आवाज़!!
किसी अनपेक्षित
असम्भव घटना का भयानक सन्देह,
अचेतन प्रतीक्षा,
कहीं कोई रेल-ऐक्सीडेण्ट न हो जाय।
चिन्ता के गणित अंक
आसमानी-स्लेट-पट्टी पर चमकते
खिड़की से दीखते।

....
हाय! हाय! तॉल्स्तॉय
कैसे मुझे दीख गये

सितारों के बीच-बीच
घूमते व रुकते
पृथ्वी को देखते।

शायद टॉल्स्टॉय-नुमा
कोई वह आदमी
और है,
मेरे किसी भीतरी धागे का आख़िरी छोर वह,
अनलिखे मेरे उपन्यास का
केन्द्रीय संवेदन
दबी हाय-हाय-नुमा।
शायद टॉल्स्टॉय-नुमा।

प्रोसेशन?
निस्तब्ध नगर के मध्य-रात्रि-अँधेरे में सुनसान
किसी दूर बैण्ड की दबी हुई क्रमागत तान-धुन,
मन्द-तार उच्च-निम्न स्वर-स्वन,
उदास-उदास ध्वनि-तरंगें हैं गम्भीर,
दीर्घ लहरियाँ!!
गैलरी में जाता हूँ, देखता हूँ रास्ता
वह कोलतार-पथ अथवा
मरी हुई खिंची हुई कोई काली जिह्वा
बिजली के द्युतिमान् दिये या
मरे हुए दाँतों का चमकदार नमूना!

किन्तु, दूर सड़क के उस छोर
शीत-भरे थर्राते तारों के अँधियारे तल में
नील तेज-उद्भास
पास-पास पास-पास
आ रहा है इस ओर!
दबी हुई गम्भीर स्वर-स्वन-तरंगें,
उदास तान-धुन
शत-ध्वनि-संगम-संगीत
समीप आ रहा!!

और, अब
गैस-लाइट-पाँतों की बिन्दुएँ छिटकीं,
बीचो-बीच उनके
साँवले जुलूस-सा क्या-कुछ दीखता!!
और अब
गैस-लाइट-निलाई में रँगे हुए अपार्थिव चेहरे,
बैण्ड-दल,
उनके पीछे काले-काले बलवान् घोड़ों का जत्था
दीखता,
घना व डरावना अवचेतन ही
जुलूस में चलता।
क्या शोभा-यात्रा
किसी मृत्यु-दल की?

अजीब!!
दोनों ओर, नीली गैस-लाइट-पाँत
चल रही, चल रही।
नींद में खोये हुए शहर की गहन अवचेतना में
हलचल, (पाताली तल में
चमकदार साँपों की उड़ती हुई लगातार
लकीरों की वारदात!!
सब सोये हुए हैं।
लेकिन, मैं जाग रहा, देख रहा
रोमांचकारी वह जादुई करामात!!)

विचित्र प्रोसेशन,
गम्भीर क्विक मार्च....
कलाबत्तूवाली काली ज़रीदार ड्रेस पहने
चमकदार बैण्ड-दल—
अस्थि-रूप, यकृत-स्वरूप, उदर-आकृति
आँतों के जालों से, बाजे वे दमकते हैं भयंकर
गम्भीर गीत-स्वन-तरंगें
ध्वनियों के आवर्त मँडराते पथ पर।

बैण्ड के लोगों के चेहरे
मिलते हैं मेरे देखे हुओं-से,
लगता है उनमें कई प्रतिष्ठित पत्रकार
इसी नगर के!!
बड़े-बड़े नाम अरे कैसे शामिल हो गये इस बैण्ड-दल में!
उनके पीछे चल रहा
संगीन नोकों का चमकता जंगल,
चल रही पदचाप, ताल-बद्ध दीर्घ पाँत
टैंक-दल, मोर्टार, ऑर्टिलरी, सन्नद्ध,
धीरे-धीरे बढ़ रहा जुलूस भयावना,
सैनिकों के पथराये चेहरे
चिढ़े हुए, झुलसे हुए, बिगड़े हुए, गहरे!
शायद, मैंने उन्हें पहले भी तो कहीं देखा था।
शायद, उनमें मेरे कई परिचित!!
उनके पीछे यह क्या!!
कैवेलरी!
काले-काले घोड़ों पर ख़ाकी मिलिट्री ड्रेस,
चेहरे का आधा भाग सिन्दूरी-गेरुआ
आधा भाग कोलतारी भैरव,
भयानक!!
हाथों में चमचमाती सीधी खड़ी तलवार
आबदार!!
कन्धे से कमर तक कारतूसी बेल्ट है तिरछा।
कमर में, चमड़े के कवर में पिस्तौल,
रोष-भरी एकाग्रदृष्टि में धार है,
कर्नल, ब्रिगेडियर, जनरल, मॉर्शल
कई और सेनापति सेनाध्यक्ष
चेहरे वे मेरे जाने-बूझे-से लगते,
उनके चित्र समाचारपत्रों में छपे थे,
उनके लेख देखे थे,
यहाँ तक कि कविताएँ पढ़ी थीं
भई वाह!

उनमें कई प्रकाण्ड आलोचक, विचारक, जगमगाते कवि-गण
मन्त्री भी, उद्योगपति और विद्वान्
यहाँ तक कि शहर का हत्यारा कुख्यात
डोमा जी उस्ताद
बनता है बलबन
हाय, हाय!!
यहाँ ये दीखते हैं भूत-पिशाच-काय।
भीतर का राक्षसी स्वार्थ अब
साफ़ उभर आया है,
छिपे हुए उद्देश्य
यहाँ निखर आये हैं,
यह शोभा-यात्रा है किसी मृत-दल की।
(विचारों की फिरकी सिर में घूमती है)

इतने में प्रोसेशन में से कुछ मेरी ओर
आँखें उठीं रोष-भर,
हृदय में मानो कि संगीन नोकें ही घुस पड़ीं बर्बर,
सड़क पर उठ खड़ा हो गया कोई शोर—
"मारो गोली, दाग़ो स्साले को एकदम
दुनिया की नज़रों से हटकर
छुपे तरीक़े से
हम जा रहे थे कि
आधीरात—अँधेरे में उसने
देख लिया हमको
व जान गया वह सब
मार डालो, उसको खत्म करो एकदम!!"
रास्ते पर भाग-दौड़ धका-पेल!!
गैलरी से भागा मैं पसीने से सराबोर!!

एकाएक टूट गया स्वप्न व छिन्न-भिन्न हो गये
सब चित्र।

जागते में फिर से याद आने लगा वह स्वप्न,
फिर से याद आने लगे अँधेरे में चेहरे,
और, तब मुझे प्रतीत हुआ भयानक
गहन मृतात्माएँ इसी नगर की
हर रात जुलूस में चलतीं,
परन्तु, दिन में
बैठती हैं मिलकर करती हुई षड्यन्त्र
विभिन्न दफ़्तरों-कार्यालयों, केन्द्रों में, घरों में।
हाय, हाय! मैंने उन्हें देख लिया नंगा,
इसकी मुझे और सज़ा मिलेगी।

4

अकस्मात्
चार का ग़जर कहीं खड़का,
मेरा दिल धड़का,
उदास मटमैला मनरूपी वल्मीक
विचलित।
अगिनत काली-काली हायफ़न-डैशों की लकीरों की हलचल
सब ओर बिखराव।
मैं अपने कमरे में यहाँ लेटा हुआ हूँ।
काले-काले शहतीर छत के
हृदय दबोचते।
यद्यपि आँगन में नल जोर मारता,
जल खखारता।
किन्तु, न शरीर में बल है
अँधेरे में गल रहा दिल यह।

एकाएक मुझे भान होता है जग का,
अख़बारी दुनिया का फैलाव,
फँसाव, घिराव, तनाव है सब ओर,
पत्ते न खड़के,
सेना ने घेर ली हैं सड़कें।

बुद्धि की मेरी रग
गिनती है समय की धक्-धक्।
यह सब क्या है?
किसी जन-क्रान्ति के दमन-निमित्त यह
मॉर्शल-लॉ है!!

दम छोड़ रहे हैं भाग गलियों में मेरे पैर,
साँस लगी हुई है,
ज़माने की जीभ निकल पड़ी है.
कोई मेरा पीछा कर रहा है लगातार।
भागता मैं दम छोड़,
घूम गया कई मोड़,
चौराहा दूर से ही दीखता,
वहाँ शायद कोई सैनिक पहरेदार
नहीं होगा फ़िलहाल।
दीखता है सामने ही अन्धकार-स्तूप-सा
भयंकर बरगद—
सभी उपेक्षितों, समस्त वंचितों,
ग़रीबों का वही घर, वही छत,
उसके ही तल-खोह-अँधेरे में सो रहे
गृह-हीन कई प्राण।
अँधेरे में डूब गये
डालों में लटके जो मटमैले चिथड़े
किसी एक अति दीन
पागल के धन वे।
हाँ, वहाँ रहता है, सिर-फिरा एक जन।

किन्तु, आज इस रात बात अजीब है।
वही जो सिर-फिरा पागल क़तई था
आज एकाएक वह
जागरित बुद्धि है, प्रज्वलत् धी है।
छोड़ सिर-फिरापन,
बहुत ऊँचे गले से,

गा रहा कोई पद, कोई गान
आत्मोद्‌बोधमय!!
ख़ूब भई, ख़ूब भई,
जानता क्या वह भी कि
सैनिक प्रशासन है नगर में वाक़ई!
क्या उसकी बुद्धि भी जग गयी!!

(करुण रसाल वे हृदय के स्वर हैं
गद्यानुवाद यहाँ उनका दिया जा रहा)

"....ओ मेरे आदर्शवादी मन,
ओ मेरे सिद्धान्तवादी मन,
अब तक क्या किया?
जीवन क्या जिया!!

उदरम्भरि बन अनात्म बन गये,
भूतों की शादी में क़नात-से तन गये.
किसी व्यभिचारी के बन गये बिस्तर,

दुःखों के दाग़ों को तमग़ों-सा पहना,
अपने ही ख़यालों में दिन-रात रहना,
असंग बुद्धि व अकेले में सहना,
ज़िन्दगी निष्क्रिय बन गयी तलघर,

अब तक क्या किया,
जीवन क्या जिया!!

बताओ तो किस-किसके लिए तुम दौड़ गये,
करुणा के दृश्यों से हाय! मुँह मोड़ गये,
बन गये पत्थर,
बहुत-बहुत ज़्यादा लिया,
दिया बहुत-बहुत कम,
मर गया देश, अरे, जीवित रह गये तुम!!

लोक-हित-पिता को घर से निकाल दिया,
जन-मन-करुणा-सी माँ को हकाल दिया,

स्वार्थों के टेरियर कुत्तों को पाल लिया,
भावना के कर्तव्य-त्याग दिये,
हृदय के मन्तव्य—मार डाले!
बुद्धि का भाल ही फोड़ दिया,
तर्कों के हाथ उखाड़ दिये,
जम गये, जाम हुए, फँस गये,
अपने ही कीचड़ में धँस गये!!
विवेक बघार डाला स्वार्थों के तेल में
आदर्श खा गये!

अब तक क्या किया,
जीवन क्या जिया,
ज़्यादा लिया और दिया बहुत-बहुत कम
मर गया देश, अरे, जीवित रह गये तुम....!!"

मेरा सिर गरम है,
इसीलिए भरम है।
सपनों में चलता है आलोचन,
विचारों के चित्रों की अवलि में चिन्तन।
निजत्व-भाफ़ है बेचैन,
क्या करूँ, किससे कहूँ,
कहाँ जाऊँ, दिल्ली या उज्जैन?

वैदिक ऋषि शुनःशेप के
शापभ्रष्ट पिता अजीगर्त समान ही
व्यक्तित्व अपना ही, अपने से खोया हुआ
वही उसे अकस्मात् मिलता था रात में,
पागल था दिन में
सिर-फिरा विक्षिप्त मस्तिष्क।

हाय, हाय!
उसने भी यह क्या गा दिया,
यह उसने क्या नया ला दिया,
प्रत्यक्ष,
मैं खड़ा हो गया खुद ही के सामने

निज की ही घन छाया मूर्ति-सा गहरा
होने लगी बहस और
लगने लगे परस्पर तमाचे।

छिः पागलपन है,
वृथा आलोचन है।
गलियों में अन्धकार भयावह—
मानो मेरे कारण ही लग गया
मॉर्शल-लॉ वह,
मानो मेरी निष्क्रिय संज्ञा ने संकट बुलाया,
मानो मेरे कारण ही दुर्घट
हुई यह घटना।
चक्र से चक्र लगा हुआ है....
जितना ही तीव्र है द्वन्द्व क्रियाओं घटनाओं का
बाहरी दुनिया में,
उतनी ही तेज़ी से भीतरी दुनिया में,
चलता है द्वन्द्व कि
फ़िक्र से फ़िक्र लगी हुई है।
आज उस पागल ने मेरी चैन भुला दी,
मेरी नींद गँवा दी।

मैं इस बरगद के पास खड़ा हूँ।
मेरा यह चेहरा
धुलता है जाने किस अथाह गम्भीर, साँवले जल से,
झुके हुए गुमसुम टूटे हुए घरों के
तिमिर अतल से
धुलता है मन यह।
रात्रि के श्यामल ओस से क्षालित
कोई गुरु-गम्भीर महान् अस्तित्व
महकता है लगातार
मानो खण्डहर-प्रसारों में उद्यान
गुलाब-चमेली के, रात्रि-तिमिर में,
महकते हों, महकते ही रहते हों हर पल।

किन्तु वे उद्यान कहाँ हैं,
अँधेरे में पता नहीं चलता।
मात्र सुगन्ध है सब ओर,
पर, उस महक—लहर में
कोई छिपी वेदना, कोई गुप्त चिन्ता
छटपटा रही है।

5

एकाएक मुझे भान!!
पीछे से किसी अजनबी ने
कन्धे पर हाथ रखा
चौंकता मैं भयानक
एकाएक थरथर रेंग गयी सिर तक,
नहीं, नहीं। ऊपर से गिरकर
कन्धे पर बैठ गया बरगद-पात एक,
क्या वह संकेत, क्या वह इशारा?
क्या वह चिट्ठी है किसी की?
बरगद-आत्मा का पत्र है वह क्या?
कौन-सा इंगित?

भागता मैं दम छोड़,
घूम गया कई मोड़!!
बन्दूक़ धाँय-धाँय
मकानों के ऊपर प्रकाश-सा छा गया गेरुआ।
भागता मैं दम छोड़
घूम गया कई मोड़।
घूम गयी पृथ्वी, घूम गया आकाश,
और फिर, किसी एक मुँदे हुए घर की
पत्थर, सीढ़ी दिख गयी, उस पर
चुपचाप बैठ गया सिर पकड़कर!!
दिमाग़ में चक्कर,
चक्कर....भँवरें
भँवरों के गोल-गोल केन्द्र में दीखा

स्वप्न सरीखा—
भूमि की सतहों से बहुत-बहुत नीचे
अँधियारी एकान्त
प्राकृत गुहा एक।
विस्तृत खोह के साँवले तल में
तिमिर को भेदकर चमकते हैं पत्थर
मणि तेजस्क्रिय रेडियो-ऐक्टिव रत्न भी बिखरे,
झरता है जिन पर प्रबल प्रपात एक।
प्राकृत जल वह आवेग-भरा है,
द्युतिमान् मणियों की अग्नियों पर से
फिसल-फिसलकर बहती लहरें,
लहरों के तल में से फूटती हैं किरनें
रत्नों की रंगीन रूपों की आभा
फूट निकलती
खोह की बेडौल भीतें हैं झिलमिल!

पाता हूँ निज को खोह के भीतर,
विलुब्ध नेत्रों से देखता हूँ द्युतियाँ,
मणि तेजस्क्रिय हाथों में लेकर
विभोर आँखों से देखता हूँ उनको—
पाता हूँ अकस्मात्
दीप्ति में वलयित रत्न वे नहीं हैं
अनुभव, वेदना, विवेक-निष्कर्ष,
मेरी ही अपने यहाँ पड़े हुए हैं
विचारों की रक्तिम अग्नि के मणि वे
प्राण-जल-प्रपात में घुलते हैं प्रतिपल
अकेले में किरणों की गीली है हलचल
गीली है झिलमिल!!

हाय, हाय! मैंने उन्हें गुहा-वास दे दिया
लोक-हित क्षेत्र से कर दिया वंचित
जनोपयोग से वर्जित किया और
निषिद्ध कर दिया

खोह में डाल दिया!!
वे ख़तरनाक थे,
(बच्चे भीख माँगते) ख़ैर....
यह न समय है,
जूझना ही तै है।

6

सीन बदलता है,
सुनसान चौराहा साँवला फैला,
बीच में वीरान गेरुआ घण्टाघर,
ऊपर कत्थई बुज़ुर्ग गुम्बद,
साँवली हवाओं में काल टहलता है।
रात में पीले हैं चार घड़ी-चेहरे,
मिनिट के काँटों की चार अलग गतियाँ,
चार अलग कोण,
कि चार अलग संकेत,
(मनस् में गतिमान् चार अलग मतियाँ)
खम्भों पर बिजली की गरदनें लटकीं,
शर्म से जलते हुए बल्बों के आस-पास
बेचैन ख़यालों के पंखों के कीड़े
उड़ते हैं गोल-गोल
मचल-मचलकर।
घण्टाघर तले ही
पंखों के टुकड़े बीट व तिनके।
गुम्बद-विवर में बैठे हुए बूढ़े
असम्भव पक्षी
बहुत तेज़ नज़रों से देखते हैं सब ओर,
मानो कि इरादे
भयानक चमकते।
सुनसान चौराहा,
बिखरी हैं गतियाँ, बिखरी है रफ़्तार,
गश्त में घूमती है कोई दुष्ट इच्छा।

भयानक सिपाही जाने किस थकी हुई झोंक में
अँधेरे में सुलगाता सिगरेट अचानक
ताँबे से चेहरे की ऐंठ झलकती।
पथरीली सलवट
दियासलाई की पल-भर लौ में
साँप-सी लगती।
पर, उसके चेहरे का रंग बदलता है हर बार,
मानो अनपेक्षित कहीं न कुछ हो....
वह ताक रहा है—
संगीन नोकों पर टिका हुआ
साँवला बन्दूक़-जत्था
गोल त्रिकोण एक बनाये खड़ा जो
चौक के बीच में!!
एक ओर
टैंकों का दस्ता भी खड़े-खड़े ऊँघता,
परन्तु अड़ा है!!

भागता मैं दम छोड़,
घूम गया कई मोड़।
भागती है चप्पल, चटपट आवाज़
चाँटों-सी पड़ती।
पैरों के नीचे का कीच उछलकर
चेहरे पर, छाती पर पड़ता है सहसा,
ग्लानि की मतली।
गलियों का गोल-गोल खोह-अँधेरा
चेहरे पर, आँखों पर करता है हमला।
अजीब उमस-बास
गलियों का रुँधा हुआ उच्छ्वास
भागता हूँ दम छोड़,
घूम गया कई मोड़।
धुँधले से आकार कहीं-कहीं दीखते,
भय के? या घर के? कह नहीं सकता
आता है अकस्मात् कोलतार-रास्ता

लम्बा व चौड़ा व स्याह व ठण्डा,
बेचैन आँखें ये देखती हैं सब ओर।
कहीं कोई नहीं है,
नहीं कहीं कोई भी।
श्याम आकाश में, संकेत-भाषा-सी तारों की आँखें
चमचमा रही हैं।
मेरा दिल ढिबरी-सा टिमटिमा रहा है।
कोई मुझे खींचता है रास्ते के बीच ही।
जादू से बँधा हुआ चल पड़ा उस ओर।
सपाट सूने में ऊँची-सी खड़ी जो
तिलक की पाषाण-मूर्ति है निःसंग
स्तब्ध जड़ीभूत....
देखता हूँ उसको परन्तु, ज्यों ही मैं पास पहुँचता
पाषाण-पीठिका हिलती-सी लगती
अरे, अरे, यह क्या!!
कण-कण काँप रहे जिनमें से झरते
नीले इलेक्ट्रॉन
सब ओर गिर रही हैं चिनगियाँ नीली
मूर्ति के तन से झरते हैं अंगार।
मुसकान पत्थरी होठों पर काँपी,
आँखों में बिजली के फूल सुलगते।

इतने में यह क्या!!
भव्य ललाट की नासिका में से
बह रहा ख़ून न जाने कब से
लाल-लाल गरमीला रक्त टपकता
(ख़ून के धब्बों से भरा अँगरखा)
मानो कि अतिशय चिन्ता के कारण
मस्तक-कोष ही फूट पड़े सहसा
मस्तक-रक्त ही बह उठा नासिका में से।
हाय, हाय, पितः पितः ओ,
चिन्ता में इतने न उलझो

हम अभी ज़िन्दा हैं ज़िन्दा,
चिन्ता क्या है!!
मैं उस पाषाण-मूर्ति के ठण्डे
पैरों को छाती से बरबस चिपका
रुआँसा-सा होता
देह में तन गये करुणा के काँटे
छाती पर, सिर पर, बाँहों पर मेरे
गिरती हैं नीली
बिजली की चिनगियाँ
रक्त टपकता है हृदय में मेरे
आत्मा में बहता-सा लगता
ख़ून का तालाब।
इतने में छाती में भीतर ठक्-ठक्
सिर में है धड़-धड़!! कट रही हड्डी!!
फ़िक्र ज़बरदस्त!!
विवेक चलाता तीखा-सा रन्दा
चल रहा बसूला
छीले जा रहा मेरा यह निजत्व ही कोई
भयानक ज़िद कोई जाग उठी मेरे भी अन्दर
हठ कोई बड़ा भारी उठ खड़ा हुआ है।

इतने में आसमान काँपा व धाँय-धाँय
बन्दूक़-धड़ाका
बिजली की रफ़्तार पैरों में घूम गयी।
खोहों-सी गलियों के अँधेरे में एक ओर
मैं थक बैठ गया,
सोचने-विचारने।
अँधेरे में डूबे मकानों के छप्परों पार से
रोने की पतली-सी आवाज़
सूने में काँप रही काँप रही दूर तक
कराहों की लहरों में पाशव प्राकृत
वेदना भयानक थरथरा रही है।
मैं उसे सुनने का करता हूँ यत्न

कि देखता क्या हूँ—
सामने मेरे
सर्दी में बोरे को ओढ़कर
कोई एक अपने
हाथ-पैर समेटे
काँप रहा, हिल रहा—वह मर जाएगा।
इतने में वह सिर खोलता है सहसा
बाल बिखरते,
दीखते हैं कान कि
फिर मुँह खोलता है, वह कुछ
बुदबुदा रहा है,
किन्तु, मैं सुनता ही नहीं हूँ।
ध्यान से देखता हूँ—वह कोई परिचित
जिसे ख़ूब देखा था, निरखा था कई बार
पर, पाया नहीं था।
अरे हाँ, वह तो....
विचार उठते ही दब गये,
सोचने का साहस सब चला गया है।
वह मुख—अरे, वह मुख, वे गान्धी जी!!
इस तरह पंगु!!
आश्चर्य!!
नहीं, नहीं वे जाँच-पड़ताल
सुराग़रसी-सी कुछ
करते हैं चुपचाप।
रूप बदलकर।

अँधेरे की स्याही में डूबे हुए देव को सम्मुख पाकर
मैं अति दीन हो जाता हूँ पास कि
बिजली का झटका
कहता है—"भाग जा, हट जा
हम हैं गुज़र गये जमाने के चेहरे
आगे तू बढ़ जा।"
किन्तु, मैं देखा किया उस मुख को।

गम्भीर दृढ़ता की सलवटें वैसी ही,
शब्दों में गुरुता।
वे कह रहे हैं—
"दुनिया न कचरे का ढेर कि जिस पर
दानों को चुगने चढ़ा हुआ कोई भी कुक्कुट
कोई भी मुरग़ा
यदि बाँग दे उठे ज़ोरदार
बन जाए मसीहा"
वे कह रहे हैं—
"मिट्टी के लोंदे में किरणीले कण-कण
गुण हैं,
जनता के गुणों से ही सम्भव
भावी का उद्भव...."
गम्भीर शब्द वे और आगे बढ़ गये,
जाने क्या कह गये!!
मैं अति उद्विग्न!

एकाएक उठ पड़ा आत्मा का पिंजर
मूर्ति की ठठरी।
नाक पर चश्मा, हाथ में डण्डा,
कन्धे पर बोरा, बाँह में बच्चा।
आश्चर्य! अद्भुत! यह शिशु कैसे!!
मुसकरा उस द्युति-पुरुष ने कहा तब—
"मेरे पास चुपचाप सोया हुआ यह था।
सँभालना इसको, सुरक्षित रखना"

मैं कुछ कहने को होता हूँ इतने में वहाँ पर
कहीं कोई नहीं है, कहीं कोई नहीं है :
और ज़्यादा गहरा व और ज़्यादा अकेला
अँधेरे का फैलाव!
बालक लिपटा है मेरे इस गले से चुपचाप,
छाती से कन्धे से चिपका है नन्हा-सा आकाश
स्पर्श है सुकुमार प्यार-फरा कोमल,
किन्तु है भार का गम्भीर अनुभव।

भावी की गन्ध और दूरियाँ अँधेरी
आकाशी तारों के साथ लिये हुए मैं
चला जा रहा हूँ
घुसता ही जाता हूँ फ़ासलों की खोहों की तहों में।

सहसा रो उठा कन्धे पर वह शिशु
अरे, अरे, वह स्वर अतिशय परिचित!!
पहले भी कई बार कहीं तो भी सुना था,
उसमें तो स्फोटक क्षोभ का आवेग,
गहरी है शिकायत,
क्रोध भयंकर।
मुझे डर, यदि कोई वह स्वर सुन ले
हम दोनों फिर कहीं नहीं रह सकेंगे।
मैं पुचकारता हूँ, बहुत दुलारता,
समझाने के लिए तब गाता हूँ गाने,
अधभूली लोरी ही होठों से फूटती!
मैं चुप करने की जितनी भी करता हूँ कोशिश,
और-और चीख़ता है क्रोध से लगातार!!
गरम-गरम अश्रु टपकते हैं मुझपर।

किन्तु, न जाने क्यों खुश बहुत हूँ।
जिसको न मैं इस जीवन में कर पाया,
वह कर रहा है।
मैं शिशु-पीठ को थपथपा रहा हूँ,
आत्मा है गीली।
पैर आगे बढ़ रहे, मन आगे जा रहा।
डूबता हूँ मैं किसी भीतरी सोच में—
हृदय के थाले में रक्त का तालाब,
रक्त में डूबी हैं द्युतिमान् मणियाँ,
रुधिर से फूट रहीं लाल-लाल किरणें,
अनुभव-रक्त में डूबे हैं संकल्प,
और ये संकल्प
चलते हैं साथ-साथ।
अँधियारी गलियों में चला जा रहा हूँ।

इतने में पाता हूँ अँधेरे में सहसा
कन्धे पर कुछ नहीं!!
वह शिशु चला गया जाने कहाँ,
और अब उसके ही स्थान पर
मात्र हैं सूरज-मुखी-फूल-गुच्छे।
उन स्वर्ण-पुष्पों से प्रकाश-विकीरण
कन्धों पर, सिर पर, गालों पर, तन पर,
रास्ते पर, फैले हैं किरणों के कण-कण।
भई वाह, यह ख़ूब!!
इतने में गली एक आ गयी और मैं
दरवाज़ा खुला हुआ देखता।
ज़ीना है अँधेरा।
कहीं कोई ढिबरी-सी टिमटिमा रही है।
मैं बढ़ रहा हूँ
कन्धों पर फूलों के लम्बे वे गुच्छे
क्या हुए, कहाँ गये?
कन्धे क्यों वज़न से दुख रहे सहसा।
ओ हो,
बन्दूक़ आ गयी
वाह वा....!!
वज़नदार रॉयफ़ल,
भई ख़ूब!!
खुला हुआ कमरा है साँवली हवा है,
झाँकते हैं खिड़कियों में से दूर अँधेरे में टँके हुए सितारे
फैली है बर्फ़ीली साँस-सी वीरान,
तितर-बितर सब फैला है सामान।
बीच में कोई ज़मीन पर पसरा,
फैलाये बाँहें, ढह पड़ा, आख़िर।
मैं उस जन पर फैलाता टार्च कि यह क्या—
ख़ून-भरे बाल में उलझा है चेहरा,
भौंहों के बीच में गोली का सूराख़,
ख़ून का परदा-सा गालों पर फैला,

होठों पर सूखी है कत्थई धारा,
फूटा है चश्मा, नाक है सीधी,
ओफ़्फ़ो!! एकान्त-प्रिय यह मेरा
परिचित व्यक्ति है, वही, हाँ,
सचाई थी सिर्फ़ एक अहसास
वह कलाकार था
गलियों के अँधेरे का, हृदय में, भार था
पर, कार्य क्षमता से वंचित व्यक्ति,
चलाता था अपना असंग अस्तित्व।
सुकुमार मानवीय हृदयों के अपने
शुचितर विश्व के मात्र थे सपने।
स्वप्न व ज्ञान व जीवनानुभव जो—
हलचल करता था रह-रह दिल में,
किसी को भी दे नहीं पाया था वह तो।
शून्य के जल में डूब गया नीरव
हो नहीं पाया उपयोग उसका।
किन्तु, अचानक झोंक में आकर क्या कर गुजरा कि
सन्देहास्पद समझा गया और
मारा गया वह बधिकों के हाथों।
मुक्ति का इच्छुक तृषार्त अन्तर
मुक्ति के यत्नों के साथ निरन्तर
सबका था प्यारा।
अपने में द्युतिमान्।
उनका यों वध हुआ,
मर गया एक युग,
मर गया एक जीवनादर्श!!
इतने में मुझको ही चिढ़ाता है कोई।
सवाल है—मैं क्या करता था अब तक,
भागता फिरता था सब ओर।
(फ़िज़ूल है इस वक़्त कोसना ख़ुद को)
एकदम ज़रूरी-दोस्तों को खोजूँ
पाऊँ मैं नये-नये सहचर
सकर्मक सत्-चित् वेदना-भास्वर!!

ज़ीने से उतरा,
एकाएक विद्रूप रूपों से घिर गया सहसा
पकड़ मशीन-सी,
भयानक आकार घेरते हैं मुझको,
मैं आततायी-सत्ता के सम्मुख।

एकाएक हृदय धड़ककर रुक गया, क्या हुआ!!
भयानक सनसनी।
पकड़कर कॉलर गला दबाया गया।
चाँटे से कनपटी टूटी कि अचानक
त्वचा उखड़ गयी गाल की पूरी।
कान में भर गयी
भयानक अनहद-नाद की भनभन।
आँखों में तैरीं
रक्तिम तितलियाँ, चिनगियाँ नीली।
सामने उगते-डूबते धुँधले
कुहरिल वर्तुल,
जिनका कि चक्रिल केन्द्र ही फैलता जाता
उस फैलाव में दीखते मुझको
धँस रहे, गिर रहे बड़े-बड़े टॉवर
घुँघराला धुआँ, गेरुई ज्वाला।
हृदय में भगदड़—
सम्मुख दीखा
उजाड़ बंजर टीले पर सहसा
रो उठा कोई, रो रहा कोई
भागता कोई सहायता देने।
(अन्तर्तत्त्वों का पुन:प्रबन्ध और पुनर्व्यवस्था
पुनर्गठन-सा होता जा रहा।)

दृश्य ही बदला, चित्र बदल गया
ज़बरन ले जाया गया मैं गहरे
अँधियारे कमरे के स्याह सिफ़र में।
टूटे-से स्टूल पर बिठाया गया हूँ।
शीश की हड्डी जा रही तोड़ी।

लोहे की कील पर बड़े हथौड़े
पड़ रहे लगातार।
शीश का मोटा अस्थि-कवच ही निकाल डाला
देखा जा रहा—
मस्तक-यन्त्र में कौन-से विचारों की कौन-सी ऊर्जा,
कौन-सी शिरा में कौन-सी धक्-धक्,
कौन-सी रग में कौन-सी फुरफुरी,
कहाँ है पश्यत् कैमरा जिसमें
तथ्यों के जीवन-दृश्य उतरते,
कहाँ-कहाँ सच्चे सपनों के आशय
कहाँ-कहाँ क्षोभक-स्फोटक सामान!
भीतर कहीं पर गड़े हुए गहरे
तलघर अन्दर
छिपे हुए प्रिंटिंग प्रेस को खोजो
जहाँ कि चुपचाप ख़यालों के परचे
छपते रहते हैं, (बाँटे जाते।)
इस संस्था के मंत्री को खोजो।
शायद, उसका ही नाम हो आस्था,
कहाँ है सरगना इस टुकड़ी का
कहाँ है आत्मा?
(और, मैं सुनता हूँ चिढ़ी हुई ऊँची
खिझलायी आवाज़)
स्क्रीनिंग करो—मिस्टर गुप्ता,
क्रॉस एक्ज़ामिन हिम थॉरोली!!

चाबुक-चमकार
पीठ पर यद्यपि
उखड़े चर्म की कत्थई-रक्तिम रेखाएँ उभरीं
पर, यह आत्मा कुशल बहुत है,
देह में रेंग रही संवेदना की गरमीली कड़ुई धारा को गहरी
झनझन थरथर तारों को उसके,
समेटकर वह सब
वेदना-विस्तार करके इकट्ठा

मेरा मन यह जोर लगाकर,
बलात् उनकी छोटी-सी कड्ढी
गठान बाँधता सख़्त व मज़बूत
मानो कि पत्थर।
ज़ोर लगाकर,
उसी गठान को हथेलियों से
करता है चूर-चूर,
धूल में बिखरा देता है उसको।
मन यह हटता है देह की हद से
जाता है कहीं पर अलग जगत् में।
विचित्र क्षण है,
सिर्फ़ है जादू,
मात्र मैं बिजली
यद्यपि खोह में खूँटे बँधा हूँ,
दैत्य हैं, आस-पास
फिर भी बहुत दूर मीलों के पार वहाँ
गिरता हूँ चुपचाप पत्र के रूप में
किसी एक जेब में
वह जेब....
किसी एक फटे हुए मन की।

समस्वर, समताल,
सहानुभूति की सनसनी कोमल!!
हम कहाँ नहीं हैं
सभी जगह हम।
निजता हमारी!
भीतर-भीतर बिजली के जीवित
तारों के जाले,
ज्वलन्त तारों की भीषण गुत्थी,
बाहर-बाहर धूल-सी भूरी
ज़मीन की पपड़ी।
अग्नि को लेकर, मस्तक हिमवत्,
उग्र प्रभंजन लेकर, उर यह

बिलकुल निश्चल।
भीषण शक्ति को धारण करके
आत्मा का पोशाक दीन व मैला।
विचित्र रूपों को धारण करके
चलता है जीवन, लक्ष्यों के पथ पर।

रिहा!!
छोड़ दिया गया!!
अब छाया-मुख कई करते हैं पीछा,
श्यामाकार न छोड़ते हैं मुझको,
जहाँ गया, जहाँ रुका, जहाँ जला, वहाँ पर
भौंहों के नीचे के रहस्यमय छेद
मारते हैं संगीन—
दृष्टि की पत्थरी चमक है पैनी।
मुझे अब खोजने होंगे साथी—
काले गुलाब व स्याह सिवन्ती,
श्याम चमेली,
सँवलाये कमल जो खोहों के जल में
भूमि के भीतर पाताल-तल में
खिले हुए कब से भेजते हैं संकेत
सुझाव-सन्देश भेजते रहते!!

इतने में सहसा दूर क्षितिज पर
दीखते हैं मुझको
बिजली की नंगी लताओं से झर रहे
सफ़ेद नीले मोतिया चम्पई फूल गुलाबी
उठते हैं वहीं पर हाथ अकस्मात्
अग्नि के फूलों को समेटने लगते।
मैं उन्हें देखने लगता हूँ एकटक,
अचानक विचित्र स्फूर्ति से मैं भी
ज़मीन पर पड़े हुए चमकीले पत्थर
लगातार चुनकर
बिजली के फूल बनाने की कोशिश
करता हूँ। रश्मि-विकीरण—

मेरे भी प्रस्तर करते हैं प्रतिक्षण।
रेडियो-ऐक्टिव रत्न हैं वे भी।
बिजली के फूलों की भाँति ही
यत्न हैं वे भी,
किन्तु असन्तोष मुझको है गहरा,
शब्दाभिव्यक्ति-अभाव का संकेत।
काव्य-चमत्कार उतना ही रंगीन
परन्तु, ठण्डा।
मेरे भी फूल हैं तेजस्क्रिय, पर
अतिशय शीतल।
मुझको तो बेचैन बिजली की नीली
ज्वलन्त बाँहों में बाँहों को उलझा
करनी है उतनी ही प्रदीप्त लीला
आकाश-भर में साथ-साथ उसके घूमना है मुझको
मेरे पास न रंग है बिजली का गौर कि
भीमाकार हूँ मेघ मैं काला
परन्तु, मुझको है गम्भीर आवेश
अथाह प्रेरणा-स्रोत का संयम।
अरे, इन रंगीन पत्थरों-फूलों से मेरा
काम नहीं चलेगा!!
क्या कहूँ,
मस्तक-कुण्ड में जलती
सत्-चित्-वेदना-सचाई व ग़लती—
मस्तक शिराओं में तनाव दिन-रात।

अब अभिव्यक्ति के सारे ख़तरे
उठाने ही होंगे।
तोड़ने ही होंगे मठ और गढ़ सब।
पहुँचना होगा दुर्गम पहाड़ों के उस पार
तब कहीं देखने मिलेंगी बाँहें
जिसमें कि प्रतिपल काँपता रहता
अरुण कमल एक,
धँसना ही होगा

झील के हिम-शीत सुनील जल में।
जादुई झील को करनी ही होगी मेरी प्रतीक्षा।

7

चाँद उग आया है
गलियों की आकाशी लम्बी-सी चीर में
तिरछी है किरनों की मार
उस नीम पर
जिसके कि नीचे
मिट्टी के गोल चबूतरे पर, नीली
चाँदनी में कोई दिया सुनहला
जलता है मानो कि स्वप्न ही साक्षात्
अदृश्य साकार।
मकानों के बड़े-बड़े खण्डहर जिनके कि सूने
मटियाले भागों में खिलती ही रहती
महकती रातरानी फूल भरी जवानी में लज्जित
तारों की टकटकी अच्छी न लगती।

भागता मैं दम छोड़,
घूम गया कई मोड़,
टूटी हुई भीतों के उस पार कहीं पर
बहस गरम है
दिमाग़ में जान है, दिलों में दम है
सत्य से सत्ता के युद्ध का रंग है,
पर, कमज़ोरियाँ सब मेरे संग हैं,
पाता हूँ सहसा—
अँधेरे की सुरंग-गलियों में चुपचाप
चलते हैं लोग-बाग
दृढ़-पद गम्भीर,
बालक युवागण
मन्द-गति नीरव
किसी निज भीतरी बात में व्यस्त हैं,
कोई आग जल रही कहीं तो भी अन्तस्थ।

विचित्र अनुभव!!
जितना मैं लोगों की पाँतों को पार कर
बढ़ता हूँ आगे,
उतना ही पीछे मैं रहता हूँ अकेला,
पश्चात्-पद हूँ।
पर, एक रेला और
पीछे से चला और
अब मेरे साथ है।
आश्चर्य! अद्भुत!!
लोगों की मुट्ठियाँ बँधी हैं।
अँगुली-सन्धि से फूट रहीं किरनें
लाल-लाल
यह क्या!!
मेरे ही विक्षोभ-मणियों को लिये वे,
मेरे ही विवेक-रत्नों को लेकर,
बढ़ रहे लोग अँधेरे में सोत्साह।
किन्तु मैं अकेला।
बौद्धिक जुगाली में अपने से दुकेला।

गलियों के अँधेरे में मैं भाग रहा हूँ,
इतने में चुपचाप कोई एक
दे जाता पर्चा,
कोई गुप्त शक्ति
हृदय में करने-सी लगती है चर्चा!!
मैं बहुत ध्यान से पढ़ता हूँ उसको
आश्चर्य!
उसमें तो मेरे ही गुप्त विचार व
दबी हुई संवेदनाएँ व अनुभव
पीड़ाएँ जगमगा रही हैं।
यह सब क्या है!

आसमान झाँकता है उन स्याह लकीरों के बीच-बीच
वाक्यों की पाँतों में आकाशगंगा-सी फैली

शब्दों के व्यूहों में झिलमिल नक्षत्र
और उन तारक-दलों में तो खिलता है आँगन
जिसमें कि चम्पा के फूल चमकते।
और उन पुष्पों के अन्तस्थल में
प्राण-समस्या का कोई हल है।

पर्चा पढ़ते हुए उड़ता हूँ हवा में,
चक्रवात-गतियों में घूमता हूँ नभ भर,
ज़मीन पर एक साथ
सर्वत्र सचेत उपस्थित।
प्रत्येक स्थान पर लगा हूँ मैं काम में,
प्रत्येक चौराहे, दुराहे व राहों के मोड़ पर
सड़क पर खड़ा हूँ,
मनाता हूँ, मानता हूँ, मनवाता अड़ा हूँ!!

और तब दिक्काल-दूरियाँ
अपने ही देश के नक्शे-सी टँगी हुई
रँगी हुई लगतीं!!
स्वप्नों की कोमल किरनों का पानी
घनीभूत संघनित द्युतिमान्
शिलाओं में परिणत,
ये सब दृढ़ीभूत कर्म-शिलाएँ हैं
जिनसे कि स्वप्नों की मूर्ति बनेगी
सस्मित सुखकर
जिसमें से उद्गत क्रियाशील किरनें,
ब्रह्माण्ड-भर में नापेंगी सब कुछ!
सचमुच, मुझको तो ज़िन्दगी-सरहद
सूर्यों के प्रांगण पार भी जाती-सी दीखती!!
मैं परिणत हूँ,
कविता में कहने की आदत नहीं, पर कह दूँ
वर्तमान समाज चल नहीं सकता।
पूँजी से जुड़ा हुआ हृदय बदल नहीं सकता,
स्वातन्त्र्य व्यक्ति का वादी

छल नहीं सकता मुक्ति के मन को,
जन को।

8

एकाएक हृदय धड़ककर रुक गया, क्या हुआ!!
नगर से भयानक धुआँ उठ रहा है,
कहीं आग लग गयी, कहीं गोली चल गयी।
सड़कों पर मरा हुआ फैला है सुनसान,
हवाओं में अदृश्य ज्वाला की गरमी
गरमी का आवेग।
साथ-साथ घूमते हैं, साथ-साथ रहते हैं,
साथ-साथ सोते हैं, खाते हैं, पीते हैं,
जन-मन उद्देश्य!!
पथरीले चेहरों की ख़ाकी ये कसी ड्रेस
घूमते हैं यन्त्रवत्,
वे पहचाने-से लगते हैं वाक़ई
कहीं आग लग गयी, कहीं गोली चल गयी!!

सब चुप, साहित्यिक चुप और कविजन निर्वाक्
चिन्तक, शिल्पकार, नर्तक चुप हैं
उनके ख़याल से यह सब गप है
मात्र किंवदन्ती।
रक्तपायी वर्ग से नाभिनाल-बद्ध ये सब लोग
नपुंसक भोग-शिरा-जालों में उलझे।
प्रश्न की उथली-सी पहचान
राह से अनजान
वाक् रुदन्ती।
चढ़ गया उर पर कहीं कोई निर्दयी,
कहीं आग लग गयी, कहीं गोली चल गयी।

भव्याकार भवनों के विवरों में छिप गये
समाचारपत्रों के पतियों के मुख स्थूल।
गढ़े जाते संवाद,

गढ़ी जाती समीक्षा,
गढ़ी जाती टिप्पणी जन-मन-उर-शूर।
बौद्धिक वर्ग है क्रीतदास,
किराये के विचारों का उद्भास।
बड़े-बड़े चेहरों पर स्याहियाँ पुत गयीं।
नपुंसक श्रद्धा
सड़क के नीचे की गटर में छिप गयी,
कहीं आग लग गयी, कहीं गोली चल गयी।

धुएँ के ज़हरीले मेघों के नीचे ही हर बार
द्रुत निज-विश्लेष-गतियाँ,
एक सूक्ष्म पल में शत साक्षात्कार।
टूटते हैं धोखों से भरे हुए सपने।
रक्त में बहती हैं ज्ञान की किरनें
विश्व की मूर्ति में आत्मा ही ढल गयी,
कहीं आग लग गयी, कहीं गोली चल गयी।

राह के पत्थर-ढोकों के अन्दर
पहाड़ों के झरने
तड़पने लग गये।
मिट्टी के लोंदे के भीतर
भक्ति की अग्नि का उद्रेक
भड़कने लग गया।
धूल के कण में
अनहद नाद का कम्पन
ख़तरनाक!!
मकानों के छत से
गाडर कूद पड़े धम से।
घूम उठे खम्भे
भयानक वेग से चल पड़े हवा में।
दादा का सोंटा भी करता है दाँव-पेंच
गगन में नाच रही कक्का की लाठी।
यहाँ तक कि बच्चे की पेपें भी उड़तीं,

तेज़ी से लहराती घूमती
मुन्ने की सलेट-पट्टी।
एक-एक वस्तु या एक-एक प्राणाग्नि-बम है,
ये परमास्त्र हैं, प्रक्षेपास्त्र हैं, यम हैं।
शून्याकाश में से होते हुए वे
अरे, अरि पर ही टूट पड़े अनिवार।
यह कथा नहीं है, यह सब सच है, हाँ भई!!
कहीं आग लग गयी, कहीं गोली चल गयी!!

किसी एक बलवान् तम-श्याम लुहार ने बनाया
कण्डों का वर्तुल ज्वलन्त मण्डल।
स्वर्णिम कमलों की पाँखुरी-जैसी ही
ज्वालाएँ उठती हैं उससे,
और उस गोल-गोल ज्वलन्त रेखा में रक्खा
लोहे का चक्का
चिनगियाँ स्वर्णिम नीली व लाल-लाल
फूलों-सी खिलतीं।
कुछ बलवान् जन साँवले मुख के
चढ़ा रहे लकड़ी के चक्के पर जबरन
लाल-लाल लोहे की गोल-गोल पट्टी
घन मार घन मार,
उसी प्रकार अब
आत्मा के चक्के पर चढ़ाया जा रहा
संकल्प-शक्ति के लोहे का मज़बूत
ज्वलन्त टायर!!
अब युग बदला है वाक़ई,
कहीं आग लग गयी, कहीं गोली चल गयी।

गेरुआ मौसम, उड़ते हैं अंगार
जंगल जल रहे ज़िन्दगी के अब
जिनके कि ज्वलन्त-प्रकाशित भीषण
फूलों से बहतीं वेदना नदियाँ
जिनके कि जल में

सचेत होकर सैकड़ों सदियाँ, ज्वलन्त अपने
बिम्ब प्रसारित करती हैं प्रतिपल।
वेदना नदियाँ
जिनमें कि डूबे हैं युगानुयुग से
पिताओं की चिन्ता का उद्विग्न रंग भी,
विवेक-पीड़ा की गहराई बेचैन,
डूबा है जिसमें श्रमिक का सन्ताप।
वह जल पीकर,
मेरे युवकों में होता जाता व्यक्तित्वान्तर,
विभिन्न क्षेत्रों में कई तरह से करते हैं संगर,
मानो कि ज्वाला-पंखरी-दल में घिर हुए वे सब
अग्नि-कमल के केन्द्र में बैठे!!
द्रुत-वेग बहती हैं शक्तियाँ निश्चयी।
कहीं आग लग गई, कहीं गोली चल गई!!

× × × ×

एकाएक फिर स्वप्न भंग
बिखर गये चित्र कि मैं फिर अकेला।
मस्तिष्क-हृदय में गहरे व बारीक छेदों से भर गए
पर, उन रन्ध्रों के दुखों में गहरा
प्रदीप्त ज्योति का रस बस गया है।
मैं उन सपनों का खोजता हूँ आशय,
अर्थों की वेदना घिरती है मन में।
अजीब झमेला।
घूमता है मन उन अर्थों के घावों के आस-पास
आत्मा में चमकीली प्यास भर गयी है।
जग-भर दीखती हैं सुनहली तसवीरें मुझको
मानो कि कल रात किसी अनपेक्षित क्षण में ही सहसा
प्रेम कर लिया हो मनोहर मुख से
जीवन-भर के लिए!!
मानो कि उस क्षण
अतिशय मृदु किन्हीं बाँहों ने आकर
कस लिया था मुझको

उस स्वप्न-स्पर्श की, चुम्बन की याद आ रही है,
याद आ रही है!!
अज्ञात प्रणयिनी कौन थी, कौन थी?

कमरे में सुबह की धूप आ गयी है,
गैलरी में फैला है सुनहला रवि छोर
क्या कोई प्रेमिका सचमुच मिलेगी?
हाय! यह वेदना स्नेह की गहरी
जाग गयी क्यों कर?

सब ओर विद्युत्तरंगीय हलचल
चुम्बकीय आकर्षण।
प्रत्येक वस्तु का निज-निज आलोक,
मानो कि अलग-अलग फूलों के रंगीन
अलग-अलग वातावरण हैं बेमाप,
प्रत्येक अर्थ की छाया में अन्य अर्थ
झलकता साफ़-साफ!
डेस्क पर रखे हुए महान् ग्रन्थों के लेखक
मेरी इन मानसिक क्रियाओं के बन गये प्रेक्षक,
मेरे इस कमरे में आकाश उतरा,
मन यह अन्तरिक्ष-वायु में सिहरा।
उठता हूँ, जाता हूँ, गैलरी में खड़ा हूँ।
एकाएक वह व्यक्ति
आँखों के सामने
गलियों में, सड़कों पर, लोगों की भीड़ में
चला जा रहा है।
वही जन जिसे मैंने देखा था गुहा में।
धड़कता है दिल
कि पुकारने को खुलता है मुँह
कि अकस्मात्—
वह दिखा, वह दिखा
वह फिर खो गया किसी जन-यूथ में....
उठी हुई बाँह यह उठी हुई रह गयी!!

अनखोजी निज-समृद्धि का वह परम-उत्कर्ष,
परम अभिव्यक्ति....
मैं उसका शिष्य हूँ
वह मेरी गुरु है,
गुरु है!!
वह मेरे पास कभी बैठा ही नहीं था,
वह मेरे पास कभी आया ही नहीं था,
तिलस्मी खोह में देखा था एक बार,
आखिरी बार ही।
पर, वह जगत् ही गलियों में घूमता है प्रतिपल
वह फटेहाल रूप।
विद्युल्लहरिल वही गतिमयता,
उद्विग्न ज्ञान-तनाव वह
सकर्मक प्रेम की वह अतिशयता
वही फटेहाल रूप!!
परम अभिव्यक्ति
अविरत घूमती है जग में
पता नहीं जाने कहाँ, जाने कहाँ
वह है।
इसीलिए मैं हर गली में
और हर सड़क पर
झाँक-झाँक देखता हूँ हर एक चेहरा,
प्रत्येक गतिविधि
प्रत्येक चरित्र,
व हर एक आत्मा का इतिहास,
हर एक देश व राजनैतिक स्थिति और परिवेश
प्रत्येक मानवीय स्वानुभूत आदर्श
विवेक-प्रक्रिया, क्रियागत परिणति!!
खोजता हूँ पठार.... पहाड़.... समुन्दर
जहाँ मिल सके मुझे
मेरी वह खोयी हुई
परम अभिव्यक्ति अनिवार
आत्म-सम्भवा।

●